Sybille Adolphi

Kreatives aus dem Zwergenreich

Sybille Adolphi

Kreatives aus dem Zwergenreich

Verlag Freies Geistesleben

Für Has, Benjamin und Nelia

Sybille Adolphi wurde 1953 in Stuttgart geboren. Sie machte eine Ausbildung zur Erzieherin am Fröbelseminar in Stuttgart und arbeitete als Kindergärtnerin, Leiterin eines Kindergartens und Lehrerin in einer Schule für geistig Behinderte. Im Verlag Freies Geistesleben sind bereits ihre Bücher *Blumenkinder für den Jahreszeitentisch* sowie *Im Märchenland - Mit Figuren und Bildern Märchen selbst gestalten und erzählen* erschienen.

1. Auflage 2015

Verlag Freies Geistesleben
Landhausstraße 82, 70190 Stuttgart
www.geistesleben.com

ISBN 978-3-7725-2747-0

Fotos | Styling: Ulrike & Jürgen Pfeiffer | www.pfeiffers-online.de
Zeichnungen: Sybille Adolphi | mak
Gestaltung & Satz: Bianca Bonfert
Druck: Gorenjski tisk storitve
Printed in Slovenia

Inhalt

Nassgefilzte Zwerge, Tiere und Häuser 148

Kleine Geschenke 162

Gemeinsames Zwergenbasteln für Groß und Klein 172

Bezugsquellen 190

Vorwort

Vor mir liegt ein sehr dicker Ordner mit der Aufschrift «Zwerge ...» – und meine Gedanken wandern zurück in die Zeit, in der die Zwerge in mein Leben kamen.

Ich war in meiner Kindheit immer von Menschen umgeben, die die Natur liebten und die ein waches Auge und offenes Ohr für sie hatten. Sie zeigten mir, was man von ihr alles lernen kann, und sie lehrten mich den Respekt vor der Natur und dabei auch, die kleinsten Dinge wahrzunehmen und zu beachten und somit viele Wunder zu entdecken. – Natürlich gehörten dazu auch die kleinen Naturgeister, allen voran die Zwerge.

Als ich selbst Kinder bekam, erwachte diese magische Welt wieder in mir, und wir erlebten und lebten sie intensiv, indem wir viel in Wald, Wiesen und Bergen unterwegs waren. Dabei brachten wir auch unseren Kindern die Natur und die in ihr lebenden Naturgeister näher.

Selbstverständlich konnten und wollten wir die Technik und deren Einflüsse auf unsere Kinder nicht ausklammern. Bei uns galt immer ein «Sowohl-als-auch», das wir behutsam begleiteten. Als Ergänzung zur technisierten Wirklichkeit war uns die Entwicklung des Seelenlebens unserer Kinder daher ein wichtiges Erziehungsideal. Dazu gehörten unter anderem häufige gemeinsame Spaziergänge und Beobachtungen in der Natur und der darin lebenden Zwerge und anderen Naturgeister.

Wir beschlossen, unsere Kinder in einem Waldorfkindergarten anzumelden, und schon schnell bemerkten wir, dass auch dort die Natur und die Zwerge eine große Rolle spielten.

In diese Zeit gehört ein Erlebnis, das für uns alle unglaublich schön war. Unser Sohn kam im September in den Kindergarten, und ab Oktober kam er jeden Tag völlig verschmutzt, aber sehr glücklich nach Hause – das Wetter war zu dieser Zeit natürlich schon recht herbstlich und regnerisch. Seine Erzählungen der

Erlebnisse im Kindergarten aber waren, trotz strahlender Augen, kurz und knapp: «Wir bauen ganz tolle Winterquartiere für die Zwerge, und irgendwann dürft ihr das auch mal sehen.»
Als wir diese Quartiere dann sehen durften, war das für alle ein ganz besonderes Erlebnis, zumal wir mit den sehr schönen und stimmungsvollen Festen in Waldorfeinrichtungen noch wenig vertraut waren. Wir bekamen eine Einladung zum Laternenfest, und ich stellte mir dieses Fest so vor wie viele vorher erlebte Laternenfeste – manche singen, manche rennen, Laternen fallen durch Geschubse zu Boden, gehen aus oder verbrennen, was weinende Kinder zur Folge hat … Umso mehr staunten wir, wie anders es war. Im Kindergarten herrschte eine andächtige, fröhlich gespannte Stimmung. Jedes Kind wartete geduldig, bis das Licht in seiner selbstgebastelten Laterne endlich entzündet war – dann ging es los. Die Laternen- und Zwergenlieder waren schon über Wochen geübt worden, auch mit den Eltern. Es lag immer noch die Spannung der Kinder in der Luft, aber ruhig und fröhlich singend setzte sich der Zug aus Kindern, Eltern und Erzieherinnen in Bewegung. Nach einer Viertelstunde näherten wir uns dem Wald, dunkel zwar, aber überall blitzten zwischen den Bäumen kleine Lichter hervor, und in diesen Lichtern funkelte auch der eine oder andere Edelstein. Wir Eltern waren wirklich berührt von dieser Stimmung.
Ganz leise sagte ein kleiner Junge neben uns: «Schaut, die Zwerge sind eingezogen.» Stolz und ganz vorsichtig stapften die Kinder, ihre Eltern im Schlepptau, zu ihren selbst gemachten Zwergenreichen, und von überall her hörte man «Oooh!» – «Aaah!» – «Guck mal hier!» – «Schau mal da!».
Diesem wunderschönen Erlebnis folgten im Lauf der kommenden Jahre viele weitere selbst gebaute Zwergenreiche, im nahen Wald, bei uns im Garten, unter Büschen. Oft waren wir mittags, meist mit vielen Kindern, im Wald spazieren und sammelten Rinden, Zweige, Eicheln, Kastanien. Dabei haben wir immer wieder festgestellt, dass solche Spaziergänge Überraschungen für alle Sinne bereithielten. Die Ruhe in der Natur wirkte dem Überfluss an Reizen entgegen, dem unsere Kinder teilweise täglich ausgesetzt waren. Es wurde Stille erlebt, es duftete nach Waldboden und Kräutern. Jedes Knacken oder seltsame Geräusch war geheimnisvoll. Oft wurde ganz aufgeregt, fast flüsternd, gemeint: «Da drüben knackt es ständig. Da beobachten uns bestimmt Zwerge.»
Rings um unser Haus wurden fleißig Zwergenreiche gebaut, und das nicht nur im Herbst, sondern zu jeder Jahreszeit. Häufig wurden wir von Spaziergängern angesprochen, warum wir so viele «Komposthaufen» um das Haus geschichtet hätten. Dabei steckten in diesen «Komposthaufen» jede Menge Liebe, Freude und Begeisterung für die Zwerge der Kinder und deren Heimstätten … und viel kindliche Fantasie.
Die Selbstverständlichkeit, mit der unsere Kinder mit «ihren» Zwergen lebten, führte auch zur

folgenden kleinen Geschichte: Unsere damals vierjährige Tochter saß, während ich im Beet Blumen ausschnitt, ganz versunken da und baute etwas an einem Zwergenreich. Da kam das Nachbarmädchen und frage sie, was sie da mache. «Ich baue etwas für meine Zwerge», war die Antwort. Darauf das Nachbarskind: «Oh, du hast es gut. Wir dürfen keine Haustiere haben. Mein Papa hat eine Tierhaarallergie.» Meine Tochter sah sie erstaunt an und erklärte, dass Zwerge doch keine Tiere seien. «Komm mal mit, ich zeige es dir.» Die beiden verschwanden und suchten nach etwas zwischen den Blumen. Kurz darauf kamen sie wieder fröhlich an und bauten nun gemeinsam am Zwergenreich. Das Nachbarmädchen hörte ich sagen: «Ich fand den mit dem blauen Mantel am nettesten.» Wen sah sie da wohl zwischen den Blumen huschen?
In die Zwergenreiche wurden zu den im Wald gesammelten Rinden und Zweigen Hagebutten und kleine Zieräpfelchen gelegt, Walnusshälften in Zwergenbettchen verwandelt, kleine Blümchen eingegraben und vieles mehr. Wie groß war die Freude der Kinder wenn sie am nächsten Morgen etwas verändert vorfanden, sei es durch den Wind, durch Mäuse oder Vögel. Für die Kinder war sicher, dass hier Zwerge wohnten, die Vorräte aßen, in den Bettchen schliefen und Blätter in ihre Häuser geholt hatten. Und wer weiß schon, wer es wirklich war?
Und natürlich wohnten die Zwerge bei uns nicht nur im Garten. Sie hatten ihren festen Platz auf dem Jahreszeitentisch oder auch im Kinderzimmer. In dieser Zeit, in der die Kinder klein waren, saß ich oft nur daneben, beobachtete sie staunend und hörte aufmerksam hin. Häufig dachte ich, sie wissen viel mehr, sehen viel mehr und spüren viel mehr, als wir Erwachsene uns vorstellen können.

Dann begann die Schulzeit unserer Kinder, und auch hier begegneten wir wieder den Zwergen. Aber nun waren auch wir Eltern gefordert. Es ging um den Herbstmarkt, der ja fester Bestandteil in der Waldorfschule ist. Für die Kindermarktstraße sollte durch die Eltern ein Flur der Schule in einen Wald verwandelt werden. In diesem «Wald» wohnten viele Zwerge, die für die «Besuchskinder» Edelsteine versteckt hatten und die es zu entdecken galt. Auch hier fanden wir wieder diese ruhige, aber gespannte Stimmung vor, wenn die Kinder behutsam diesen Wald betraten, die Zwerge entdeckten und jeder einen Edelstein suchen durfte.
Der Aufbau des «Waldes» führte dazu, dass sich die Eltern kennenlernten und sich bald gut verstanden. Aus dieser Gemeinschaft entwickelte sich eine Bastelgruppe, die viele Jahre für den Herbstmarkt arbeitete. Das Thema war natürlich: Zwerge!
Über die Jahre entstanden viele Wichtel – und deren Schnitte, Beschreibungen und Bilder be-

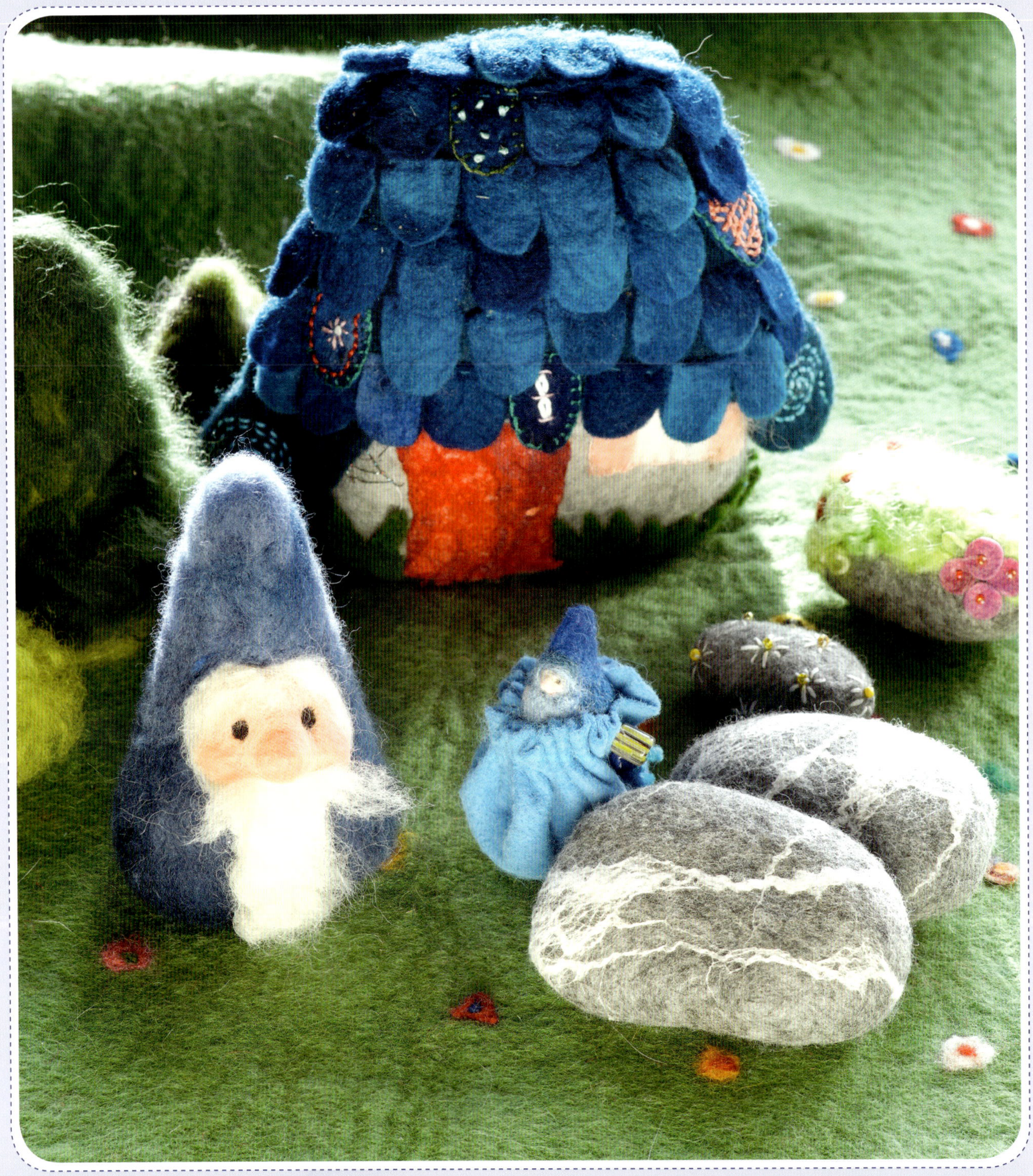

finden sich in dem Ordner, der nun vor mir liegt. Daneben befinden sich noch viele Ideen in meinem Kopf. Und so dachte ich, bevor dies alles verstaubt und in Vergessenheit gerät, fasse ich es in diesem Buch zusammen. Als Anleitung für Sie, um etwas nachbasteln zu können, aber auch, um Sie anzuregen, Ihre eigenen Ideen mithilfe mancher hier beschriebenen Technik zu verwirklichen. Ganz bestimmt freut sich das eine oder andere Kind, wenn irgendwo ganz geheimnisvoll ein kleiner Zwerg auftaucht. Eventuell haben auch Sie als Mutter oder Vater ebenso viel Freude daran, ganz heimlich dieses kleine Wesen entstehen zu lassen.

Und vielleicht gibt dieses Buch auch Anlass zu manch fröhlichem gemeinsamen Spaziergang im Wald und auf den Feldern, und mit dem Gesammelten kann dann zu Hause gebaut und gebastelt werden, sodass viele Zwergenreiche, Zwergenkästen, Zwergenwurzeln entstehen.

Dann könne vielleicht auch Sie das eine oder andere Mal staunend in die magische Welt Ihrer Kinder eintauchen und sich von ihrer Begeisterungsfähigkeit anstecken lassen …

Ich wünsche Ihnen und Ihren Kindern
eine wunderschöne Zwergenzeit.

Sybille Adolphi

Vorwort für Kinder

Habt ihr schon einmal etwas von Zwergen gehört?

Es gibt viele verschiedene Zwerge – und alle sehen unterschiedlich aus. Es gibt größere und kleinere, dickere und dünnere, welche mit großen Füßen und welche mit kleinen. Manche haben einen Buckel und andere nicht. In einem unterscheiden sie sich aber nicht: Alle tragen eine Zipfelmütze und haben einen Bart, der je nach Alter länger oder kürzer ist. Die Zwergenfrauen natürlich nicht.

Sie sind ein sehr geselliges Völkchen und lieben ihre Gemeinschaft. Sie feiern gerne fröhliche Feste, nehmen aber ihre Arbeit ernst und sind fleißig.

Wenn ihr euch fragt, wo die Zwerge denn wohnen und leben, kann ich euch auch das verraten.

Zwerge lieben die Natur, und da finden wir sie auch meistens – in Wäldern, Wiesen, Bergen, Schluchten oder Höhlen. Sie lieben ihre Umgebung und schützen, hegen und pflegen diese. Die Eingänge zu ihren Behausungen sind gut getarnt und meist nicht größer als ein Mauseloch. Auch findet man die Zwerge als Helfer auf Bauernhöfen und sogar in manchen Wohnungen in der Stadt.

Vielleicht meint ihr ja, dass ihr noch nie mit eigenen Augen einen Zwerg gesehen habt. Aber Zwerge, Elfen und Feen muss man nicht unbedingt mit den Augen sehen. Man kann sie auch spüren oder mit dem Herzen sehen.

Die Zwerge in diesem Buch sind so, wie ich sie mit meinem Herzen sehe und spüre. Womöglich kennt ihr auch ganz andere Zwerge. Wenn ihr Lust habt, würde ich mich freuen, von euch Post mit einem Bild eurer Zwerge zu bekommen …

Hier meine Adresse: zwergenpost@yahoo.de
oder auch: Verlag Freies Geistesleben
Zwergenpost S. Adolphi
Landhausstr. 82, 70190 Stuttgart

Und nun möchte ich euch eine Geschichte von «meinen» Zwergen erzählen, sodass ihr sie auch kennenlernen und später mithilfe dieses Buches nachbasteln könnt.

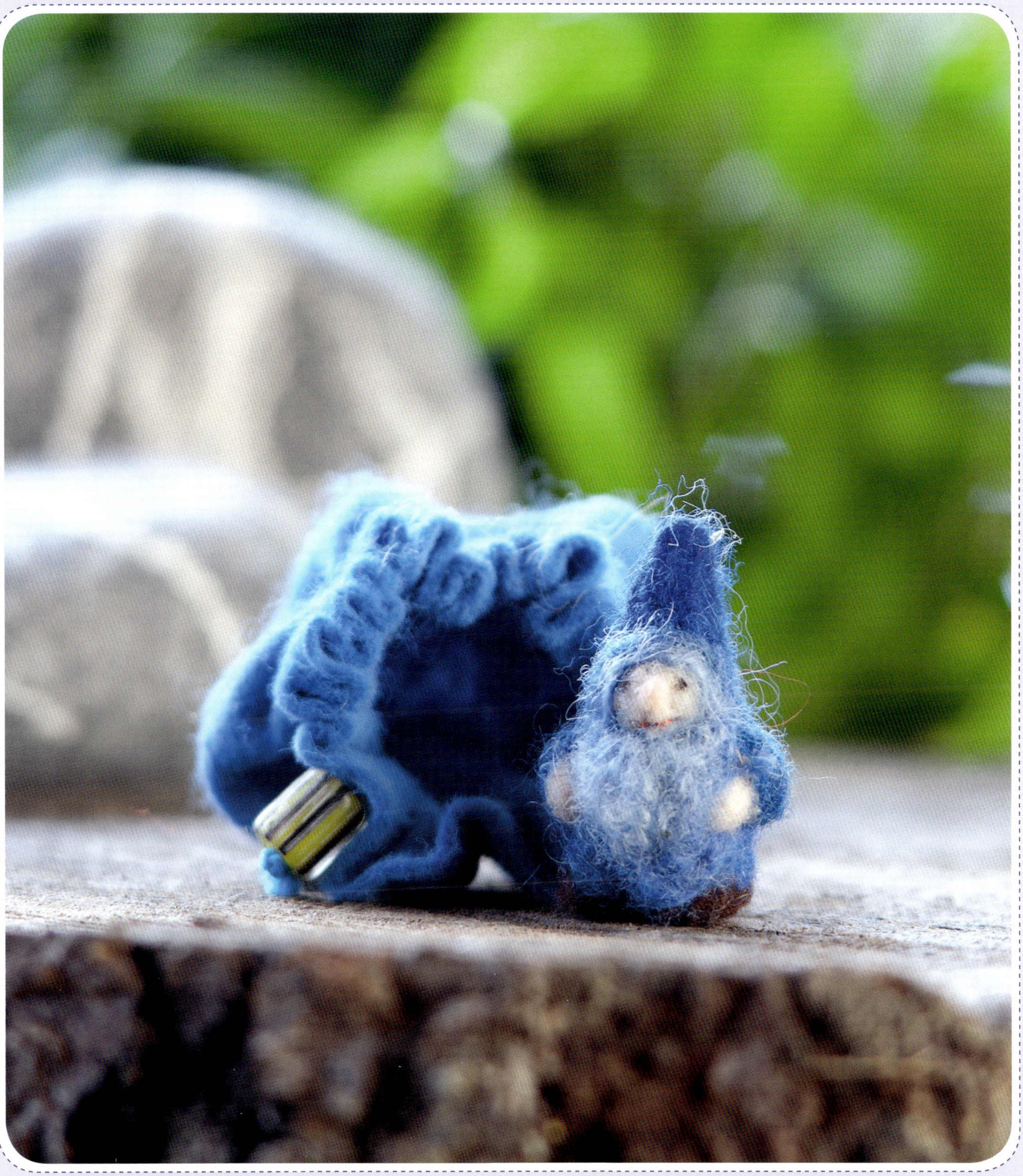

Im Zwergenland

In einem großen Wald, nicht weit von hier, gibt es eine kleine Lichtung mit einer wunderschönen Kristallhöhle. Wenn die Sonne tagsüber in die Höhle scheint, schimmern und glänzen die Kristalle in allen Farben. Auf dem Boden der Höhle wächst weiches grünes Moos, das herrlich duftet. Vor der Höhle sprudelt eine kleine Quelle, die immer von Bienen, Schmetterlingen und Vögeln bevölkert ist. Auf der Wiese daneben wachsen die schönsten Blumen, Beeren und Wildkräuter. In diesem kleinen Paradies wohnt der Zwergenkönig Yanis mit seinen besten Freunden Snorri und Örian.

Yanis ist ein sehr beliebter König. Er ist gerecht und hat immer ein offenes Ohr für alle Sorgen und Nöte der Zwerge in seinem Land. Häufig besuchen sie ihn einfach so und wollen ihm eine Freude bereiten, indem sie ihm etwas Schönes für seinen Mantel mitbringen. Der Mantel von König Yanis ist nämlich ein ganz besonderer Mantel. Da Yanis sich über alles freut, was er bekommt, hat er sich all die vielen Dinge von seiner Freundin, der Spinne Elisa, auf den Mantel nähen lassen. Und so finden sich dort Blumen, Schneckenhäuser, bunte Blätter und vieles mehr. Yanis kann sich daran gar nicht sattsehen, weil er sich dann immer wieder an die schönen Erlebnisse und Begebenheiten mit den anderen Zwergen erinnert.

Snorri, der älteste Freund des Königs, ist schon 262 Jahre alt. Er hat schon viel erlebt und viel Wissen in seinem langen Leben gesammelt. Nun genießt er gerne die Ruhe und Gemütlichkeit bei seinem Freund Yanis.

Örian ist selten da. Ihn zieht es immer wieder hinaus in die Welt, wo er schon viele Abenteuer erlebt hat. Wenn er dann wieder nach Hause kommt, hat er nächtelang etwas zu erzählen.

An einem Morgen im Spätsommer genießen König Yanis und Snorri bei einem leckeren Frühstück die noch warmen Sonnenstrahlen vor ihrer Höhle. Plötzlich hören sie ein fröhliches «Hallihallo», und quer über die Wiese kommt eine schneeweiße Gestalt gestürmt. Es ist Finn, ein Schneezwerg, der Neffe des Königs.

«Auch hallihallo, aber was machst du denn hier? Es ist doch noch Sommer und du solltest schlafen, um Kräfte für den Winter zu sammeln. Sicher müsst ihr da wieder viel Schnee für die Tiere schippen, damit sie zu ihrem Futter kommen, und auch die Bäume müsst ihr von der schweren Schneelast befreien.» – «Meine Freunde Tis und Tus schlafen noch fest eingemummelt in unserer Höhle tief unten im Berg, wo es auch im Sommer noch angenehm kühl ist. Aber mir ist das zu langweilig und ich bin kein bisschen müde mehr», erwidert Finn. «Darum habe ich beschlossen, euch zu besuchen. Und überhaupt habe ich jetzt auch großen Hunger. Habt ihr etwas für mich übrig?»

Schnell wird noch ein Schüsselchen und eine Tasse für Finn geholt, und zusammen lassen sie es sich im milden Sonnenlicht schmecken.

Nach dem Frühstück fragt der quirlige Schneezwerg: «Was habt ihr denn heute vor? Erzählst du mir auch wieder Geschichten aus deinem Zwergenland wie das letzte Mal? Auch wenn ich kaum andere Zwerge kenne, weil sie sich im Winter lieber in ihren warmen Höhlen und Behausungen aufhalten, interessiert mich doch sooo sehr, was die anderen tun und erleben, während wir in der warmen Jahreszeit schlafen.»

Schmunzelnd nickt der König. «Einige der Zwerge in meinem Reich will ich heute besuchen und schauen, wie es ihnen geht. Und zu erzählen gibt es sicher auch eine Menge.»

Übermütig will Finn sofort kreuz und quer über die schöne Blumenwiese vorauslaufen, aber der König stoppt ihn und sagt: «Wenn du mit mir gehen willst, wirst du viel sehen und kennenlernen können. Aber dazu musst du Augen und Ohren aufmachen. Schau mal, anders als im Winter wachsen hier viele Blumen, und wenn du über diese Wiese rennst, ohne zu schauen, trittst du viele davon einfach kaputt. Und nicht nur die. Auch eine Menge kleiner Tiere gibt es hier. Komm, Finn, wir setzen uns hier hin und machen unsere Augen und Ohren auf.» Verdutzt und ganz ruhig setzt sich Finn auf einen großen Stein. Die vielen Blumen, das Vogelgezwitscher, die Schmetterlinge in der Luft und das leise Brummen der Bienen – all das ist ungewohnt für ihn.

Auf einmal bemerkt er: «Es weht doch gar kein Wind hier, aber überall bewegen sich die Grashalme.» Der König schmunzelt und meint: «Ja, und wenn du jetzt ganz genau hinschaust, dann huschen dort lauter kleine Zwerge umher. Das sind die Glöckchenzwerge. An ihren Mützen sind kleine Glöckchen, die klingeln, und dieser Ton sagt den Blumen, den Samenkörnchen und Zwiebeln, dass es für sie nun Zeit ist, aufzuwachen und zu wachsen.»

Genau in diesem Moment haben die kleinen Wichtelchen die beiden entdeckt und wuseln bimmelnd auf sie zu. «Hallo, hallo, Herr König, wie schön dich zu sehen. Aber wir müssen weiter. Wir haben noch viel, viel Arbeit, auch die letzten schlafenden Blümchen noch aufzuwecken.» Und weg sind sie. Da hören die zwei auf einmal aus der Ferne jemanden fröhlich singen. «Traritrara, die Schneckenpost ist da.»

«Oh», sagt der König zu Finn, «vielleicht kommt ja heute endlich mal wieder eine Nachricht von Örian, unserem Weltenbummler. Ich habe schon lange nichts mehr von ihm gehört.»

Finn ist ganz aufgeregt, denn er hat von Mika, dem Postboten, und seiner Schnecke Emma zwar schon gehört, aber sie noch nie kennengelernt. Und da kommen die zwei auch schon gemächlich um die Ecke. Fröhlich winkt Mika Finn und dem König zu und ruft: «Post für dich,

Herr König. Ich glaube, Örian kommt nach Hause.» Mika überreicht Yanis eine wunderschöne Postkarte, und alle sind sogleich ganz aufgeregt vor Freude, denn auf der Karte schreibt Örian tatsächlich, dass er sich auf dem Heimweg befindet und morgen zu Hause ankommen wird.

Der König wird erst ganz ruhig, lacht dann los und sagt zu den anderen: «Ich habe eine Idee. Wir veranstalten ein großes Willkommensfest für Örian und laden alle Zwerge dazu ein! Und weil er morgen ja schon kommt, müssen wir uns überlegen, wie wir am besten ganz schnell alle anderen Zwerge erreichen. Ich habe wieder eine Idee: Wir verschicken Einladungen – dafür brauchen wir aber viele Helfer, um sie zu verteilen. Kommt, wir gehen jetzt alle zur Höhle und schreiben sie. Und du, Mika, kannst dann gleich welche auf deinem Postweg mitnehmen.»

Gesagt, getan. Kurze Zeit später sitzen Yanis, Finn, Mika und auch Snorri vor der Höhle des Königs und entwerfen einen Text für die Einladung.

Großes Willkommensfest für Örian

auf der Wiese vor der Kristallhöhle,
morgen kurz vor Sonnenuntergang.
Mitbringen kann jeder, was er übrig hat
und gerne geben möchte.
Wir freuen uns auf euch.

Euer König Yanis

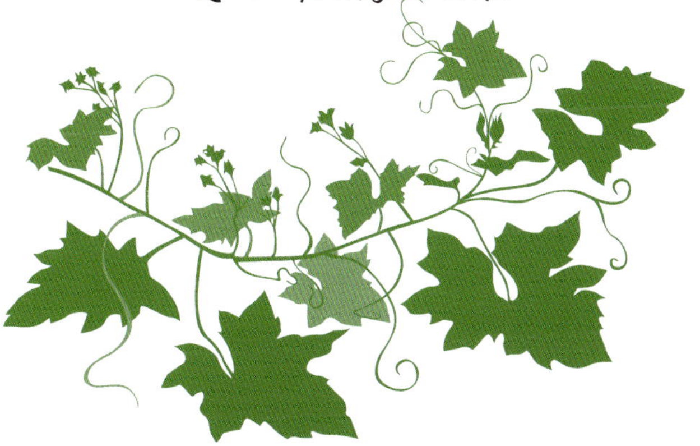

Schnell sind die Einladungen geschrieben, und der König macht eine lange Liste, an wen sie alle verteilt werden sollen. Einen Teil der Einladungen gibt er Mika und seiner Schnecke Emma mit. Einen weiteren Teil übergibt er Schnupps, dem Hasen, einen Teil den kleinen Mäusen und den Rest will er zusammen mit Finn selbst austragen.

Finn steht mit großen Augen da und meint: «Ich kenne ja kaum jemanden davon. Wer sind die denn alle?» Der König lächelt: «Komm, wir gehen schon mal los. Dann erzähle ich dir von ihnen oder stelle sie dir vor.»

Wieder laufen sie über die große Wiese, aber dieses Mal ist Finn ganz vorsichtig und hält Ausschau nach den Glöckchenzwergen. Schnell hat er welche entdeckt und übergibt ihnen ihre Einladung, die auf ein kleines Efeublatt geschrieben ist. «Wir kommen, wir kommen. Bis morgen, bis morgen», rufen sie und sind schon wieder leise bimmelnd weitergewuselt.

«Und wo gehen wir jetzt hin?», fragt Finn neugierig. «Nun gehen wir zu den Gute-Laune-Zwergen. Sie heißen bei uns so, weil sie immer fröhlich und vergnügt sind. Schon wenn wir in die Nähe ihres Dorfes kommen, wirst du sie singen und lachen hören. Ihre Häuschen sind kunterbunt und lustig anzusehen. Am liebsten feiern sie Feste und schmücken dazu ihr ganzes Dorf.»

Finn ist gespannt, wen er da wohl treffen wird. Aber was hört er schon von Weitem? Nein, kein Lachen oder Singen, sondern einen lauten Jammerton. Als Yanis und Finn näher kommen, sehen sie viele aufgeregte Zwerge um ein kleines Häschen stehen. Es ist noch ein ganz junges Häschen, das sich verlaufen hat, als ein Fuchs in die Nähe der Hasenfamilie kam. Die anderen konnten in ihre Höhle flüchten, nur das kleine Häschen ist in die falsche Richtung gelaufen und hat sich nun verirrt. Liebevoll streicheln die Zwerge den kleinen Hasen und versuchen ihn zu trösten. Aber das Häschen lässt sich nicht trösten. Es will zu seinen Eltern und Geschwistern.

«Da komme ich wohl gerade recht», sagt der Zwergenkönig. Alle drehen sich erschrocken um, fangen aber zu strahlen an, als sie Yanis erkennen.

«Oh, der König», rufen sie. «Welch ein Glück. Du kennst dich doch im Zwergenreich so gut aus wie kein anderer. Weißt du, wo die Häschen wohnen?»

«Ja, unten am Bach. Das liegt auf unserem Weg. Wir nehmen das Hasenkind einfach mit, damit ihm nichts passiert, und bringen es zu seiner Familie zurück.»

Augenblicklich hört das Hasenkind zu jammern und zu fiepen auf, hoppelt auf Yanis und Finn zu und schlüpft unter den langen Mantel des Königs. Schnell übergeben die beiden noch die Einladung, die mit viel Begeisterung und fröhlichem Kichern aufgenommen werden. «Solange ihr die anderen verteilt, schmücken wir schon die Wiese schön für das Fest. Das wird ein Spaß.» Sie streicheln das Häschen zum Abschied noch einmal, dann huschen sie davon.

Yanis, Finn und das Häschen machen sich auf den Weg zum Bach, wo sie tatsächlich die Hasenfamilie finden. Sie haben schon überall ganz aufgeregt nach dem Kleinen gesucht. Erleichtert nehmen sie es in ihre Mitte und schlecken es vor Freude von oben bis unten ab. Das kleine Hasenkind genießt diese Liebkosungen und schläft darüber tief und fest ein. Zufrieden verabschieden sich der König und Finn und machen sich wieder auf ihren Weg.

«Wohin ist eigentlich Schnupps, der Hase, mit seinen Einladungen unterwegs?», fragt Finn. «Schnupps hat den weitesten Weg vor sich, aber er ist flink und schafft den Weg zu den Bergen hinter unserem Wald am schnellsten», erklärt Yanis mit gewichtigem Ton in der Stimme. «Dort arbeiten die Bergzwerge in ganz abgelegenen und schwer zu erreichenden Höhlen hoch oben. Sie sind immer auf der Suche nach den schönsten Bergkristallen. Diese Kristalle schenken Menschen, Tieren und Pflanzen und natürlich auch allen Zwergen, Elfen und Feen Lebenskraft und Gesundheit.

Die Zwerge arbeiten dort in engen, kleinen Höhlen. Deren Wände sind durchdrungen von durchsichtig glänzendem Gestein, den Bergkristallen. Diese klopfen sie mit kleinen Hämmerchen und Spitzhacken behutsam heraus. Früher haben sie sich immer wieder an den niedrigen Höhlendecken die Köpfe angestoßen, bis sie auf die Idee kamen, ihre Mützen mit gut duftendem Alpenheu auszustopfen. So können die herunterhängenden Steine sie nicht mehr verletzen.

Vor vielen Jahren fanden die Bergzwerge einmal einen Bergkristall, der so groß war, dass 50 Zwerge ihn über viele Wochen aus der Höhle transportiert haben. Dabei mussten sie immer wieder die Höhlenwände verbreitern und bearbeiten. Als sie ihn endlich vor der Höhle hatten, schimmerte er in allen Farben im Licht der Abendsonne – die Freude der Zwerge war riesengroß. Aber nicht lange, denn durch das Hämmern und Klopfen in den engen Gängen der Höhle wurde der Berg darüber brüchig und es rollte eine große Steinlawine den Berg herunter. Die größten Brocken trafen den wunderschönen Bergkristall und zersplitterten ihn in tausend Teile, die sich über die ganze Bergwelt verstreuten. Noch heute sind viele Zwerge auf der Suche nach diesen Teilen in Bächen, in Bergspalten und auf den Almen. Oft hilft ihnen die Sonne bei ihrer Suche, denn wenn ihre Strahlen auf einen solchen Stein treffen, leuchtet und glänzt er in allen Farben. Und manchmal finden auch Menschen, die in den Bergen unterwegs sind, so einen glänzenden Bergkristall, den sie dann voller Freude mit nach Hause nehmen.»

Nachdenklich sagt Finn: «So einen Bergkristall möchte ich auch gerne einmal sehen. Irgendwie erinnern mich deine Erzählungen an unsere Schneekristalle und Eiszapfen. Auch sie glitzern in der Sonne in allen Farben und sehen wunderschön aus. Nur wenn die Sonne zu lange darauf scheint, schmelzen sie leider weg. Wie schön muss es sein, so einen leuchtenden Kristall für immer zu haben.» Yanis meint: «Wir reden mit den Bergzwergen, wenn sie auf unser Fest ...» – «Autsch», ruft da plötzlich Finn dazwischen und noch einmal: «Autsch, aufhören!» Er hält sich die Hände vors Gesicht, um es zu schützen, denn von oben kommen kleine braune Kugeln geflogen. Auch der König hat Schutz hinter einem Busch gesucht. Beide versuchen zu erkennen, woher diese Kugeln kommen.

Ganz oben in einem großen Baum sehen sie etwas Buntes blitzen. Bei näherem Hinsehen entdecken sie bunte Wichtelchen, die auf Ästen im Baum verteilt sitzen. Sie baumeln fröhlich mit den Beinchen und werfen mit lautem «Holla!» die braunen Kugeln auf die Erde und scheinen das laute Rufen von Yanis und Finn gar nicht zu bemerken. Erst als diese gemeinsam so laut sie können «Haaallooooo!» rufen, hört der Kugelhagel auf und die kleinen Wichtelchen kommen flugs den Baum heruntergeklettert.

Ganz betreten schauen sie Finn und den König an und sagen: «Entschuldigung, wir wollten euch nicht wehtun. Wir haben die ganze Nacht unsere Samenkugeln geknetet und wollten sie nun überall vom Baum aus verteilen.»

«Samenkugeln?», fragt Finn. «Was ist denn das?»

«Wir lieben es, wenn überall bunte Blumen wachsen, aber das Ausstreuen einzelner Blumensamen ist uns manchmal einfach zu mühsam. Außerdem bläst der Wind sie oft in alle möglichen Richtungen. Also nehmen wir Erde, Lehm und Wasser und mischen viele Samenkörner darunter, die wir das ganze Jahr über gesammelt haben. Daraus formen wir Kugeln und werfen sie überall hin, wo wir finden, dass zu wenig Blumen wachsen. Ganz leicht ist das natürlich hier auf einer Waldlichtung. Schwieriger ist es in den Städten. Dort schleichen wir uns nachts ganz heimlich hin und verteilen sie da, wo sonst gar nichts wächst. Wir lieben nämlich Buntes und Lebendiges. Und wir freuen uns besonders, wenn ein Stadtkind ganz erstaunt auf einmal mitten in der Stadt Blumen entdeckt, die sonst nur auf der Wiese wachsen.»

Sogleich bekommt auch Finn ein paar von den Samenkugeln und entdeckt neben einem Brombeerstrauch eine kleine kahle Stelle. Dorthin legt er zwei seiner Kugeln. «Wenn es regnet, haben die Samenkörnchen alles, was sie brauchen, und können keimen und anfangen zu wachsen», erklären ihm die kleinen Zwerge.

Am liebsten hätte Finn noch viele Samenkugeln verteilt, aber der König drängt zum Aufbruch, denn, sie haben ja noch viele Einladungen in ihrer Tasche. Die kleinen Zwerge versprechen Finn aber, zum Fest noch ein paar ganz besondere Samenkugeln mitzubringen. Die darf er dann auf der Lichtung vor der Kristallhöhle des Königs auslegen.

Beim Weiterziehen berichtet Yanis Finn mehr von den Bewohnern im Zwergenland: «Ich habe dir vorhin die Geschichte von der Steinlawine und dem Bergkristall erzählt. Dieses Ereignis war nicht nur für die Bergzwerge schlimm, sondern auch für die vielen Zwerge unterhalb des Berges. Die Steinlawine raste mit ihren riesigen Gesteinsbrocken bis hinunter ins Tal. Dabei haben die dort wohnenden Erdzwerge ihre Wohnungen in alten Baumstümpfen, hinter Baumwurzeln oder Rindenhäusern verloren. Die Steinbrocken knickten die Bäume um wie Streichhölzer. Glücklicherweise waren alle Bewohner des Tals zu dieser Zeit tief im Wald auf der Suche nach Pilzen und niemandem passierte etwas.

Aber als sie zurückkamen, war die Trauer groß. Alles, was die Erdzwerge sich so liebevoll erschaffen hatten, lag in Trümmern. Durch das laute Gepolter der Steine und das Weinen der Zwerge kamen auch wir anderen Zwerge angelaufen. Aber wir alle standen nur ratlos vor dem riesigen Felsbrockenfeld. Es schien, als wäre die Heimat der Erdzwerge für immer verloren.

Da war guter Rat teuer, und auch mir fiel nichts Tröstendes ein. Plötzlich hörten wir schon wieder lautes Steingepolter. Aus Angst vor der nächsten Steinlawine liefen wir in alle Himmelsrichtungen auseinander und versteckten uns hinter Bäumen und in allen möglichen Erdlöchern.

Als dann das laute Gepolter vorbei war und wir ganz vorsichtig aus unseren Verstecken schauten, sahen wir mitten in der alten Steinlawine drei Zwerge stehen, die sich Staub aus ihren Mützen und Mänteln schüttelten. Sie riefen wie aus einem Munde mit tiefer Stimme ‹Hallo, hallo›, und im Hintergrund hörte man ein leiseres und hohes ‹Hallihallo, hallihallo›. Wir kamen alle näher, und sogar die Erdzwerge hatten ihren Kummer vor lauter Neugierde vergessen. Da standen wir nicht vor drei, sondern vor vier stark aussehenden Wichten. Der vierte Zwerg war sehr klein und zwischen Staub und Steinen zuerst gar nicht zu erkennen.

Diese Zwerge hatten wir noch nie zuvor gesehen. Sie stellten sich uns als Otto, Olaf, Olle und Oystein vor und erzählten uns, dass sie das Weinen und Wehklagen bis ganz hinauf zu den Berggipfeln gehört hätten. Dort wohnten sie zusammen mit Gämsen und Murmeltieren und halfen den Bauern, verirrtes Vieh einzufangen. Außerdem hätten sie eine ganz besondere Gabe. Sie seien zwar klein von Gestalt, aber ungewöhnlich stark. Sie schöben in den Bergen große Gesteinsbrocken von Abhängen und Schluchten weg, damit diese nicht in die Abgründe polterten und Steinlawinen auslösen könnten. Das wäre für Tiere und Menschen nämlich sonst gefährlich.

Auf unsere Frage, wie sie denn so schnell diesen hohen Berg heruntergekommen wären, schmunzelten sie und erklärten uns, dass sie im Lauf der Jahrzehnte gelernt hätten, wie Steine den Berg herunterzurollen. Dazu ziehen sie ihre Mützen fest über die Ohren, wickeln sich in ihre warmen wollenen Überwürfe, legen sich auf den Boden und kugeln ins Tal. Für sie sei das gänzlich ungefährlich und sie verletzten sich dabei nicht. Höchstens ihre Überwürfe und Schuhe bekämen manchmal kleine Löcher davon. Es sei, als wenn wir auf der Wiese Purzelbäume schlügen. Für uns anderen sei das lebensgefährlich, also sollten wir so etwas nie versuchen.

Nun aber wollten sie wissen, was eigentlich passiert sei. Wir erzählten es ihnen und sie schauten sich den Unglücksort genau an. Danach riefen sie die kleinen, immer noch ganz unglücklich aussehenden Erdzwerge zu sich und zeigten ihnen zwischen den Gesteinsbrocken kleine Höhleneingänge und Spalten, die sie ganz schnell zu Unterschlüpfen machen konnten. Uns fiel allen buchstäblich ein Stein vom Herzen.

Solange die Steinzwerge für jeden Erdzwerg eine Höhle suchten, liefen wir anderen los und holten alles zusammen, was wir entbehren konnten. Wir brachten Vorräte, Geschirr aus Eichelhütchen und Kastanien, Betten aus Nussschalen und Moos, Rinde und Äste, aus denen kleine Tische, Stühle und Regale gezimmert wurden.

Besonders eifrig waren die Bergzwerge. Sie fühlten sich verantwortlich für dieses Unglück, obwohl wir alle ihnen immer wieder sagten, dass so etwas ja wirklich keiner hätte voraussehen können.

Bis zum Abend hatte jeder Erdzwerg einen Unterschlupf und viele Dinge, die er zum Leben benötigte. Außerdem stellten sie fest, dass die Sonne tagsüber die Steine mit viel Wärme aufgeladen hatte und es in ihren neuen Höhlen kuschelig warm war. Auch der Regen konnte ihnen in ihren neuen Höhlen nichts mehr anhaben. So hatten sie doch Glück im Unglück.

An diesem Tag haben die Steinzwerge Otto, Olaf, Olle und Oystein und wir uns so anfreundet, dass sie uns seitdem oft besuchen und wir dann fröhliche Feste feiern. Sicher lernst du sie auch kennen. Sie sind etwas Besonderes.»

Finn hüpft vor Freude und meint: «Langsam kann ich es gar nicht mehr erwarten. Wer kommt denn sonst noch? Und wen laden wir als Nächstes ein?»

Yanis denkt kurz nach. Dann sagt er: «Also, die Mäuschen sind noch als Kundschafter unterwegs in die große Stadt hinter dem Wald. Sie kennen sich dort gut aus und wissen, in welchen Häusern Zwerge wohnen.» – «Gibt es denn nicht in jedem Haus in der Stadt Zwerge?», will Finn wissen. «Nein», antwortet der König, «leider nicht mehr. In manchen Häusern haben sich die Zwerge einfach nicht mehr wohlgefühlt. Weißt du, immer mehr Menschen glauben nur mehr das, was sie sehen. Sie haben vergessen, kleine Dinge in ihrer Umgebung zu spüren und wahrzunehmen. Wie oft mussten wir Zwerge schon hören, dass Menschen sagten, dass es uns doch gar nicht gibt. Und das, obwohl wir immer hilfsbereit und lieb zu den Menschen waren.

Zum Schluss konnten viele Zwerge vor Kummer darüber nicht einmal mehr lachen oder die einfachsten Dinge tun. Und so beschlossen sie, dort auszuziehen und in Häuser zu gehen, in denen sie sich wohl und willkommen fühlen und wo man sie schätzt. Sie helfen dort beim Putzen, beim Entfernen von Spinnweben und beim Aufräumen. Ab und zu so gut, dass die Menschen ihre Sachen nicht wiederfinden. Manchmal finden die Menschen aber auch Dinge wieder, die sie schon lange vermisst haben – Dinge, die unter Schränke oder Kommoden gerutscht sind, wo die großen Menschen nicht hinkommen, aber wohl die kleinen Zwerge. Und die schubsen dann die Dinge unter den Schränken vor, und die Freude der Menschen ist groß, wenn sie lange Vermisstes plötzlich wiederfinden.

Die Zwerge in der Stadt, die Hauszwerge, haben alle eine Eigenart entwickelt, an der ein Mensch gut bemerken kann, dass ein Zwerg bei ihm wohnt. Sie schlafen in den Häusern oft in kleinen Ritzen, Nischen oder Ecken. Aber dort ist es zum Schlafen meist ungemütlich zugig und kalt. So kamen sie auf die Idee, sich den einen oder anderen Socken oder Strumpf von den Menschen auszuleihen, den sie vor der Waschmaschine fanden. Da kuscheln sie sich nachts gemütlich hinein und schlafen wohlig darin. – Schmunzelnd haben uns die Hauszwerge erzählt, dass viele Menschen glauben, dass ihre Waschmaschinen Socken aufessen. Nach einer Weile legen die Zwerge dann ihren Schlafsocken wieder zur Wäsche und holen sich einen neuen. Auf ihre Art und Weise sorgen sie so immer für Überraschungen.

Manche der Hauszwerge haben aber auch viel Unsinn im Kopf und spielen den Menschen gerne Streiche. In den Häusern, in denen sie wohnen, geht es oft lustig zu. Da verschwinden auf unerklärliche Weise Süßigkeiten, in eben aufgeräumten Zimmern sieht es plötzlich wieder kunterbunt aus, es gibt verschüttete Milch und herumliegende Schuhe oder angebissene Äpfel. Und keiner der Menschen ist es gewesen. Ein dort häufig gehörter Satz ‹Ich war das nicht …› bringt die Zwerge immer zum Schmunzeln, wissen sie doch genau, was vorgefallen ist. Am tollsten treiben es Samu und Ilmar. Die wirst du bald kennenlernen, denn sie lieben große Feste und werden bestimmt kommen.

In der Stadt wohnen auch die Traumzwerge, die immer nachts auf den Beinen sind. Bei Einbruch der Dunkelheit sitzen sie in den Kinderzimmern und warten, bis die Kinder ins Bett gehen. Wenn die Kinder dann eingeschlafen sind, setzen sie sich mit ihren Laternchen neben die Kleinen und wachen über ihren Schlaf. Sobald sie merken, dass ein Kind schlecht träumt, fangen sie an, ihm ganz leise schöne Geschichten ins Ohr zu flüstern – von uns Zwergen, von Feen, von Blumenwiesen, warmen Sonnenstrahlen und lauter Dingen, die die schlechten Träume der Kinder vertreiben, sodass sie wieder ruhig und friedlich schlafen können.»

Finn hat den Erzählungen mit großen Augen zugehört. «Wenn ich dich das nächste Mal besuchen komme, Onkel Yanis, gehen wir dann mal in diese Stadt? Ich habe noch nie so ein Menschenhaus gesehen und Menschen auch noch nicht. Oder erzählst du mir das nächste Mal wenigstens wieder davon?» Der König nickt. «Das können wir gerne machen. Aber erst, wenn du nächstes Jahr richtig ausgeschlafen bist, also im Spätherbst. Den kannst du daran erkennen, dass es draußen schon mächtig stürmt und der Wind alle Blätter von den Bäumen geblasen hat.»

«Gut», meint Finn, «und nun habe ich schon wieder so einen großen Hunger. Können wir uns ein paar Beeren pflücken?» – «Lieber nicht», antwortet der König. «Ich glaube, wir bekommen bald etwas ganz besonders Gutes zu essen. Wir sind jetzt gleich bei den Pilzzwergen. Fang mal an zu schnuppern. Die Pilzzwerge bereiten um diese Jahreszeit immer ihre Vorräte für den Winter vor. Da kochen und braten und dörren sie den ganzen Tag Pilze, und das riecht man schon von Weitem. Sicher haben sie für uns etwas übrig.» – «Ich finde, hier riecht es gar nicht nach Essen, sondern nach feuchtem, erdigem Waldboden.» – «Dann sind wir auf dem richtigen Weg», erklärt Yanis. «Pilze fühlen sich am wohlsten in einer feuchten und warmen Umgebung. Da schießen sie förmlich über Nacht aus dem Boden. Und weißt du denn, dass der Wald ohne Pilze überhaupt nicht leben kann? Der eigentliche Pilz, der unter dem Boden als weißes Gespinst die Wurzeln der Bäume umschlingt, gibt allen Pflanzen wertvolle Nährstoffe. Das, was oberhalb der Erde wächst, sind die Fruchtkörper der Pilze. Um ihre Wurzeln nicht zu zerstören, dreht man sie beim Sammeln ganz vorsichtig aus dem Erdreich. Aber vom Pilzesammeln muss man einiges verstehen, denn es wachsen nicht nur essbare Pilze im Wald. Manche sind auch sehr giftig. Aber es gibt ja unsere Pilzzwerge. Die kennen sich da gut aus. Wenn wir Pilze essen wollen, können wir entweder von ihren Vorräten welche bekommen oder sie helfen uns, die essbaren zu finden.»

Finn fängt an zu schnuppern. «Hier riecht es jetzt ganz anders als vorhin ... Mmmh, mir läuft schon das Wasser im Mund zusammen. Das riecht sooo lecker. Aber schau mal, hier ziehen ja überall Nebelschwaden entlang.» – «Stimmt», sagt der König, «dann haben die Pilzzwerge heute schon viel gekocht. Wenn du jetzt auf einem Berg wärst, wüsstest du, dass das, was im Tal wie Nebel aussieht, daher kommt, dass die Zwerge angefangen haben, als Wintervorrat Suppe zu kochen. So, aber jetzt schau mal, da vorne in dem Pilz, der aussieht wie ein kleines Haus, da wohnen sie, und da, vor ihrem Haus, sind sie auch.»

«Hallo, Goddi, Gorin und Gottri!», ruft Yanis und winkt den Pilzzwergen freudig zu. Gemächlich drehen sich die drei um, schieben ihre Mützen etwas nach oben und fangen zu strahlen an. «Oh, wie schön, Besuch! Ihr kommt gerade recht, bei uns gibt es gleich Mittagessen. Pilzrahmsuppe aus Steinpilzen, Champignons, Spitzmorcheln und Pfifferlingen, dazu frisches Brot von den Kräuterzwergen. Wollt ihr mit uns essen?» – «Aber gerne!», rufen Finn und Yanis wie aus einem Mund. Der König erzählt noch kurz, wer Finn ist und was sie heute machen. Und dann freuen sie sich auch schon über ihre große Schüssel dampfender Suppe und das herrlich duftende, frische Kräuterbrot.

Während des Essens erzählen die Pilzzwerge dem König und Finn, dass dieses Jahr ein sehr gutes Pilzjahr ist und dass sie deswegen viel Arbeit haben, all die Pilze zu verarbeiten. Viele von ihnen werden am Stiel auf Fäden aufgefädelt wie auf eine Kette. Dann wird diese Kette an sonnigen Stellen zwischen den Bäumen aufgehängt. Wenn die Pilze richtig getrocknet sind, werden sie in Gläser gefüllt und in die Vorratskammer tief in der Erde gebracht.

«Im Winter bekommen wir immer wieder Besuch von den anderen Zwergen», berichtet Goddi. «Sie bringen uns von ihren Vorräten und bekommen von unseren getrockneten Pilzen. So haben wir auch im Winter immer abwechslungsreiche Mahlzeiten. Am schönsten ist, dass wir im Winter nicht viel zu tun und so viel Zeit für unseren Besuch haben. Wir kochen dann gemeinsam Pilzsuppe, essen, reden, erzählen uns Geschichten und haben es warm und gemütlich in unserem Häuschen.»

Finn klatscht vor Freude in die Hände. «Oh, das klingt schön. Dann komme ich euch im Winter, wenn wir Schneezwerge alle wach sind, mit meinen Freunden besuchen. Wir sind ohnehin im Wald unterwegs, um den Tieren Wege zu ihren Futterkrippen durch den Schnee zu schaufeln.» – «Bei uns seid ihr immer willkommen und wir freuen uns auch über euren Besuch.»

«Aber sag mal», will Gorin wissen, «wie schaufelt ihr kleinen Wichte solche manchmal riesigen Schneemassen zur Seite?» Leise flüsternd antwortet Finn: «Das ist das große Geheimnis der Schneezwerge. Jedes Zwergenvolk hat doch ein Geheimnis, das niemandem verraten wird.»

Yanis und Finn müssen wieder weiter, sie bedanken sich mit vollen Bäuchen für das leckere Essen und übergeben den drei Pilzzwergen noch ihre Einladung zum Fest. «Aber ja, wir kommen gerne und bringen so viel Pilzsuppe mit, wie wir tragen können.» Goddi, Gorin und Gottri winken zum Abschied den beiden lange nach, bis diese hinter einem großen Tannenbaum verschwunden sind.

«So, nun haben wir nur noch eine Einladung zu verteilen. Dazu müssen wir aber ein ganzes Stück laufen. Wir gehen noch zu unseren fleißigen Handwerkerzwergen. Sie bauen schon lange an einem kleinen Häuschen für sich. Sie fanden am Waldrand ein altes, schon recht zerfallenes Vogelhaus. Da kam ihnen die Idee, es als ihr Haus zu renovieren. Aber sag mal, Finn, du wirst ja immer langsamer. Was ist denn los?»

«Ich habe plötzlich so müde Beine. Ich glaube, die wollen eine kleine Pause. Geht das?»

Der König nimmt Finn liebevoll an der Hand und zeigt auf eine sonnige Stelle auf einer gemähten Wiese. «Hier rasten wir ein wenig. Ja, eine Pause tut uns gut.»

Erleichtert legt sich Finn ins weiche Gras – und schon ist er eingenickt. Yanis schaut ihm noch kurz beim Schlafen zu, dann fallen auch ihm die Augen zu.

Doch bald darauf stört ihn etwas im Schlaf. Etwas kitzelt ihn an der Nase. Mit geschlossenen Augen versucht er, die vermeintliche Mücke zu verscheuchen. Aber wieder kitzelt es in seinem Gesicht, außerdem hört er ein leises Gekicher. Noch ganz verschlafen schlägt er seine Augen auf und sieht drei fröhlich lachende Wichtelchen. Das sind Mick, Nick und Muck, die Zwerge vom Hof des Bauern Kristan. Sie haben Grashalme in der Hand, mit denen sie Yanis vorsichtig an der Nase berührt haben.

«Jetzt bin ich doch glatt auch eingeschlafen. Aber was macht ihr denn hier? Solltet ihr nicht auf dem Bauernhof sein?» Auch Finn wird nun von dem Gespräch wach und hört neugierig zu.

«Heute helfen wir dem Bauern, das letzte bisschen Heu in die Scheune zu bringen. Wir finden, kein Grashalm sollte verloren gehen. Die Kühe brauchen im Winter viel Futter.» Und schon fangen Mick und Nick wieder an, das auf dem Boden liegende Heu zusammenzurechen.

«Darf ich auch mal helfen?», fragt Finn. «Gerne», ruft Muck sofort. Er liegt immer noch in aller Ruhe auf der Wiese, während die anderen beiden schon Heu auf einen großen Haufen gesammelt haben. «Hier hast du meinen Rechen. Mir geht es heute sowieso nicht so gut», meint er mit leidender Miene. «Was fehlt dir denn?», fragt der König. «Ach, mir ist schon die ganze Zeit schlecht, mein Bein schmerzt bei jedem Schritt, ich glaube, mir ist auch schwindelig, und meinen Arm kann ich auch nicht bewegen.» Seine Freunde fangen an zu kichern an. «So ist das mit Muck, sobald es etwas zu arbeiten gibt. Da fliegen ihm die seltsamsten Krankheiten urplötzlich zu und er kann uns nur zuschauen und gute Ratschläge geben.»

«Aha», erkundigt sich Yanis verschmitzt, «du kannst also schlecht laufen?» – «Oh, eigentlich gar nicht … und dann habe ich da noch das Karussell in meinem Kopf und …» – «Moment mal», sagt der König zu Muck, «das klingt, als solltest du mal zwei Tage das Bett hüten und nur Ruhe haben.» Muck fängt an zu strahlen. «Endlich versteht mich jemand. Aber macht euch keine Mühe. Ich lege mich hier ins Heu, bis ihr fertig seid, und dann könnt ihr mich nach Hause tragen.»

Mick und Nick sind sprachlos. Sie verstehen gar nicht, wie der König mit ihrem Faulpelz-Freund umgeht. Aber da fragt Yanis sie leise: «Habt ihr eigentlich schon unsere Einladung für morgen bekommen?» – «Ja, Mika und Emma waren heute Morgen schon da.» Da begreifen sie, worauf der König hinaus will, und wenden sich schmunzelnd an Muck. «Natürlich tragen wir dich nachher nach Hause und versorgen dich, du Armer. Wir kochen dir auch noch eine leckere Suppe, damit du morgen genügend zu essen hast, wenn wir auf das große Wiedersehensfest mit Örian gehen. Dann kannst du ganz in Ruhe gesund werden.»

In Mucks Gesicht sieht man, wie es in ihm arbeitet. Mick und Nick rechen weiter das Heu zusammen und beobachten dabei heimlich Muck, der immer noch mit Denken beschäftigt ist.

Auf einmal zieht Muck Yanis am Ärmel und fragt: «Kannst du mir mal hochhelfen? Ich glaube, meinem Bein geht es besser.» Der König reicht ihm seine Hand, und ganz langsam und mühsam zieht sich Muck daran hoch. Als er auf seinen Beinen steht, stampft er fest auf den Boden, schüttelt seinen Kopf und klatscht in die Hände. «Ich glaube, die kleine Pause gerade hat schon ausgereicht. Mir tut gar nichts mehr weh, und das bisschen Übelkeit vergeht ganz bestimmt auch, wenn ich von dort drüben einen Apfel esse.» Und schon läuft er los, um sich einen Apfel vom Baum am Rand der Wiese zu holen. Die anderen lachen leise hinter vorgehaltener Hand und rufen ihm nach: «Wenn du mit dem Apfel fertig bist, kannst du ja mithelfen. Wir müssen heute noch die ganze Wiese fertig bekommen.»

Da Muck nun nichts anderes übrig bleibt, isst er schnell seinen Apfel und hilft danach wirklich tüchtig mit. «Das ist ja schön», meinen Finn und Yanis, «dann sehen wir uns ja alle morgen wieder. Es wäre ja auch zu schade gewesen, Muck, wenn du gefehlt hättest. Wir hätten dich sehr vermisst.»

Fröhlich verabschieden sich die Zwerge voneinander, und Yanis und Finn machen sich, immer noch schmunzelnd, zu den Handwerkerzwergen auf. Ihr Weg führt sie vorbei an Wiesen mit Apfelbäumen voller reifer Früchte, vorbei an einem kleinen Bach, an dessen Rand Frösche quaken, Salamander sich auf den warmen Steinen recken, und einer Entenfamilie, die in der Sonne döst. Vorbei auch an Kuh- und Schafherden, die friedlich das saftige Gras genießen. Für Finn, der ja nur den Winter kennt, ist das alles neu und spannend, und er kommt aus dem Staunen und Fragen gar nicht mehr heraus.

Auf diese Weise vergeht die Zeit schnell, und schon sehen sie in der Ferne ein moosbedecktes Dach blitzen. «Nun bin ich gespannt, wie weit Erik, Silas und Ubbo mit ihrem Häuschen sind», sagt Yanis, nimmt Finn bei der Hand und beide laufen schnell auf den kleinen Hügel vor dem Häuschen. Vom Dach des Häuschens hören sie ein Klopfen und Hämmern und vor allem ein lautes Singen:

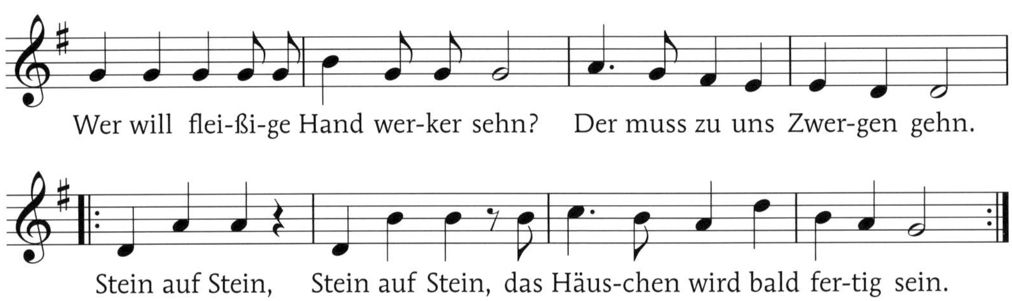

2. ... Tauchet ein, tauchet ein, der Silas streicht die Wände fein.
3. ... Poch, poch poch, poch poch, poch, der Ubbo hackt das Holz heut noch.
4. ... Ratt, ratt, ratt, ratt, ratt, ratt, das Eisen klopft der Erik glatt.

«Das ist ja ein lustiges Völkchen», bemerkt Finn. «Komm, wir gehen ganz schnell zu ihnen und schauen uns alles aus der Nähe an.»

Gesagt, getan. Bis sie am Haus sind, sind die Zwerge ihnen schon entgegengekommen. Groß ist die Wiedersehensfreude, alle umarmen und drücken sich. Finn fühlt sich sofort wohl und bestaunt alles, was diese Zwerge da geleistet haben. Und auch Yanis, der das baufällige Häuschen am Anfang gesehen hat, ist voller Bewunderung.

«Sobald wir alles fertig gestrichen haben, kann der Winter fast kommen. Und diesen Winter müssen wir nicht so frieren wie in unserem alten Rindenhäuschen die letzten Jahre. Wir haben alle Ritzen zugespachtelt und von innen feine Birkenrinde als Tapete geklebt. Auf dem Boden haben wir einen kunterbunten Flickenteppich, den uns die kleinen Spinnen gewebt haben, sodass wir es auch von unten warm haben. Wir freuen uns jetzt schon auf die gemütlichen Herbst- und Winterabende.»

Vorsichtig fragt Finn: «Meint ihr, ihr könnt euch trotz der vielen Arbeit morgen freinehmen und auf unser Willkommensfest kommen?» – «Aber sicher! Was gibt es Schöneres, als alle Zwerge einmal wiederzusehen und einen geselligen Abend zu verbringen? Wir kommen gerne und bringen auch etwas mit.» Finn ist erleichtert: «Wir freuen uns auf euch und sind gespannt, was ihr mitbringt.»

Nun drängt Yanis zur Eile, denn die Sonne beginnt zu sinken und sie haben noch einen langen Heimweg vor sich. Da rennen Silas und Ubbo hinter ihr Haus und kommen mit zwei Laternen zurück. «Nur für den Fall, dass der Mond heute Nacht an manchen Stellen nicht hell genug scheint.»

Yanis und Finn sagen den lustigen Gesellen Lebewohl. Silas, der Malerzwerg, tupft Finn kurz und liebevoll noch einen weißen Farbklecks mit dem Pinsel auf die Nase und prustet: «Jetzt passt deine Nase zu deinen Kleidern.»

Müde aber froh treten Yanis und Finn ihren Heimweg an. Zum Glück kennt der König eine Abkürzung am dunklen Wald vorbei. Trotzdem haben sie noch ein langes Stück Weg vor sich.

«Haben wir jetzt wirklich auch keinen vergessen? Die Pilzzwerge haben doch heute noch von Kräuterzwergen gesprochen. Wer hat denen denn die Einladung gebracht?» Finn schaut den König fragend an.

«Gut aufgepasst, Finn. Dort waren Mika und Emma. Die Kräuterzwerge haben ihr Zuhause auf einer kleinen Lichtung. Sie leben dort in einem alten Baumstumpf, den sie liebevoll ausgebaut und hergerichtet haben. Die Wiese um sie herum ist ihre Welt. Es gibt auf dieser Wiese nicht nur Tiere, Blumen und Gräser. Dort wachsen auch viele verschiedene Kräuter wie Kamille, Huflattich, Gänseblümchen, Brennnessel, Löwenzahn, Schafgarbe, Hirtentäschelkraut, Kümmel, Sauerampfer und Klee.

Kräuter sind kleine Zauberwesen. In ihnen steckt für uns alle viel Kraft und Gesundheit. Die Zwerge sind mit ihren Körben ab dem Frühling jeden Tag unterwegs und sammeln diese Kräuter. Oft werden sie zu kleinen Sträußchen zusammengebunden und kopfüber an einem luftigen Ort zum Trocknen aufgehängt. Danach kommen die getrockneten Blätter und Blüten in verschließbare Gläser und dann in die große Vorratskammer. Aus diesen Blättern und Blüten kochen die Zwerge dann Tee, verwenden sie als Gewürze oder rühren damit Heilsalben an. Die frischen Kräuter eignen sich aber auch als Salat.»

«Oh ja, das finde ich alles spannend. Gerne würde ich sie dann auch einmal besuchen und alles mit eigenen Augen sehen. Ich kann mir nicht so gut vorstellen, wie all die Kräuter aussehen sollen. Wachsen die auch alle bei dir an der Kristallhöhle?» – «Aber natürlich. Ich zeige dir morgen früh welche. Dann pflücken wir ein paar und machen uns daraus zum Frühstück einen leckeren Tee.»

Finn hüpft vor Freude wie ein kleiner Gummiball auf und ab. Allerdings wird er dabei immer langsamer. «Du, Onkel Yanis, jetzt hätte ich gerne ein Kräutlein gegen Müdigkeit. Meine Augen fallen mir gleich zu und meine Beine wollen nicht mehr laufen.» – «Ein Kräutlein dagegen», sagt der König, «das habe ich nicht, aber vielleicht hilft ja etwas anderes.» Und er fängt leise zu singen an:

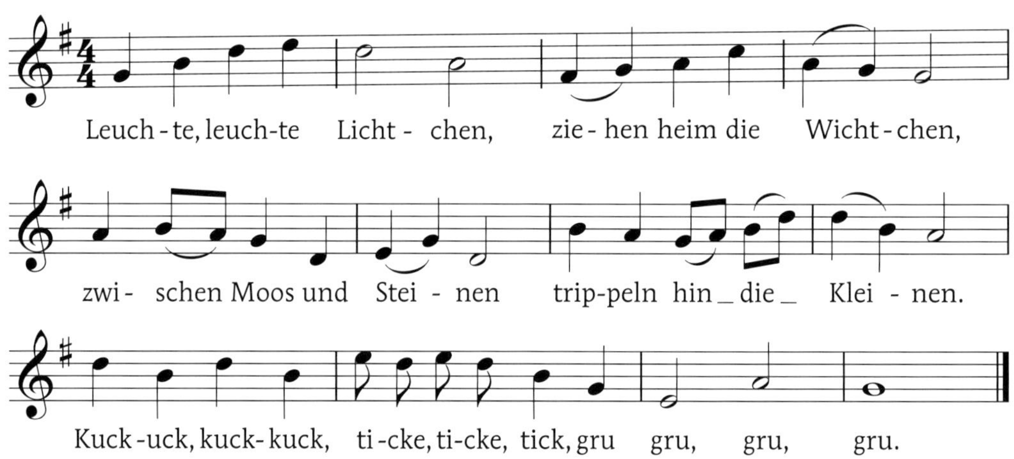

2. Leuchte, leucht, Laternchen, unsre lieben Sternchen,
über Tal und Hügel schwirren Elfenflügel.
Kuckuck, kuckuck, ticke, ticke, tick, gru, gru, gru, gru.

Nur zwei- oder dreimal singt Yanis Finn das Lied vor, bis dieser einstimmt. Erst ganz leise, dann immer lauter und kräftiger. Und auch sein müder, schleppender Gang wird wieder schneller. So singen sie, beobachten den Mond, der als kleine Sichel am Himmel zu sehen ist, schauen in den Sternen nach dem Kleinen und dem Großen Wagen, hören dem Rufen der Eulen zu, beobachten einen Fuchs, der über die Wiese huscht, und essen von den Äpfeln, die auf den Wiesen liegen und im Schein ihrer Laternen leicht schimmern.

Lange nach Mitternacht kommen sie endlich zu ihrer Lichtung und der Höhle. Snorri hat für Finn ein weiches Bett aus Moos und Heu neben Yanis hergerichtet. Es duftet nach Blumen und Kräutern und lädt dazu ein, sich sofort hineinzukuscheln.

Beide schlafen ganz tief und fest und erwachen erst, als Snorri sie am nächsten Morgen vorsichtig weckt. «Kommt, ihr zwei Langschläfer, heute ist ein großer Tag. Wir erwarten viele Gäste. Noch einmal recken und strecken und dann raus aus den Betten! Das Frühstück wartet.»

Noch ganz schlaftrunken murmelt Finn: «Wir müssen aber noch Kräuter für den Tee pflücken. Hat Yanis mir versprochen.» Der König streckt sich ausgiebig, stupst Finn an und meint: «Dann aber mal los!»

Als die zwei vor die Kristallhöhle treten, sind sie sprachlos vor Erstaunen. Die ganze Lichtung ist geschmückt mit bunten Girlanden, in den Bäumen hängen Laternchen und in der Mitte der Lichtung ist ein großer Tisch aufgebaut. Darauf stehen unzählige Teller und Becher, Blumenkränze und rote und orange Kerzen aus Bienenwachs schmücken die lange Tafel. Auf großen Steinen liegen rotbackige Äpfel, in die oben eine gelbe Kerze gesteckt ist. Über der großen Feuerstelle hängt ein riesiger Topf, aus dem es schon lecker nach Kartoffelsuppe duftet.

Die Gute-Laune-Zwerge Frieda, Magnus, Hugo, Pucki und Lars haben mit Snorri schon fleißig vorbereitet, während Yanis und Finn mit den Einladungen unterwegs waren. Beide freuen sich sehr über diese gelungene Überraschung und umarmen die fleißigen Helfer herzlich.

Ganz gerührt murmelt der alte Zwerg: «Jetzt wird aber erst mal gefrühstückt. Ich habe langsam mächtigen Hunger.»

Finn und der König gehen noch kurz die Kräuter für den Tee holen und setzen sich dann an einen gedeckten Tisch neben der kleinen Quelle. Während sie gemütlich essen, hören sie immer wieder ein lautes Knacken im Wald, das immer näher kommt. Und während sie noch rätseln, welches Tier das sein könnte, taucht plötzlich ein verschmitzt grinsender Örian auf der Lichtung auf. Sofort laufen Yanis, Finn und Snorri auf ihn zu und drücken ihn herzlich. Die Wiedersehensfreude ist riesig, und alle reden vor Begeisterung gleichzeitig auf Örian ein.

Nachdem sie sich etwas beruhigt haben, holen sie dem Weltenbummler einen Teller und Becher und frühstücken gemeinsam weiter und erzählen, was sie geplant haben. Örian ist begeistert, dass abends ein Fest gefeiert werden soll und er alle Zwerge wiedersehen wird.

Die eine oder andere Vorbereitung wird noch getroffen, bis dann am Nachmittag schon die ersten Gäste eintreffen. Wenig später sind alle Zwerge da, und es herrscht eine sehr fröhliche Stimmung. Jeder hat etwas mitgebracht, und allen läuft das Wasser im Mund zusammen, wenn sie an das große Buffet denken. Bei Sonnenuntergang entzünden sie gemeinsam die vielen Kerzen. Die Lichtung funkelt in einem warmen und gemütlichen Glitzerglanz.

Dann beginnt das große Fest. Gemeinsam wird gegessen, getrunken, gesungen und Örian erzählt von den vielen Erlebnissen auf seiner Wanderschaft. Von den Nebelbergen, in denen er die Nebelhexen getroffen hat, von den Zwergen aus Finnland, Norwegen und Schweden, die dort Tomten oder Nissen genannt werden und von denen sogar manche dem Weihnachtsmann beim Sortieren seiner Post und beim Verpacken der Geschenke helfen, und er erzählt von den Kobolden, Elfen und Feen.

Die Handwerkerzwerge haben sich noch eine besondere Überraschung ausgedacht. Sie haben eine Seifenlösung gemacht und Strohhalme mitgebracht, und gegen Mitternacht steigen viele sich im Kerzenlicht spiegelnde Seifenblasen in den sternenübersäten Nachthimmel auf, begleitet vom Zirpen der Grillen und vom fröhlichen Lachen der Zwergenschar.

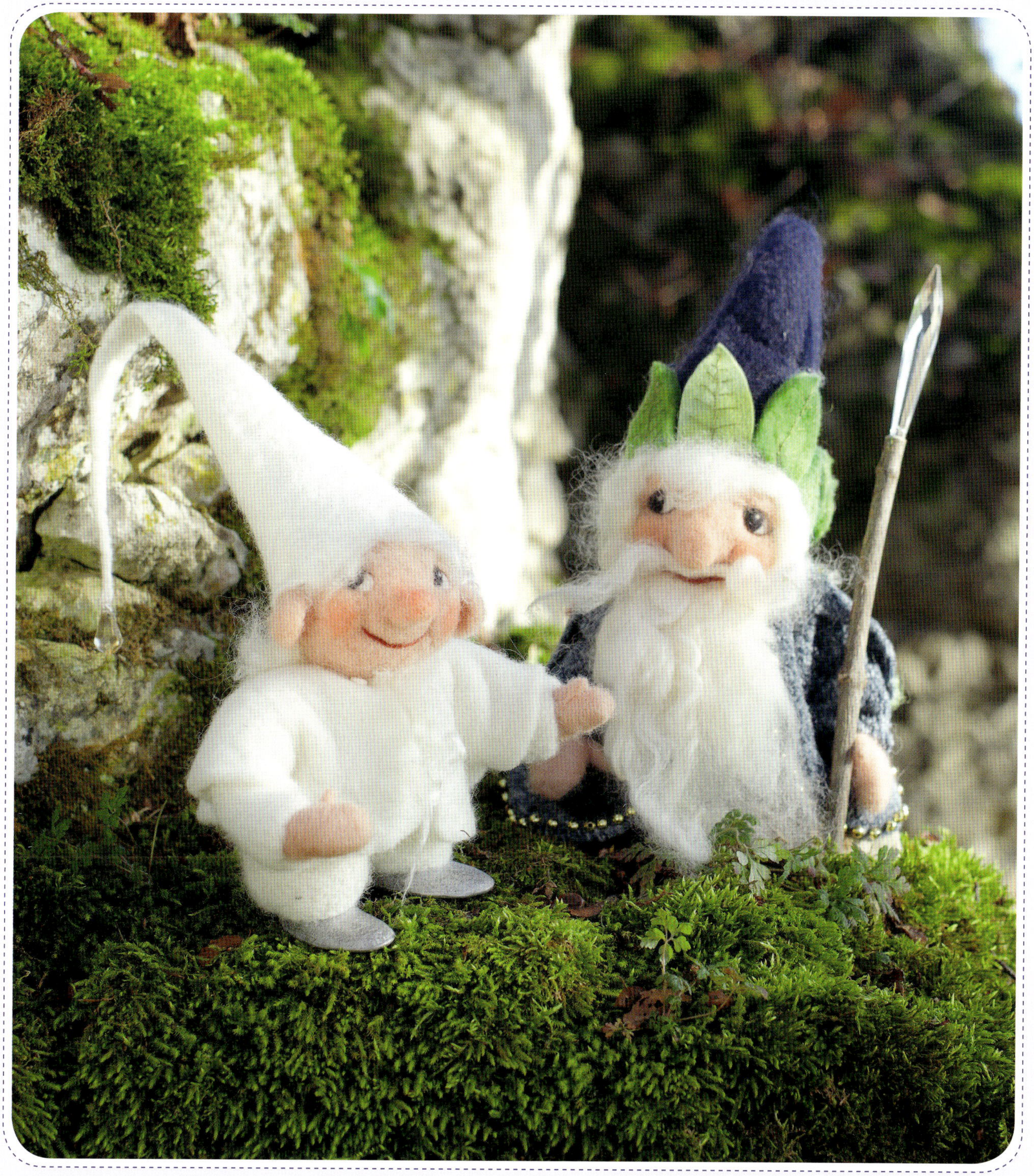

Zu diesem Buch

In diesem Buch finden Sie viele verschiedene Zwerge, kleine und auch große, einfachere und komplizierte, schnell herstellbare sowie aufwendigere, Zwerge für Kinder, aber auch für zwergenbegeisterte Erwachsene.

Ich möchte Ihnen in diesem Buch vor allem verschiedene Techniken zur Herstellung eines ganz eigenen, zu Ihnen oder Ihrem Kind passenden Zwergs vorstellen.
Ziel ist es, dabei Ihrer Fantasie freien Lauf zu lassen. Sie können die Techniken beliebig kombinieren, die Zwerge größer oder kleiner machen, die Frisuren oder die Kleidung variieren und vieles mehr.
Bitte beachten Sie, dass, egal bei welcher Technik, jeder auch seine eigene «Handschrift» in seinem Zwerg hinterlässt. Beim Stricken beispielsweise gibt es Menschen, die sehr fest stricken, andere stricken lockerer. Genauso verhält es sich auch beim Nadelfilzen. Daher kommt es manchmal zu Abweichungen zu den in diesem Buch angegebenen Größen.
Nicht alle Zwerge dienen als Spielzeug. Manche von ihnen können einfach ihren ganz besonderen Platz in Haus oder Wohnung bekommen, dienen als Türwächter, Einschlafhilfe oder finden sich auf dem Geburtstagstisch als Zwerg wieder, der diesen besonderen Tag begleitet. Sie werden sehen, dass sie trotzdem mit viel Freude und Respekt behandelt werden und es auffallen wird, wenn einer davon sich nicht auf seinem gewohnten Platz befindet.

Grundformen, Techniken und Materialien

Einleitung

Auf den folgenden Seiten werden Sie zuerst die zugrunde liegenden Techniken kennenlernen. Da zu diesen Themen schon sehr viel Literatur existiert, beschränke ich mich hier auf diejenigen Techniken und Materialien, die Sie zur Herstellung der Zwerge benötigen.

Ich verwende in diesem Buch für die Zwerge Schafwollvlies und Märchenwolle. Letztere ist pflanzengefärbte Schafwolle, meist erhältlich in kleinen Beuteln, die bunt gemischte Wolle enthalten.

Schafwollvlies besteht aus vielen kurzen Fasern, die kreuz und quer liegen und aus mehreren aufeinanderliegenden Lagen bestehen. Meist ist diese Art Wolle nicht so sauber gekämmt, sodass sich kleine Faserreste oder Schmutzpartikel darin befinden können. Diese sollten Sie vor der Verwendung entfernen. Die benötigte Menge Wolle kann problemlos aus dem Vlies gelöst werden. Auch einzelne Lagen können Sie mühelos voneinander trennen und somit die Dicke Ihrer Filzarbeit bestimmen.

Eine Bezugsliste für Schafwollvlies und Märchenwolle finden Sie am Ende des Buchs auf Seite 191.

Sollten Sie den Filz für Mäntel, Mützen usw. nicht selbst herstellen wollen, besteht auch die Möglichkeit, ihn zu kaufen. Es gibt hierbei zwei Sorten: Filz und Bastelfilz. Filz ist industriell gefertigter Filz. Es gibt ihn in vielen verschiedenen Farben als Meterware oder Platten. Bastelfilz ist handgefertigter Filz, den es in Platten zu kaufen gibt. Er ist weicher als der Industriefilz. Allerdings ist die Farbauswahl nicht so groß.

Pfeifenputzer finden in diesem Buch häufig Verwendung, um das Grundgestell der Zwerge zu fertigen. Verwenden Sie nach Möglichkeit keine Bastelpfeifenputzer, sondern wirkliche Pfeifenputzer aus dem Tabakbedarf. Diese sind fester und stabiler und daher besser geeignet.

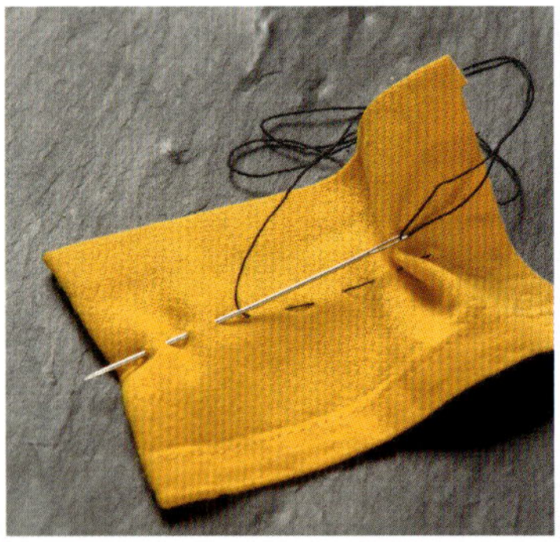
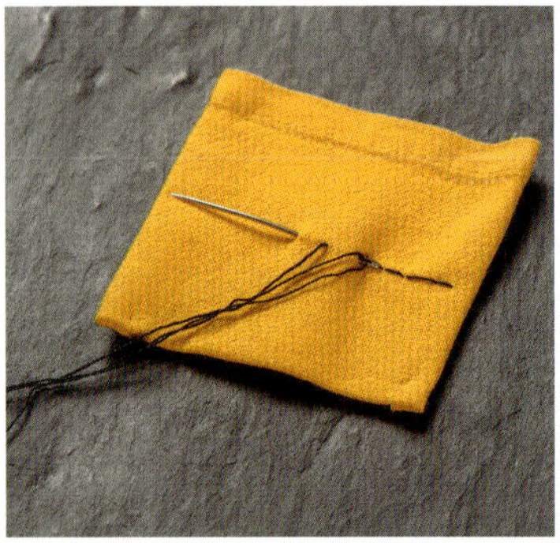
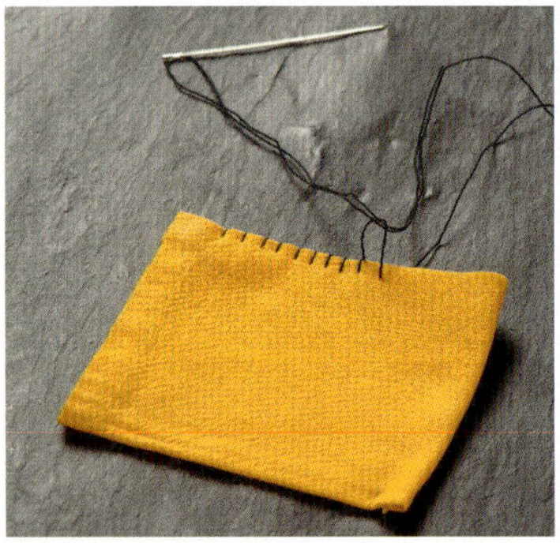
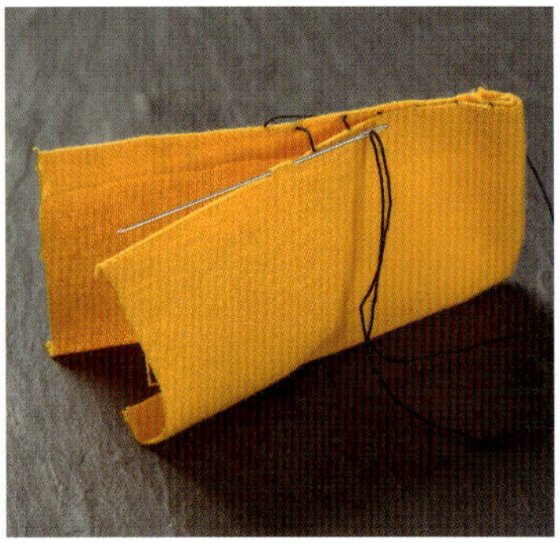

Verschiedene Sticharten

Kräuselstich

Der Kräuselstich wird, wie der Name schon sagt, zum Kräuseln verwendet. Gekräuselt wird immer dann, wenn Stoff zusammengezogen werden soll.

Für den Kräuselstich ziehen Sie die Nadel, immer abwechselnd ein Stückchen Stoff aufnehmend, ein Stückchen liegen lassend, durch den Stoff. Danach wird der Faden zum Kräuseln angezogen.

Steppstich

Der Steppstich wird verwendet, um Nähte zusammenzunähen, ohne dass durch Anziehen des Fadens sich der Stoff zusammenzieht.

Für den Steppstich werden ein paar Fäden des zusammenzunähenden Stoffs aufgenommen. Dann wird ein Rückstich gemacht, der genau an den vorhergehenden Stich anschließt.

Knopflochstich

Beim Knopflochstich wird die Nadel von hinten nach vorne eingestochen und der Faden bis auf eine kleine Schlaufe durchgezogen. Durch diese Schlaufe wird noch einmal mit der Nadel durchgefahren, und dann wird der Faden angezogen.

Matratzenstich

Der Matratzenstich wird verwendet, um unsichtbare Nähte herzustellen. Beim Matratzenstich werden die zwei zusammenzunähenden Stoffteile kantig zusammengelegt. Dann wird die Nadel von hinten auf den unteren Stoff durchgestochen. Nun nehmen Sie ein kleines Stück oberen Stoff, ziehen das Ganze an, dann wieder ein Stück unteren Stoff, anziehen usw.

Strickfilzen

In diesem Buch setze ich die Grundlagen des Strickens und Häkelns voraus.

Im Prinzip ist Strickfilzen absichtliches Verfilzen gestrickter Stücke in der Waschmaschine. Strickfilzen wird mit einer besonderen Wolle gemacht, sogenannter Strickfilzwolle. Diese besteht immer aus 100 % Schurwolle. Der Schrumpfungsgrad beträgt allgemein zwischen 30 und 40 %, hängt aber von vielen Faktoren ab:

- der Wollfärbung; helle Farben verfilzen nach meiner Erfahrung schlechter;
- vom Maschenbild, d.h. festeren und lockereren Maschen;
- von der mitgewaschenen Wäsche (Vorsicht: immer ähnliche Farben mitwaschen, um Verfärbungen zu vermeiden);
- von der verwendeten Waschmaschine, dem verwendeten Waschprogramm, der Schleuderdrehzahl usw.

Größenabweichungen der in diesem Buch beschriebenen Stücke sind nicht dramatisch. Sollte Ihnen aber beispielsweise ein Zwergenkörper doch zu groß sein, können Sie diesen entweder am unteren Rand einfach abschneiden. Da die Maschen verfilzt sind, gehen sie dadurch nicht auf. Oder Sie waschen das Strickstück noch ein zweites Mal.
Strickgefilzte Gegenstände sind sehr robust und daher auch gut zum Spielen geeignet.

1. Stricken / häkeln Sie ihre Stücke nach Anleitung in diesem Buch.
2. Vernähen Sie alle Fäden und nähen Sie die gefertigten Stücke vor dem Waschen zusammen (z.B. beim Baumstamm).

Material

- Strickfilzwolle smc Schachenmayr Wash+Filz it! (50 g entsprechen einer Lauflänge von 50 m)
- Häkelnadeln oder Stricknadeln Nr. 6 oder wie angegeben

Tipp

Haben Sie noch einen Rest Strickfilzwolle übrig, können Sie daraus eine Schnur häkeln und in der Waschmaschine mitfilzen. Daraus können dann zum Beispiel Gürtel für die Zwerge gefertigt werden oder auch die Schwänze der Mäuse.

3. Waschen Sie die Teile nun in der Waschmaschine zusammen mit anderer Wäsche wie beispielsweise Jeans oder Handtüchern bei 40 °C und Schleudergang. Als Waschmittel wird Voll- oder Colorwaschmittel in Pulverform verwendet. Achten Sie eventuell auf abweichende Angaben des Wollherstellers, wenn Sie andere als die oben angegebene Wolle verwenden. Ist Ihnen der Schrumpfungseffekt zu gering, waschen Sie die Teile noch einmal.

4. Nach dem Waschen ziehen Sie die Teile im feuchten Zustand in Form. Sollten an den Nähten etc. ungewollte Verdickungen entstanden sein, können diese beispielsweise auf der waschbrettartigen Ablage Ihrer Küchenspüle nachgearbeitet werden. Hierzu geben Sie etwas Spülmittel auf die Verdickungen, machen diese nass und reiben diese Stellen auf der Spülablage.

5. Zum Trocknen der Teile eignen sich Flaschen oder Gläser. Sie behalten dadurch ihre Form und können gut austrocknen.

Nadelfilzen (Trockenfilzen)

Material

- Schafwolle oder Märchenwolle
- Filznadel
- Schwamm oder eine Kniematte für den Garten, in Fachgeschäften gibt es auch spezielle Schwammunterlagen zum Nadelfilzen

Am besten eignen sich zum Filzen mit der Nadel alle Wollsorten, die im Vlies angeboten werden.

Die Filznadeln gibt es in verschiedenen Stärken. Dicke Nadeln werden für das grobe Verfilzen benutzt, die mittleren Nadeln für das Ausformen und die feinen Nadeln für detaillierte Ausgestaltung.

Ich habe in diesem Buch mit mittleren und feinen Nadeln gearbeitet.

Eine nützliche Ergänzung zur einzelnen Filznadel ist ein Filznadelhalter. Mit ihm können Sie mit vier Nadeln gleichzeitig arbeiten, beispielsweise beim Gestalten eines Flächenfilzes oder eines großen Kopfes. Es gibt verschiedene Variationen dieser Halter und für eine unterschiedliche Anzahl an Nadeln. Ich habe in diesem Buch mit der runden Variante und vier Nadeln gearbeitet.

Filznadeln sind Nadeln mit winzigen Widerhaken. Diese Haken verfilzen durch das Einstechen und Herausziehen der Nadel die einzelnen Schafwollfasern miteinander. *Vorsicht:* Filznadeln sind sehr spitz. Darum nie die Hand unter das Filzstück legen und möglichst auf der Unterlage arbeiten. Sollten Sie kleinere Filzstückchen arbeiten wollen, benutzen Sie einen Stift oder Zahnstocher, um den Filz auf der Unterlage festzuhalten. Um ein schnelles Abbrechen der Nadel zu verhindern, sollte die Nadel immer im selben Winkel wie beim Einstechen wieder herausgezogen werden.

Damit die Nadel tief genug eingestochen werden kann, benutzen Sie einen Spülschwamm als Unterlage oder eine spezielle Schwammunterlage zum Nadelfilzen. Diese Unterlagen sollten Sie immer wieder von Schafwollfaser-Rückständen säubern. Alternativ dazu können Sie auch eine Kniematte für den Garten verwenden. Diese hat den Vorteil, dass sich keine Wollreste in der Unterlage absetzen und diese Reste so nicht ins nächste Filzstück geraten. Allerdings sind sie sehr dünn, sodass es sich empfiehlt, zwei dieser Matten übereinanderzulegen.

Sollten Sie noch keine Erfahrung mit der Filznadel haben, empfehle ich, die Technik erst einmal an einem Probestück zu üben. Nehmen Sie zum Beispiel eine Ausstechform von Weihnachtsplätzchen, füllen Sie die Form mit Märchenwolle und verfilzen Sie nun die Wolle durch permanentes Einstechen und Herausziehen der feinen Filznadel. Wenden Sie die Arbeiten mit dem Förmchen öfter, um zu verhindern, dass sich die Schafwolle zu sehr mit der Unterlage verbindet.

Sie werden erleben, wie leicht man so modellieren, ausbessern

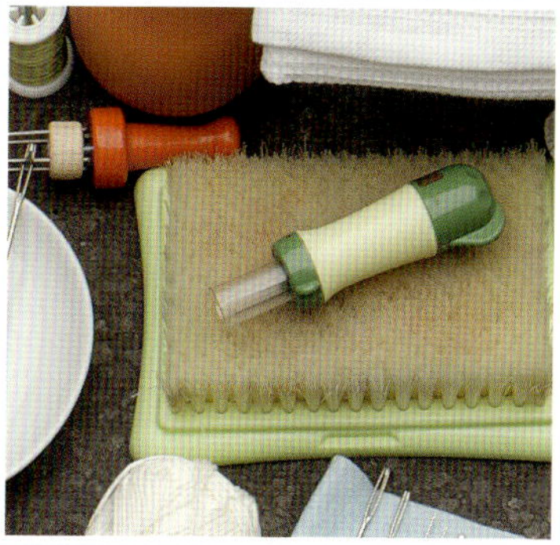

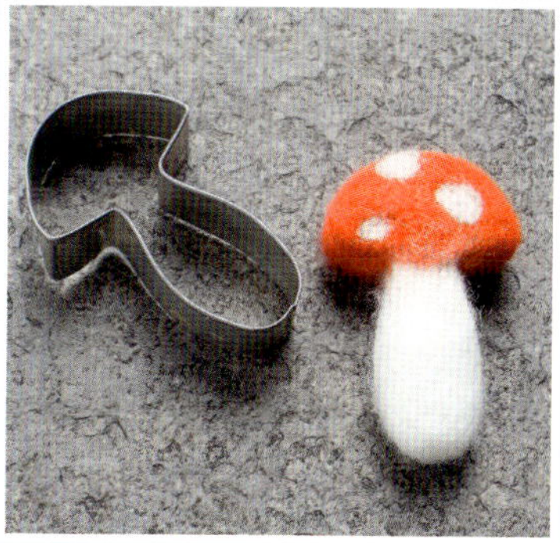

oder durch einige aufgelegte Schafwollfasern etwas verschönern kann. Und Sie werden sehen, dass Sie sehr schnell ein Gespür für diese Art des Filzens entwickeln.
Beim Nadelfilzen ist es auch durchaus möglich, weitere Teile hinzuzufügen oder zu vergrößern, wenn schon alles fertig gefilzt ist.
Punkte, Muster, Schnüre und Ähnliches werden angebracht, indem man sie auf die gewünschte Stelle des Filzes legt und sie durch mehrmaliges Einstechen fest annadelt. Schnüre, Kugeln und Ähnliches können Sie durch Rollen zwischen den Händen vorformen und so schon etwas verdichten.
Auch gewickelte Figuren kann man mit der Filznadel gut fixieren. Dazu sticht man in die abstehenden Wollfasern und sichert so die Übergänge.
Möchten Sie Formen nadeln, formen Sie das Vlies grob vor und «modellieren» durch gezieltes Einstechen Ihre Form bis zur gewünschten Festigkeit. Diese Festigkeit liegt in Ihrem Ermessen. Daher können sich auch hier Größenunterschiede zu den von mir genadelten Zwergen ergeben. Der Schrumpfungsgrad beim Filzen mit der Nadel hängt davon ab, wie sehr Sie das Wollvlies verdichten.
Wollen Sie nadelgefilzte Formen miteinander verbinden, beispielsweise einen Daumen mit einer Hand, so sollten einige Fasern des einen Filzstücks an der Verbindungsstelle ungenadelt belassen werden. Diese verteilen Sie kreisförmig auf dem anderen Filzstück und nadeln diese dann fest an.

Styroporkegelzwerg

Eine weitere Möglichkeit, den Umgang mit der Filznadel zu üben, ist das Filzen eines ersten Zwerges auf einen Styroporkegel. Dies können Sie auch gemeinsam mit älteren Kindern machen. Dazu legen Sie auf den Styroporkegel zunächst eine blickdichte Lage Wollvlies auf und nadeln diese mit der feinen Filznadel an. Stechen Sie nicht zu oft an der gleichen Stelle ein, da sich das Styropor sonst auflösen kann. Sollten sich zum Schluss noch kahle Stellen zeigen, nadeln Sie über diese nochmals etwas Wollvlies.
Für das Gesicht formen und nadeln Sie eine runde, etwas dickere Platte aus hautfarbenem Vlies vor und nadeln diese an die Stelle des Gesichts. Auch Haare und Bart werden aufgefilzt. Verwenden Sie hierfür Lockenwolle.

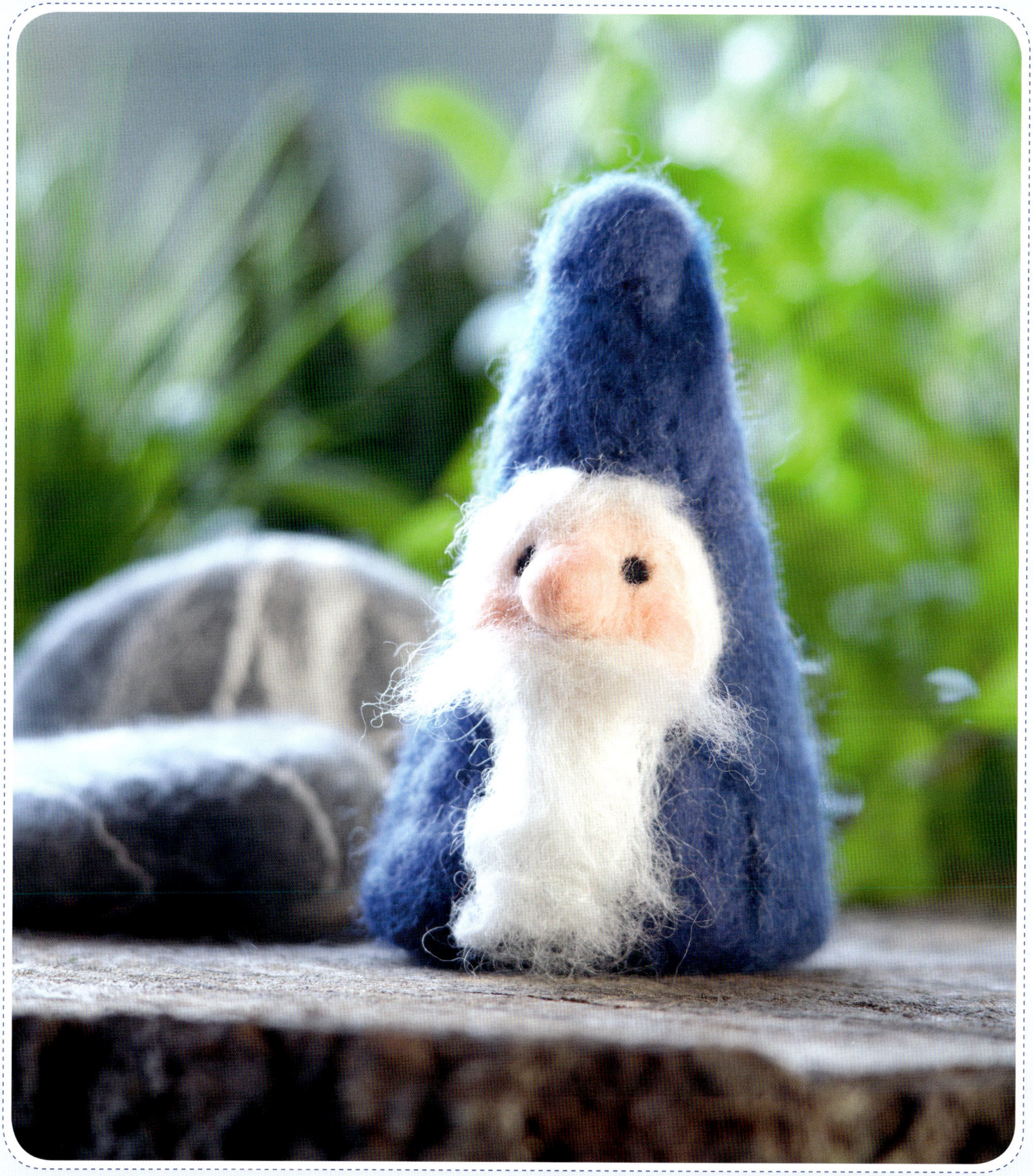

Tipps

- Beachten Sie bitte, dass bei allen nass gefilzten Arbeiten die Wolle um etwa 30 – 40 % schrumpft.
- Überschüssiges Wasser immer wieder durch Abgießen entfernen. Bei zu viel Seife etwas klares Wasser zugeben. Beides verhindert ein Verfilzen Ihrer Platte.

Material

- Schmierseife, Schafwollvlies / Märchenwolle
- Schüssel, heißes Wasser, klares Wasser mit Essig, Handtuch
- Unterlage (z.B. Backblech, Noppenfolie)
- Sprühflasche
- Handtücher, um die Hände vor dem neuen Auflegen trockener Wolle abzutrocknen, überlaufendes Wasser aufzunehmen oder die fertigen Stücke zu trocknen

Nase und Augen können Sie wie im Kapitel «Ausgestalten des Kopfes» (ab Seite 59) beschrieben fertigen.
Sollten auf Ihrer Filzarbeit noch Nadelstiche sichtbar sein, können Sie diese unsichtbar machen, indem Sie mit der Spitze der Filznadel vorsichtig ein paar Mal über diese Stellen streichen.

Nassfilzen

Beim Nassfilzen stellen sich die einzelnen Schuppenschichten der Wollfasern durch das heiße Seifenwasser auf. Die vielen kleinen Schafwollfasern verhaken sich durch Reibung zu einer kompakten Fläche, die nicht mehr zu lösen ist.
Geben Sie zuerst 1 Esslöffel Schmierseife in 1 Liter heißes Wasser. Wählen Sie die Wassertemperatur so, dass es für Ihre Hände noch angenehm ist. Die Schmierseife wird im Wasser gut verquirlt.
Es empfiehlt sich wegen der verwendeten Schmierseifenlösung, beim Nassfilzen auf der Küchenspüle zu arbeiten oder ein Tablett oder Backblech als Unterlage zu verwenden.

Plattenfilzen

Selbst hergestellte Filzplatten werden zum Anfertigen von Kleidung, Schuhen und Ähnlichem verwendet.

Anleitung

Beachten Sie den Schrumpfgrad der Wolle, wenn Sie die für das Schnittmuster benötigte Fläche mit Wolle auslegen: Die Wolle schrumpft beim Filzen um ca. 30 – 40 %.

1. Zupfen Sie einen Büschel Wolle aus dem Vlies, ziehen Sie ihn in eine Fläche auseinander und legen Sie diesen Büschel in einer dünnen Lage dachziegelartig nebeneinander auf der Noppenfolie auf dem Backblech aus. Hierbei sollten die Fasern immer in eine Richtung zeigen.
2. Die nächste Schicht legen Sie wieder wie Dachziegel aus, jedoch mit der Faserrichtung senkrecht zur vorigen Lage, sodass die Lagen über Kreuz liegen.
3. Die Anzahl der Lagen richtet sich nach der gewünschten Dicke des späteren Filzes. Es sollten jedoch mindestens zwei sein. Alles Weitere hängt von der Qualität der Wolle und der Dicke des herausgezupften Schafwollbüschels ab. Sie können die Wolle später, wenn sie nass ist, auch immer wieder platt drücken, um abzuschätzen, wie dick die Platte ungefähr werden wird.
4. Nun wird die Wolle vorsichtig mit heißem Seifenwasser (Seifenlauge) aus der Sprühflasche besprüht. Sie sollte durchweicht sein, aber nicht in Wasser schwimmen. Dann geben Sie etwas Kernseife auf Ihre Hände und beginnen, das Vlies vorsichtig platt zu drücken. Es darf dabei keine Wolle an Ihren Händen kleben bleiben, sonst ist zu wenig Seife benutzt worden. Sollten

Material

- heiße Schmierseifenlauge, Kernseife, Sprühflasche
- Handtuch, Essigwasser
- Backblech oder Tablett
- Noppenfolie
- Schafwollvlies oder Märchenwolle

Tipp

Für Kleidungsstoffe ist es manchmal auch reizvoll, den letzten Schritt des Walkens wegzulassen. Dadurch wird der Filz lockerer.

Sie am Anfang noch unsicher sein, dass Sie Ihre Platte zu fest drücken, dann legen Sie ein Stück Vorhangstore oder Noppenfolie auf die durchfeuchtete Schafwolle. So verhindern Sie durch zu festes Reiben am Anfang, dass Löcher entstehen.

5. Nach 3 bis 4 Minuten können Sie mit leichten (!), vorsichtig kreisenden Bewegungen auch ohne Noppenfolie über die ganze Platte streichen.

6. Hat sich die Wolle leicht verdichtet, wendet man die Platte vorsichtig und wiederholt das Ganze auf der Unterseite.

7. Je mehr sich die Oberfläche verdichtet, desto höher kann der Druck sein, mit dem gearbeitet wird. Vergessen Sie dabei nicht, die Ränder einzubeziehen.

8. Sind beide Filzseiten an der Oberfläche geschlossen, kann man das Filzstück leicht zusammendrücken und kneten.

9. Streichen Sie dann Ihr Filzstück glatt und rollen Sie es in ein trockenes Handtuch ein. Rollen Sie es nun zuerst von der einen Seite immer wieder hin und her. Verfahren Sie mit der anderen Seite genauso. Diesen Vorgang nennt man Walken.

Vorsicht: Je fester man walkt, desto größer wird der Schrumpfungsprozess.

10. Nun ist Ihr Filzstück fertig gewalkt und muss noch sauber in Essigwasser ausgewaschen, ausgestrichen und getrocknet werden.

Nun können Sie mit dem Zuschneiden Ihrer Kleidung etc. beginnen.

Sollte der Nähfaden nach dem Nähen zu deutlich zu sehen sein, so fahren Sie mit einer Nadel ein paar Mal vorsichtig über den umliegenden Filz, sodass sich die kleinen Härchen des Filzes über den Stich legen und ihn verdecken.

Sollte bei Ihren ersten Filzarbeiten Ihr Filzstück doch dünne Stellen oder Löcher aufweisen, so schneiden Sie entweder vorsichtig am Rand ein Stück ab und nadeln es auf der Rückseite fest auf die dünne Stelle oder das Loch, oder Sie nadeln einen Büschel ungefilzter Schafwolle darüber.

Schablonentechnik oder Hohlkörperfilzen für Mützen

Hohlkörper, wie in diesem Fall die Zwergenmützen, werden immer mit einer Schablone gearbeitet. Diese Schablone verhindert, dass sich in der Innenseite der Mütze die Filzschichten verbinden. Sie gibt gleichzeitig die Form der Filzmütze vor.
Sie können neben dicker Schrankfolie als Schablone auch PVC-Stücke, Moosgummi oder feste Pappe verwenden.
Wollen Sie eine eigene Schablonenform fertigen, sollten Sie immer den Schrumpfungsgrad von 30 – 40 % beim Filzen berücksichtigen und die Schablone entsprechend vergrößern. Da die Ecken der Schablone sich leicht durch den Filz bohren können, runden Sie diese ganz leicht ab.

Material
- heiße Schmierseifenlauge
- Kernseife, Sprühflasche
- Handtuch, Essigwasser
- Noppenfolie (z.B. Schrankfolie)
- Schafwollvlies

Arbeitsplatz

Legen Sie auf ein Backblech oder die Spülablage ein leicht angefeuchtetes Handtuch, damit Ihr Filzstück nicht zu sehr verrutscht, und darüber eine Luftpolsterfolie in der Größe Ihres Backblechs oder Ihrer Spülablage.

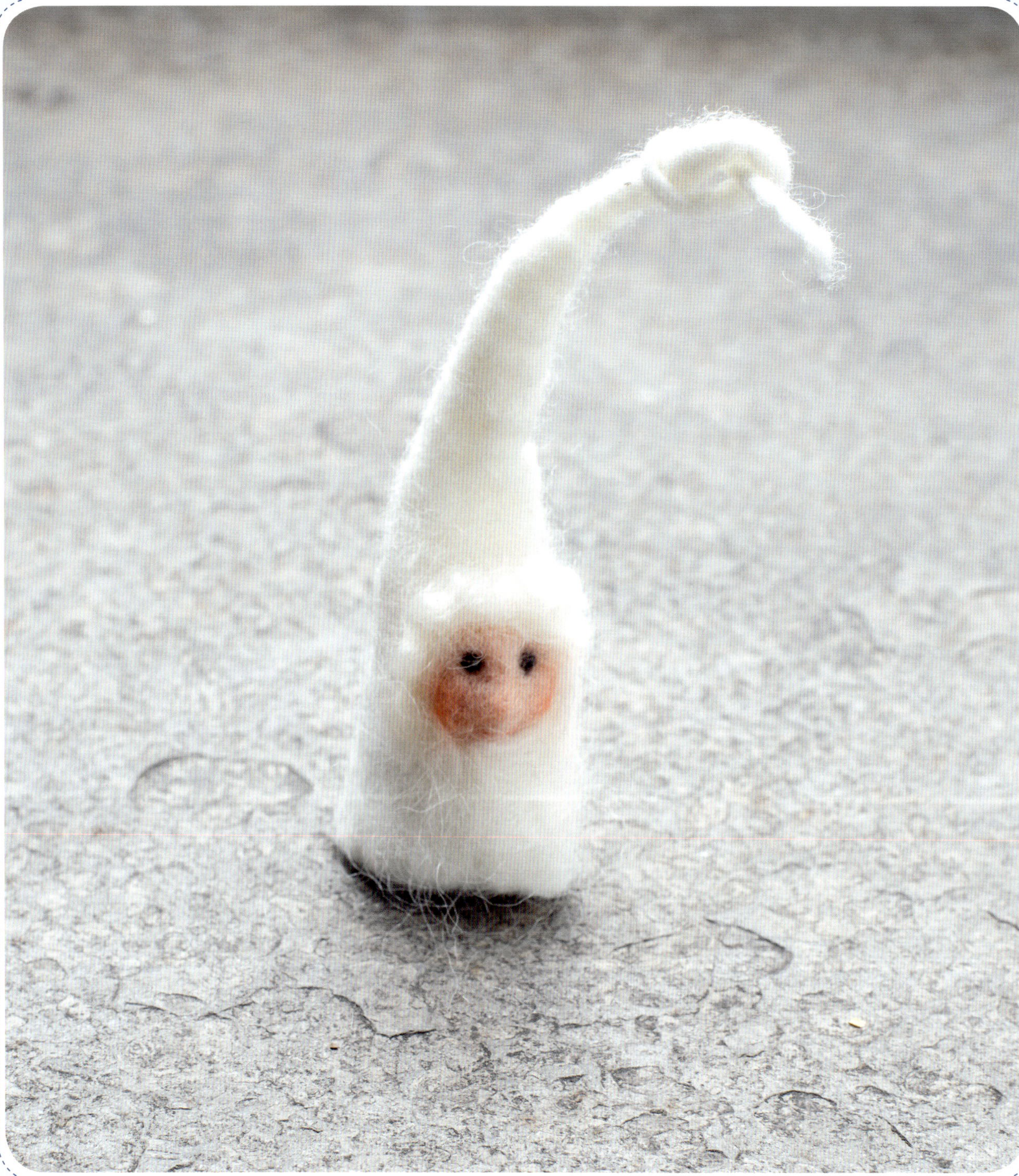

Anleitung

1. Schneiden Sie aus der Noppenfolie eine Zipfelmützenschablone aus. Beachten Sie dabei, dass die Wolle schrumpft.
2. Teilen Sie das Schafwollvlies in einzelne Lagen. Für die Mütze benötigen Sie vier Lagen. Die ersten zwei Lagen legen Sie übereinander, legen darauf die Schablone und zupfen das Vlies in Form der Mütze. Es sollte dabei 2 cm über den Schablonenrand ragen.
3. Besprühen Sie das Vlies unterhalb der Schablone mit Seifenwasser. Die Ränder sollten dabei trocken bleiben.
4. Drücken Sie mit der Schablone das Wasser gut in die Wolle. Die Wolle sollte danach unter der Schablone richtig nass sein.
5. Klappen Sie die Ränder nun stramm über die Schablone. An den Ecken die Wolle gut verteilen oder notfalls auch auszupfen, sodass sich keine dicken Stellen bilden.
6. Die noch nicht bedeckten Stellen der Schablone werden mit zwei weiteren Lagen Vlies belegt (auf Übergänge achten), dann alles mit Seifenlauge besprengt und fest angedrückt.
7. Klappen Sie dann die Luftpolsterfolie über das Ganze und filzen Sie mit kreisenden Bewegungen erst sanft, dann immer fester werdend an. Achten Sie dabei darauf, dass die Wolle am Rand der Folie immer straff bleibt.
8. Wickeln Sie die Luftpolsterfolie mit der Mütze zu einer Rolle und rollen alles etwa 25-mal hin und her. Rollen Sie zuerst von der Längs-, dann von der Querseite und kontrollieren Sie dazwischen immer wieder, dass die Außenränder nicht verrutschen.
9. Hat sich Ihr Filzstück nun so verfestigt, dass sich keine einzelnen «Haare» beim Hochziehen mehr lösen, sondern alles am Stück bleibt, schneiden Sie die Mütze am unteren Rand auf und entfernen Sie die Schablone.
10. Kontrollieren Sie, ob an den Seiten Wülste oder dickere Stellen entstanden sind. Rubbeln Sie diese gegebenenfalls nochmals mit extra Seifenlauge auf der Noppenfolie, bis sie sich verteilt haben. Bearbeiten (walken) Sie den unteren Rand auch noch einmal besonders, damit sich die Schnittstellen wieder richtig verbinden.
11. Befeuchten Sie die Mütze gut und rollen Sie sie auf der Noppenfolie längs und quer hin und her, bis sie die gewünschte Größe und Dichte erreicht hat.
12. Zuletzt spülen Sie die Mütze in Essigwasser gut aus und lassen sie trocknen.

Tipp

Ein solcher Zwerg kann auch als Eierwärmer gefertigt werden.

Mütze mit langem Zipfel

Wollen Sie eine Mütze mit sehr langem Zipfel (siehe Schneezwerge oder Foto auf Seite 50) herstellen, so filzen Sie zunächst eine Schnur. Die unteren 4 cm bleiben dabei ungefilzt und trocken. Verteilen Sie diesen ungefilzten Teil dann am oberen Rand Ihrer Schablone und arbeiten Sie dann, wie es zuvor beschrieben wurde.

Die Schnur stellen Sie folgendermaßen her:

1. Rollen Sie ein Stück ungesponnene Strang- oder Vlieswolle trocken zwischen den Händen, damit sich die Wolle zu einem Strang verbindet.
2. Legen Sie diesen Strang auf eine Noppenfolie und befeuchten Sie ihn mit heißer Seifenlösung.
3. Rollen Sie den Strang so lange auf der Noppenfolie, bis er die gewünschte Festigkeit und die Form einer Schnur erreicht hat.
4. Spülen Sie die Schnur unter kaltem Wasser gut aus.

Sollte die Mütze etwas zu eng sein, kann sie etwas auseinandergezogen werden. Ist sie zu groß, walken Sie sie nochmals.
Beachten Sie bitte bei dieser Art Mützenherstellung, dass Kopfgrößen variieren können. Passen Sie daher die Schablone entsprechend an.
Sollte eine Ihrer gefilzten Mützen überhaupt nicht passen oder Ihnen nicht gefallen, werfen Sie Ihr Filzstück trotzdem nicht weg. Sie können aus dieser Mütze noch einen Zwerg herstellen, indem Sie auf die Mütze ein Gesicht und einen Bart auffilzen.
Hierzu schneiden Sie einen kleinen Schwamm keilförmig zu und schieben ihn in die Mütze. Dies verhindert, dass die Mützenteile im weiteren Verlauf ineinander vernadelt werden.
Das Gesicht wird, wie beim Styroporkegelzwerg, aus einer runden, etwas dickeren Platte aus hautfarbenem Schafwollvlies

auf Ihrer Unterlage aufgenadelt. Die Nase und Bäckchen werden wie im Kapitel «Ausgestalten des Kopfes» (ab Seite 59) gefertigt. Dieser Zwerg bekommt kleine Perlen als Augen. Die Öffnung unten wird mit ungesponnener Schafwolle gefüllt und festgenadelt

Umfilzen von Steinen

In diesem Kapitel wird die Grundtechnik beschrieben, mit der Dekosteine, aber auch Zwerge, Hasen, Mäuse oder Häuser hergestellt werden können.
Das Grundprinzip ist dabei immer gleich: Es werden von der Form her geeignete Steine in Nassfilztechnik mit ungesponnener Schafwolle überzogen.
Diese Technik ist sehr gut geeignet, um das Material Filzwolle in seinen Eigenschaften kennenzulernen.
Wie Sie an den in diesem Buch gezeigten Beispielen sehen können, eignen sich umfilzte Steine durch ihre unterschiedlichen, interessanten Formen für ganz viele Dinge.
Um mit dieser Technik vertraut zu werden, ist es am einfachsten, mit kleinen Steinen zu beginnen. Als Arbeitsplatz habe ich das Spülbecken als besonders geeignet empfunden.

Material

- Steine mit runden Kanten
- ungesponnenes Schafwollvlies in Grau und Hautfarbe sowie farbiges Schafwollvlies für Mütze, Mantel etc.
- Filznadel
- Wasser
- Schmierseife oder Spülmittel
- altes Handtuch
- Plastiktüte ohne Aufdruck

Anmerkung:
Bei dieser Technik ist es nicht möglich, Grammangaben für die benötigte Menge an Schafwolle zu machen, da jeder Stein eine andere Größe und Form besitzt.

Anleitung

1. Teilen Sie das Vlies in dünne Lagen.
2. Legen Sie kleine Stücke davon auf einen trockenen Teller.
3. Befeuchten Sie den Stein mit einer Seifenlösung.

Tipp

Wollen Sie nur graue Dekosteine herstellen, können Sie aus weißen Seidenfasern oder weißer Schafwolle sehr dünne Streifen vor dem Verfilzen um den Stein wickeln. Sollten sich die Maserungen beim Verfilzen wieder etwas lösen, können sie im trockenen Zustand des Steins angenäht werden. Sie können auch kleine gefilzte Blümchen auf den Stein nähen oder grüne Wollflocken als Moos aufsticken (siehe Foto, Seite 124).

4. Mit trockenen Händen legen Sie die Schafwollteile einmal straff um den ganzen Stein.
5. Diese Wolle wird nun leicht mithilfe einer Sprühflasche befeuchtet und angedrückt. Hierbei dürfen sich keine Knubbel oder Wülste bilden.
6. Verfahren Sie mit drei, bei größeren Steinen mit fünf bis sieben weiteren Lagen genauso. Da später auf diesen umfilzten Stein Köpfe etc. angenäht werden, dürfen die Lagen in der Summe nicht zu dünn sein, da sie sonst reißen.
7. Besprühen Sie den Stein mit einer warmen Seifenlösung. Gegebenenfalls werden auch die Hände etwas eingeseift, damit die Wolle nicht an den Händen kleben bleibt.
8. Drücken Sie den Stein ein wenig und lassen Sie ihn, bis sich die Oberfläche leicht verfestigt hat, von einer in die andere Hand gleiten. Große Steine drücken Sie von allen Seiten immer wieder und beginnen erst dann vorsichtig zu reiben.
9. Nach einer Weile können Sie beginnen, den Stein etwas kräftiger zu drücken und zu reiben, um die Wolle zu verfestigen und zu verfilzen. Alternativ dazu, vor allem wenn Sie mit Kindern filzen wollen, können Sie den Stein nach Punkt 9 auch in eine Plastiktüte geben und ihn dort reiben und drücken. Geben Sie dazu auch etwas Seifenlösung auf die Tüte, sodass alles gut «flutscht». Dies funktioniert auch mit großen Steinen gut.
10. Die Wolle hat sich ausreichend verfestigt, wenn keine einzelnen Fasern mehr hochgezogen werden können und die Wolle den Stein fest umschließt. Dann drücken Sie den umfilzten Stein gut aus und legen ihn eine halbe Stunde in Essigwasser, um die verbliebene Seifenlösung zu neutralisieren.
11. Nun wird das restliche Wasser im umfilzten Stein zuerst von Hand und dann mit einem Handtuch ausgedrückt. Danach lassen Sie den Stein gut trocknen.

Herstellen des Kopfes ohne Hals in Nadelfilztechnik

Anleitung

1. Wiegen Sie die benötigte Menge Schafwollvlies entsprechend der Mengenangabe beim jeweiligen Zwerg ab.
2. Nehmen Sie dieses Schafwollvlies, ziehen Sie es zu einem kleinen Strang, in dessen Mitte Sie einen lockeren Knoten machen.
3. Rollen Sie die vom Knoten abstehenden Enden von links und rechts über den Knoten, sodass eine Kugel entsteht. Der Wollstrang darf sich dabei nicht verdrehen (siehe auch Foto oben links auf Seite 56).
4. Legen Sie diese Kugel nun auf Ihre Unterlage.
5. Dann wird ringsherum mit der Filznadel in die Kugel gestochen. Dadurch verdichtet sich die Form immer mehr. Führen Sie dies so lange aus, bis die Kugel die gewünschte Größe und Form erreicht hat. Diese kann je nach Vorliebe eher rund oder eher länglich sein.

Die Kugel wird beim Nadeln immer wieder gedreht, um eine gleichmäßige Form zu erhalten.

Filzen Sie den Kopf nicht zu fest, da Sie sonst später Schwierigkeiten haben können, beispielsweise die Nase aufzufilzen.

Zu klein geratene Köpfe können vergrößert werden, indem noch etwas Schafwollvlies darübergelegt und angenadelt wird.

Material

- hautfarbenes Schafwollvlies
- Filznadel
- Unterlage

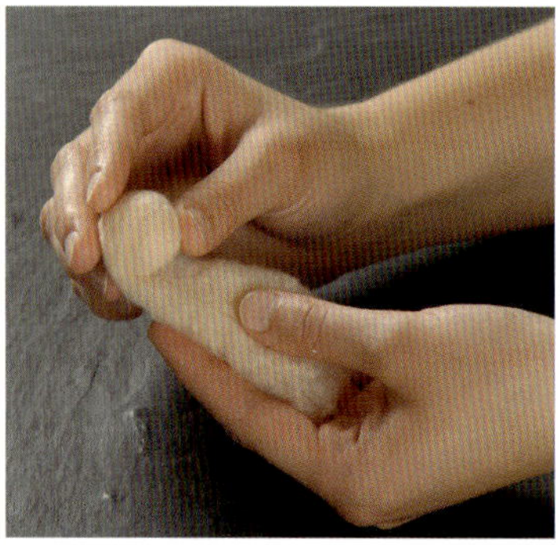

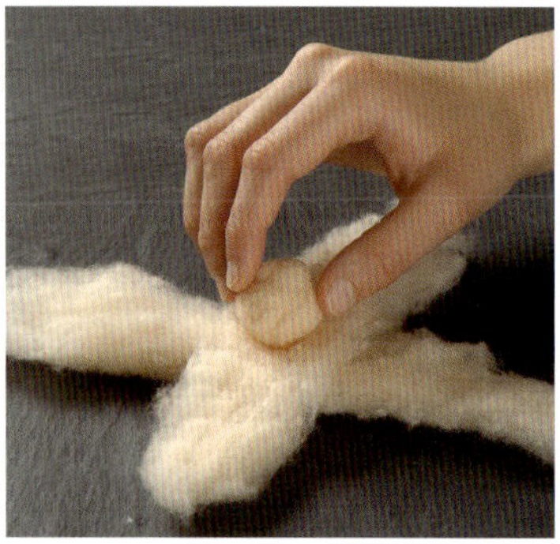

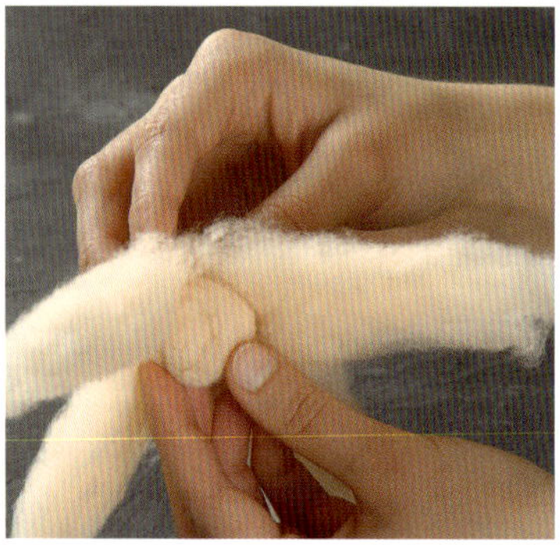

Material

- hautfarbenes Schafwollvlies
- Filznadel
- Unterlage

Herstellen des Kopfes mit Hals in Nadelfilztechnik

Anleitung

1. Wiegen Sie die benötigte Menge Schafwollvlies entsprechend der Mengenangabe beim jeweiligen Zwerg ab.
2. Nehmen Sie ca. ¾ dieses Schafwollvlieses, ziehen Sie es zu einem kleinen Strang, in dessen Mitte Sie einen lockeren Knoten machen.
3. Rollen Sie die vom Knoten abstehenden Enden von links und rechts über den Knoten, sodass eine Kugel entsteht. Der Wollstrang darf sich dabei nicht verdrehen.
4. Legen Sie diese Kugel nun auf Ihre Unterlage.
5. Dann wird ringsherum mit der Filznadel in die Kugel gestochen. Dadurch verdichtet sich die Form immer mehr. Führen Sie dies so lange aus, bis die Kugel die gewünschte Größe und Form erreicht hat. Diese kann je nach Vorliebe eher rund oder eher länglich sein. Die Kugel wird beim Nadeln immer wieder gedreht, um eine gleichmäßige Form zu erhalten. Filzen Sie den Kopf nicht zu fest, da Sie sonst später Schwierigkeiten haben können, beispielsweise die Nase aufzufilzen.
6. Nun legen Sie aus zwei dünnen Strängen Schafwollvlies ein Wollkreuz, legen die Wollkugel in die Mitte des Kreuzes und klappen das Wollkreuz zusammen. Binden Sie den Kopf mit einem festen Baumwollgarn knapp unterhalb der Wollkugel ab.
7. Nadeln Sie das Wollvlies an der Kugel fest. Der Hals bleibt unbearbeitet.

Gestalten eines Trikotkopfes

Hier möchte ich Ihnen eine Technik beschreiben, einen trikotüberzogenen Kopf herzustellen. Diese Art ist einfacher zu fertigen als die der klassischen Trikotköpfe, wie sie bei Waldorfpuppen Verwendung finden.
Dieser Kopf findet beispielsweise Verwendung bei den Handwerkerzwergen (siehe Seite 128).

Wichtig ist die Verwendung eines weichen, elastischen Trikotstoffes für den Kopf. Bei einem festen Trikot werden immer Falten entstehen.

Material

- hautfarbenes Schafwollvlies
- Trikotstoff, quadratisch: 5,5 – 6 cm Seitenlänge
- Abbindfaden

Anleitung

1. Fertigen Sie einen nadelgefilzten Kopf mit Hals wie auf Seite 56 beschrieben.
2. Legen Sie um die Mitte des Kopfes eine Fadenschlaufe und ziehen Sie diese so weit an, dass sich dort eine deutliche Abschnürung des Kopfs ergibt (siehe auch das Foto auf Seite 58). Dies dient der Gestaltung der natürlichen Kopfform um die Augen (Augenlinie).
3. Verknoten Sie den Faden auf der Rückseite des Kopfes und vernähen Sie die Fäden in den Kopf.
4. Nehmen Sie das viereckige Stück Trikot (Fadenlauf beachten, die Maschen müssen senkrecht laufen) und legen Sie es probeweise auf das Gesichtchen. Ist Ihnen die Augenlinie zu tief eingeschnitten, dann legen Sie über diese eine kleine Flocke ungesponnener Schafwolle. Dies mildert den Einschnitt nach Belieben ab.

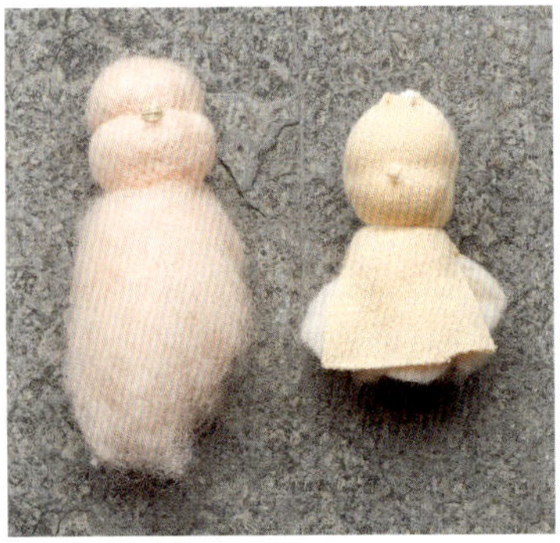

5. Für die Nase der Zwerge nähen Sie direkt unterhalb der Augenlinie in die Mitte des Gesichts zwei kleine waagrechte Stiche. Je nach gewünschter Größe der Nase verdicken Sie diese durch circa zehnmaliges Übernähen dieser Stiche. Zur Kontrolle des Ergebnisses legen Sie immer wieder das Trikotstück über das Gesichtchen.
6. Gefällt Ihnen «Ihr Gesicht», dann legen Sie den Trikot von vorne straff über das Gesicht, lassen ihn aber am oberen Ende des Köpfchens nicht überlappen und ziehen ihn hinten etwas übereinander.
7. Streifen Sie dann am Hals alle Falten nach hinten und binden Sie den Kopf wieder unter dem Kinn ab. Schließen Sie nun die rückwärtige Naht, wobei Sie darauf achten sollten, dass der Trikot straff nach hinten gespannt ist.
8. Dann schließen Sie die «Fontanelle» am Oberkopf.
9. Kürzen Sie das herabhängende Trikot-Halsteil bis auf ca. 1,5 cm. Schneiden Sie dieses Teil rechts und links (unter den Ohren) bis kurz vor den Abbindfaden ein. Danach teilen Sie das Halsteil in eine vordere und eine hintere Hälfte. Diese werden auseinandergeklappt.
10. Möchten Sie die Nase noch einmal extra betonen, können Sie einen dünnen Kräuselfaden rund um die Nase einziehen.

Ausgestalten des Kopfes

Nehmen Sie sich hierfür Zeit, denn nun bekommt Ihr Zwerg seine eigene Ausstrahlung und Wirkung.

Nadelgefilzter Kopf

Nase, Wangen und Kinn

1. Für die Nase wickeln Sie aus einem kleinen Strang hautfarbenen Schafwollvlies eine Kugel.
2. Nadeln Sie diese Kugel an die «Nasenstelle» vier- bis fünfmal leicht an.
3. Legen Sie zwei Schafwollstränge so übereinander, dass sie ein Kreuz bilden.
4. Legen Sie die Mitte dieses Kreuzes über die Nasenkugel, sodass rechts und links sowie oben und unten ein Strang Schafwolle zu liegen kommt.
5. Nadeln Sie diese Schafwolle um die Nasenkugel herum gut an.
6. Rollen Sie das Schafwollvlies der linken Seite locker zur Nase hin als Bäckchen auf. Vernadeln Sie auch dies außen herum gut mit dem Kopf.
7. Verfahren Sie mit der rechten Seite ebenso.
8. Nun rollen Sie für Kinn- und Mundpartie das nach unten hängende Vlies auf und nadeln auch dieses außen herum fest.
9. Die nach oben abstehende Schafwolle des Kreuzes kürzen Sie bis auf ca. 1 cm, je nach Größe des Gesichts auch etwas mehr. Diese Wolle verteilen Sie halbkreisförmig über Augenpartie und Stirn. Nadeln Sie sie dann fest auf.
10. Danach können Sie Nase und Bäckchen in die gewünschte

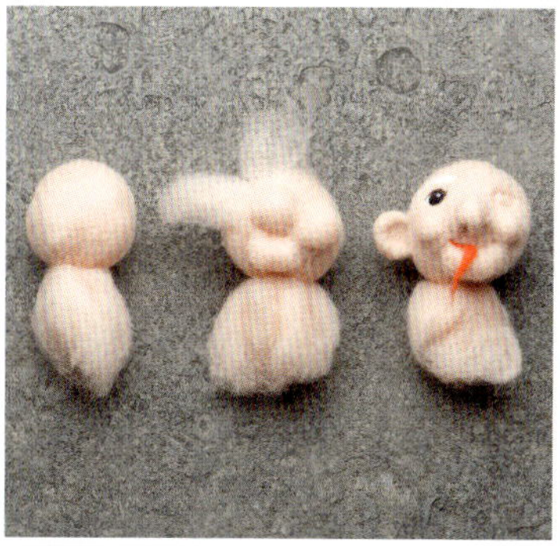

Material

- Schafwollvlies in Hautfarbe
- weißes, schwarzes und blaues oder braunes Schafwollvlies für die Augen
- eventuell rotes Schafwollvlies für den Mund
- feine Filznadel

Form nadeln. Der Nase können Sie besonderen Ausdruck verleihen, wenn Sie unten durch mehrmaliges Einstechen Nasenlöcher einarbeiten.

11. Da bei den Zwergen ein Bart über Kinn und eventuell Mundpartie kommt, nadeln Sie diesen Bereich nur leicht in Form.

Augen (nadelgefilzt)

1. Bestimmen Sie die genaue Position der Augen und nadeln Sie deren Umrisse vor.
2. Formen Sie dann aus zwei kleinen weißen Schafwollflocken zwischen Ihren Fingern den weißen Augenhintergrund. Nadeln Sie diese Plättchen in die vorgenadelten «Augenhöhlen».
3. Formen Sie aus schwarzen oder blauen Wollflocken die Pupille zwischen den Fingern. Achten Sie hierbei auf eine möglichst gleichmäßige Form.
4. Nadeln Sie diese je nach gewünschter Blickrichtung auf das Weiße der Augen auf.
5. Für das «Licht» in den Augen formen Sie aus vier bis fünf kleinen Schafwollfasern kleine Kügelchen und nadeln diese ins Auge.
6. Formen Sie nun aus ein wenig braunen Schafwollfasern eine sehr dünne Rolle und befestigen Sie diese oberhalb entlang des Auges.
7. Für die Augenbrauen formen Sie aus Schafwolle zwei längliche Rollen und nadeln diese über den Augen auf.

Augen aus Perlen

Entschließen Sie sich, anstelle der nadelgefilzten Augen lieber Perlenaugen aufzunähen, dann benutzen Sie ein stabiles Nähgarn und eine lange Nadel dafür.

1. Markieren Sie die Augenposition mit Stecknadeln.
2. Vernähen Sie das Nähgarn auf der Kopfrückseite gut am Kopf.
3. Stechen Sie die Nadel durch den Kopf bis zu einer der Augenstecknadeln. Entfernen Sie diese und fädeln Sie eine der Augenperlen auf.
4. Ziehen Sie dann diesen Faden mit der Nadel durch den Kopf zurück an den Hinterkopf.
5. Ziehen Sie die Perle auf die gewünschte Augentiefe und vernähen Sie den Faden fest am Hinterkopf.
6. Verfahren Sie mit dem zweiten Auge ebenso.

Ohren (nadelgefilzt)

1. Legen Sie aus hautfarbenem Schafwollvlies zwei gleich große kreisförmige Flächen aus und nadeln Sie diese leicht in Form.
2. Für die Ohrenränder formen Sie zwei längliche, an den Enden etwas abgeflachte Rollen.
3. Legen Sie diese Rollen auf die Ohrkreise und schlagen Sie den Rand der Kreise über die Rollen.
4. Nadeln Sie nun das Ganze in Form. Achten Sie dabei darauf, dass die Ohren an der Stelle, an der sie an den Kopf angebracht werden, unvernadelt bleiben.
5. Verbinden Sie an dieser Stelle durch Annadeln die Ohren mit dem Kopf.

Fertigstellung

1. Die Bäckchen Ihres Zwergs können Sie einfärben, wie beim Trikotkopf auf Seite 62 beschrieben.
Auch den Mund können Sie entsprechend der Beschreibung beim Trikotkopf aufsticken.
2. Wollen Sie den Mund nadelfilzen, formen Sie aus roter Schafwolle eine sehr dünne Rolle und nadeln diese auf.
3. Für Sommersprossen verwende ich immer flüssige Stofffarbe. Dazu wird die Spitze einer Nadel in die Farbe getaucht und gut abgestreift. Bei Trikotköpfen wird die Nadel dann nur auf den Stoff getupft. Bei nadelgefilzten Köpfen wird damit richtig eingestochen, wenn nötig auch mehrmals.

Tipp

Eventuelle Einstichspuren der Filznadel glätten Sie, indem Sie vorsichtig mit der Nadelspitze darüberstreichen.

Stickmöglichkeiten Augen

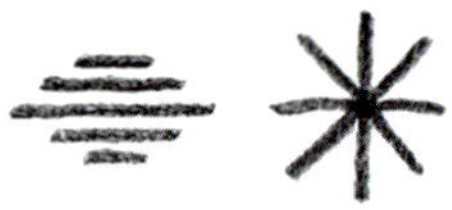

Stickmöglichkeiten Mund

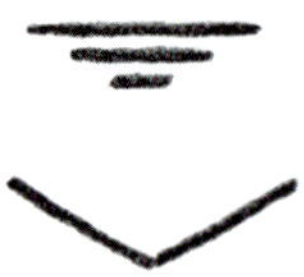

Trikotkopf

Augen und Mund

Zuerst stecken Sie sich mit Stecknadeln (zwei blaue für die Augen, eine rote für den Mund) das Gesicht. Die Augen liegen immer auf der Augenlinie und sollten mit dem Mund ein gleichschenkliges Dreieck bilden. Vorsicht: Zu eng stehende Augen wirken etwas unfreundlich, ein zu hoher Mund kann für die Nase gehalten werden.
Haben Sie die richtige Position für Augen und Mund gefunden, können diese entweder eingestickt oder aufgemalt werden.

Gestickte Augen und Mund

Ziehen Sie einen doppelten Nähfaden in der entsprechenden Farbe von hinten durch den Kopf und beginnen Sie bei den Augen. Auch den Mund sticken Sie mit doppeltem Nähfaden.

Gemalte Augen und Mund

Ziehen Sie eine der Nadeln vorsichtig heraus und malen Sie mit Buntstiften in entsprechender Farbe einen kleinen Punkt. So verfahren Sie bei allen drei Nadeln. Malen Sie diese Punkte nun durch Drücken etwas kräftiger, bis Sie die gewünschte Größe erreicht haben.
Den Mund können Sie auch ganz leicht als Strich nach außen ziehen. Durch Anfeuchten der Stifte können Sie die Farbe etwas kräftiger gestalten.

Bäckchen

Für die Bäckchen färben Sie etwas Trikot mit roter und brauner Farbe ein (Buntstift, z.B. Dickie) und betupfen damit vorsichtig die Bäckchen. Sollte die Färbung zu intensiv geraten sein, nicht erschrecken: sie bleicht innerhalb kurzer Zeit etwas aus.

Haare und Bärte

Anleitungen

Nadelgefilzte Köpfe

Legen Sie die Locken über den gesamten Kopf, wobei Sie am Oberkopf nur wenig auflegen müssen, da alle Zwerge Mützen tragen. Ich finde, dass es am natürlichsten wirkt, wenn Haare unter dem Mützenrand hervorschauen.
Nähen oder nadeln Sie die Locken fest an und fertigen Sie erst danach, je nach Haarvolumen, die Mütze.
Nähen oder nadeln Sie dann den Bart an.
Alternative: Wollen Sie die Haare nach allen Seiten abstehen lassen, benützen Sie dünne Stränge aus Lockenwolle oder Mohairgarn, in deren Mitte Sie einen kleinen Knoten knüpfen. Nähen Sie diese dann, einen Strang am anderen, um den Kopf verteilt mit kleinen Steppstichen am Knoten an den Kopf an.

Trikotköpfe

Nähen Sie bei dieser Kopfart die Haare und den Bart mit kleinen Stichen, wie zuvor beschrieben, an. Verwenden Sie niemals eine Filznadel zum Befestigen, da der Trikotstoff sonst Laufmaschen bekommt und reißt.

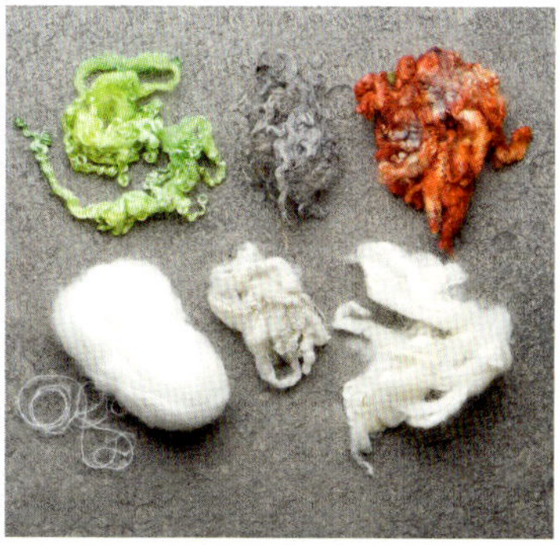

Material

- Schafwollvlies
- Wensleydale Lockenwolle oder Gotlandlocken
- Lockenwolle oder Mohairgarn zum Aufnähen

Verschiedene Mützen

Da die Mützengröße der Zwerge durch Haarfülle und unterschiedliche Kopfformen variieren kann, möchte ich Ihnen hier zeigen, wie Sie die Mützen individuell für Ihren Zwerg herstellen können.

Anleitung

Genähte Mützen aus Bastelfilz, Filz oder Stoff

1. Übertragen Sie den Mützenschnitt aus dem Schnittmuster des jeweiligen Zwergs auf ein Papier. Sollte der im Schnittmuster befindliche Schnitt nicht passen, fertigen Sie einen Papierschnitt aus einem Halbkreis. Je größer der Radius, desto höher wird die Mütze.
2. Formen Sie aus dem Halbkreis einen der Kopfgröße Ihres Zwergs entsprechenden Kegel. Denken Sie dabei an die Nahtzugabe.
3. Schneiden Sie die Mütze entsprechend dem Papierschnitt aus Filz oder Stoff aus, drehen Sie auf links und heften Sie sie mit kleinen Vorstichen zusammen. Sollten Sie die Mütze aus Stoff nähen, können Sie den unteren Rand umschlagen und einsäumen.
4. Wenden Sie die Mütze und nähen oder nadeln Sie sie auf den Zwergenkopf.

Möchten Sie Ihrem Zwerg eine Mütze geben, welche sich nach vorne oder hinten neigt, so ziehen Sie einen dünnen Kräuselfaden möglichst zwischen die Filzlagen oder auf den Stoff mit kleinen Vorstichen vom Mützenrand bis zur Spitze ein. Kräuseln Sie die Mütze in die gewünschte Position. Soll die Mütze sich nach hinten neigen, ziehen Sie den Kräuselfaden hinten ein. Soll sie nach vorne geneigt sein, wird der Faden vorne eingezogen. Hat die Mütze nun die gewünschte Form, vernähen Sie den Kräuselfaden.

Nadelgefilzte Mütze

1. Legen Sie auf eine Unterlage ein rechtwinkliges Dreieck aus Schafwollvlies.
2. Überstehende Fasern schlagen Sie sauber um und verdichten die Fläche etwas mit der Filznadel.

3. Schlagen Sie das Vliesdreieck dann von beiden Seiten so ein, dass sich ein unten offener Kegel bildet.
4. Nadeln Sie die Wolle an der Nahtstelle vorsichtig zusammen und verdichten Sie dann den Kegel. Er sollte von innen am unteren Teil hohl sein. Für eine Krempe legen Sie die Mütze so auf Ihre Unterlage, dass die Spitze nach oben zeigt. Drücken Sie dann die Mütze auf Ihre Unterlage, sodass Sie den unteren Rand von beiden Seiten als Krempe bearbeiten können. Wollen Sie keine Krempe, so verdichten Sie den Kegel bis unten und passen die Mütze der Kopfform Ihres Zwergs an, indem Sie sie auch von unten nadeln.
5. Setzen Sie nun die Mütze auf den Kopf Ihres Zwergs und nadeln Sie sie gut an.

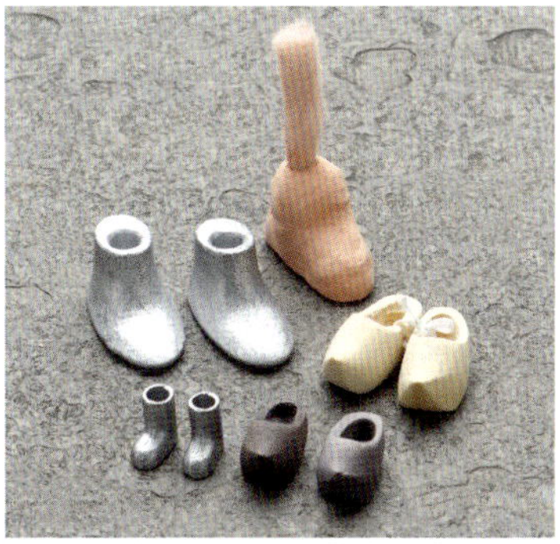

Nassgefilzte Mütze

Die Beschreibung zur Herstellung einer solchen Mütze finden Sie im Kapitel «Schablonenfilzen …» ab Seite 49.

Verschiedene Schuharten

Auf der Suche nach Schuhen, bei denen die Zwerge nicht kippen oder umfallen, sondern stabil von selbst stehen, bin ich auf Bleischuhe oder Holzschuhe gekommen. Diese habe ich für die Beispiele in diesem Buch vorwiegend verwendet.
Bleischuhe sind natürlich nicht wirklich aus Blei, sie tragen diesen Namen nur aufgrund ihres Gewichtes. Sie bestehen aus einer ungefährlichen Metalllegierung, die schwer genug ist, den Zwergen den nötigen Halt zu geben. Dadurch stehen die Zwerge sicher. Außerdem haben sie ihren ganz eigenen Charme. Der einzige Nachteil ist der relativ hohe Preis.

Auch Holzschuhe bieten eine hohe Standfestigkeit. Sie sind in gut sortierten Bastelläden oder auch in Online-Shops in verschiedenen Größen erhältlich.
Eine weitere Möglichkeit für Schuhe besteht darin, sie aus lufttrocknender Modelliermasse um den Zwergenfuß zu modellieren. Auch hierbei erzielen Sie eine gute Standfestigkeit. Dazu stellen Sie zunächst das Körpergestell her und formen dann den Schuh um den fertigen Fuß. Eventuell bringen Sie auf dem mit Schafwolle umwickelten Fuß Leukoplast an, da der Tons darauf besser haftet.
Da Modelliermasse sehr schnell austrocknet, arbeiten Sie am besten immer mit etwas Wasser. Auch kann Wasser dazu verwendet werden, um Unebenheiten am Schuh zu glätten.
Den fertig modellierten Schuh lassen Sie gut austrocknen. Anschließend kann dieser gegebenenfalls bemalt werden.
Bei Schuhen aus Schafwolle ist die Standfestigkeit meist nicht besonders hoch. Um diese Schuhe herzustellen, umwickeln Sie den fertigen Fuß mit braunem Schafwollvlies und nadeln ihn dann in Form.
Schuhe können auch aus Bienenwachs hergestellt werden. Hierzu modellieren Sie den Schuh wie bei der Modelliermasse oben um den fertigen Zwergenfuß herum. Auch bei Bienenwachsschuhen ist die Standfestigkeit nicht sehr hoch.

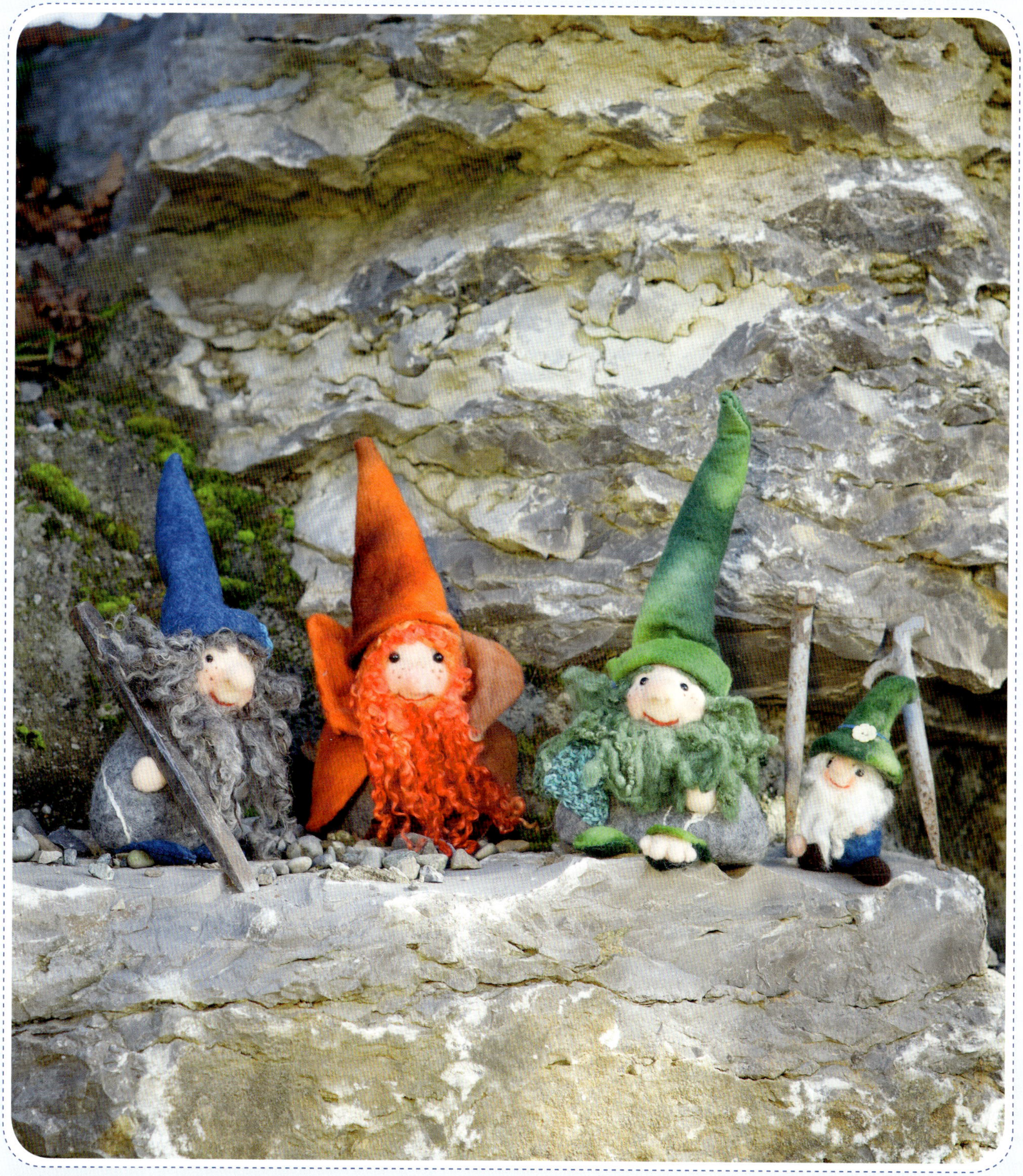

Strickgefilzte Zwerge

Zwergenkönig

Anleitung

Kopf

Fertigen Sie den Kopf wie im Kapitel «Herstellen des Kopfs ohne Hals in Nadelfilztechnik» (Seite 55) beschrieben.
Der Kopfumfang für diesen Zwerg beträgt circa 16 cm. Hierfür benötigen Sie 6 g Schafwollvlies.

Körper

1. Schlagen Sie 28 Maschen auf ein Nadelspiel verteilt an.
2. Stricken Sie 22 Runden hoch (rechts gestrickt).
3. In der 23. Runde wiederholen Sie über die gesamte Runde: 1 Masche rechts, 2 Maschen zusammenstricken.
4. In der 24. Runde wiederholen Sie über die gesamte Runde: 1 Masche rechts, 2 Maschen zusammenstricken.
5. Ketten Sie die restlichen Maschen ab.
6. Vernähen Sie die Fäden.
7. In der Waschmaschine verfilzen (siehe Kapitel «Anleitung für das Strickfilzen», ab S. 41), in Form ziehen und trocknen lassen.

Arme

1. Schneiden Sie vom Klingeldraht ein Stück von 34 cm Länge ab.
2. Umwickeln Sie den gesamten Draht mit kleinen Strängen aus hautfarbenem Schafwollvlies.
3. Biegen Sie auf der einen Seite des Drahts eine Schlaufe von 3 cm Länge für die eine Hand und umwickeln Sie diese noch einmal fest mit dem hautfarbenen Vlies. Gegebenenfalls verfestigen Sie es noch mit der Filznadel.

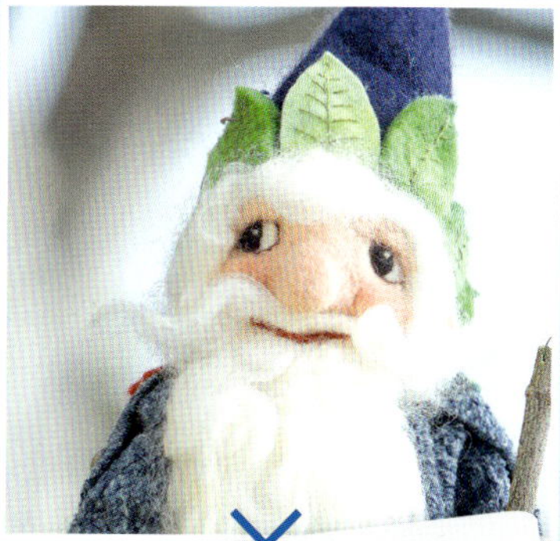

Name: Yanis
Größe: ca. 24 cm bis zur Mützenspitze, Rumpfhöhe ca. 12 cm
Technik: Strick- und Nadelfilzen
Besondere Merkmale: langer Bart, Knollennase, Blätterkrone, prachtvoller Mantel

Material

- Strickfilzwolle smc Schachenmayr Wash+Filz it!
- Nadelspiel Nr. 8
- Schafwollvlies in Hautfarbe für Kopf und Arme
- Klingeldraht mit 2 x 0,8 mm Durchmesser für die Arme
- Stoff für Mantel und Umhang
- kleine goldene Perlen, Federn, Muscheln, Glöckchen usw. für den Königsmantel und Umhang
- Filz in unterschiedlichen Grüntönen für die Blätterkrone
- Filz in gewünschter Farbe für die Mütze
- Blumendraht für die Königsmütze

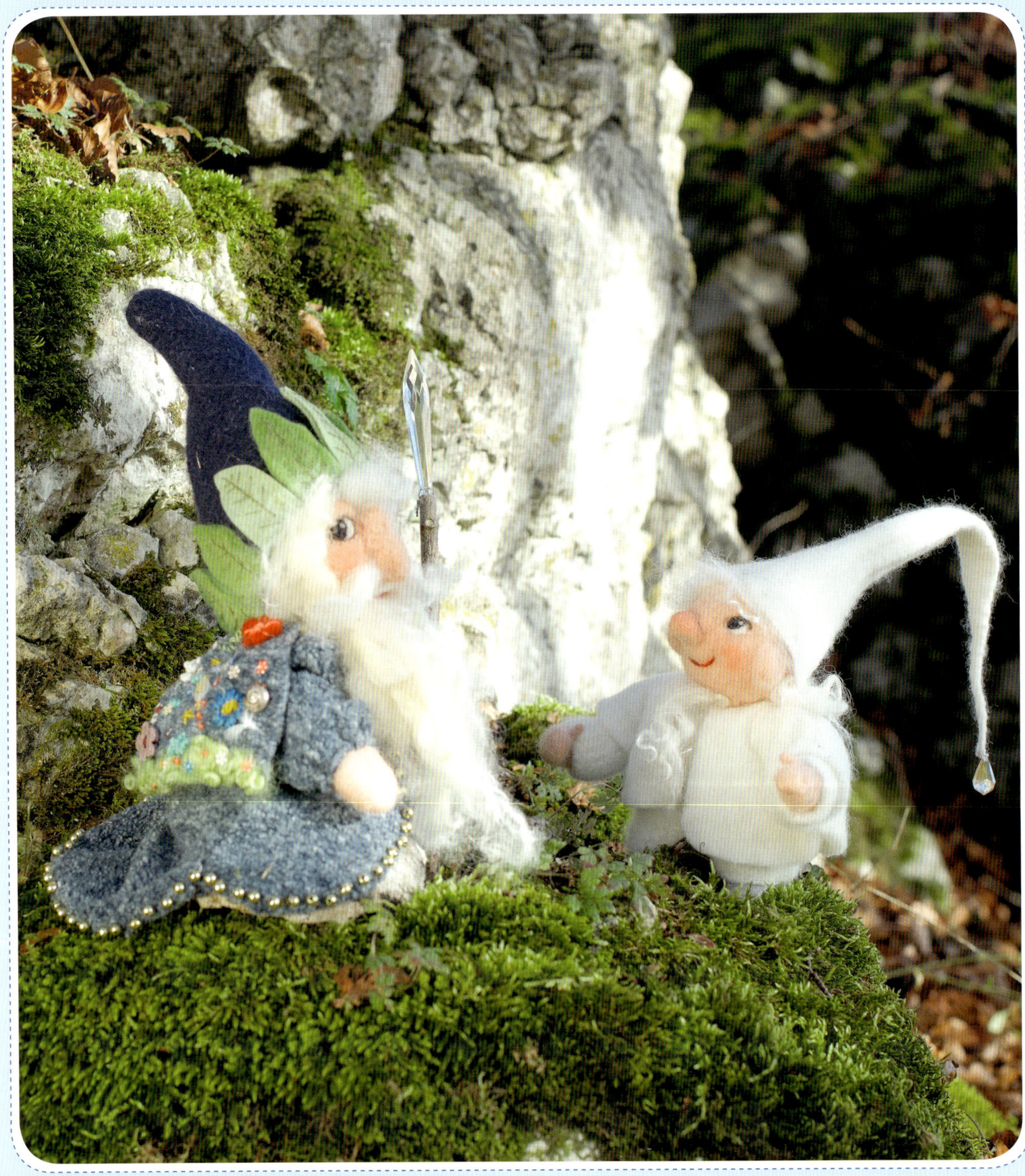

4. Für den Daumen legen Sie eine Schafwollflocke in der Mitte zusammen und nadeln das obere Ende zu einem kleinen Daumen zusammen. An dem noch losen unteren Ende wird der Daumen dann an der Hand seitlich angenadelt. Verfahren Sie mit der zweiten Hand ebenso.
5. Schneiden Sie in den Körper, circa 10 cm vom unteren Rand gemessen, rechts und links jeweils ein so großes Loch, dass Sie den umwickelten Draht durchschieben können.

Königsmantel

1. Schneiden Sie den Mantel gemäß dem Schnittmuster auf Seite 72 aus Ihrem Stoff aus, nähen Sie ihn an den Ärmeln und Seiten auf links gelegt zusammen und wenden Sie ihn.
3. Nähen Sie die kleinen goldenen Perlen an den Außenkanten des Mantels ringsherum fest.
4. Schneiden Sie für den bestickten Umhang am Rücken des Mantels aus Ihrem Stoff ein 25 x 8 cm großes Rechteck, in welches Sie an der oberen Längskante einen Kräuselfaden einziehen.
5. Der Umhang wird bestickt und mit kleinen Pailletten, Knöpfen, Federchen, Glöckchen etc. verziert. Um die Unterkante des Umhangs ist eine Borte aus Lockenwolle genäht.

Verbinden der Einzelteile

1. Nähen Sie dem Zwerg den Kopf fest auf den Körper.
2. Der Körper wird nun von unten mit Schafwollvlies ausgestopft.
3. Vernadeln Sie die Standfläche eben.
4. Ziehen Sie Ihrem Zwerg Mantel und Umhang an und schließen Sie beides vorne mit ein paar Stichen. Eventuell die Bündchen am Ärmel mit einem Kräuselfaden zuziehen.
5. Nadeln oder nähen Sie Bart und Haare auf und gestalten Sie das Gesicht wie im Kapitel «Ausgestalten des Kopfes» (ab Seite 59) beschrieben.

Königsmütze

1. Die Mütze ist aus Filz genäht. Passen Sie dazu den Schnitt dem Kopfumfang des Zwerges an und schließen Sie die rückwärtige Naht.
2. Wenden Sie die Mütze und nähen Sie sie auf dem Kopf fest.
3. Für die Blätterkrone schneiden Sie aus Filz die Blätter gemäß dem Schnittmuster auf Seite 73 aus, besticken Sie die Blätter mit den Blattadern durch beide Stofflagen.
4. Fädeln Sie nun unten am Stoffbruch die Blätter auf einen Blumendraht auf und schließen Sie den Draht am Hinterkopf.

Yanis, der Zwergenkönig: Mantel, Mütze und Blatt für die Krone in Originalgröße

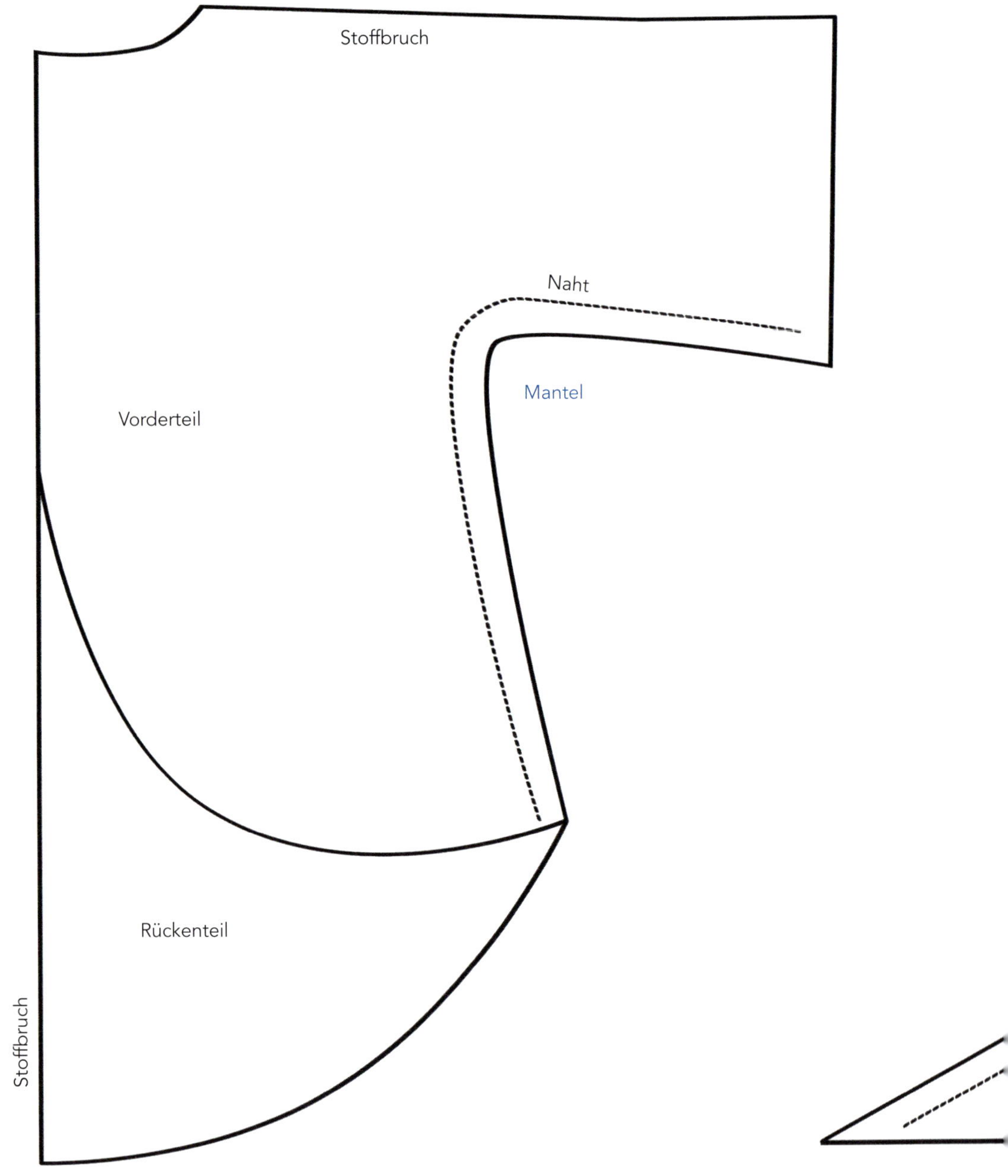

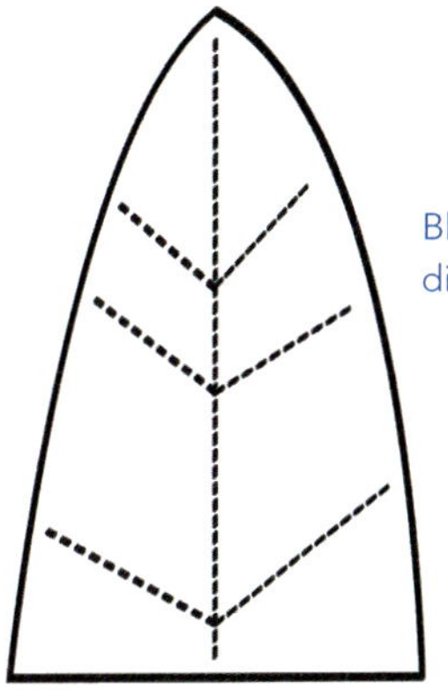

Blatt für
die Krone

Stoffbruch

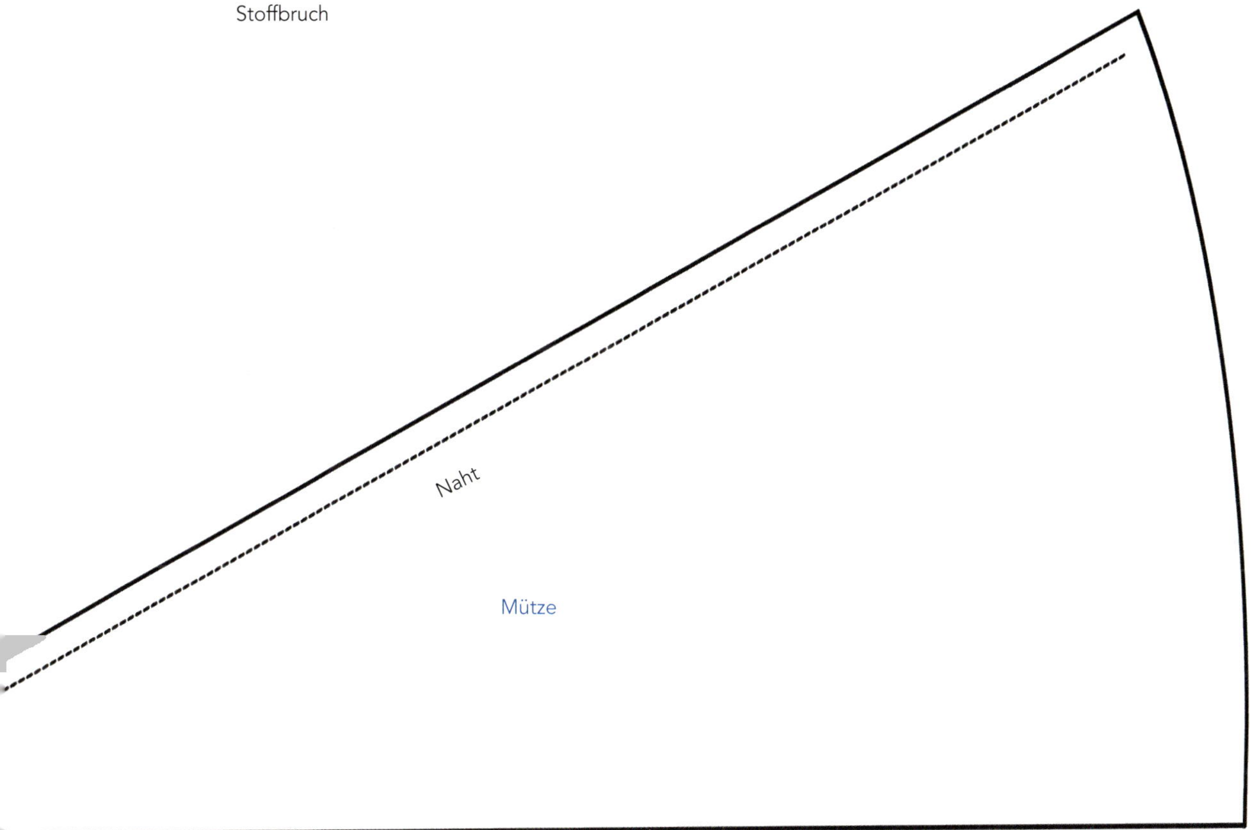

Stoffbruch

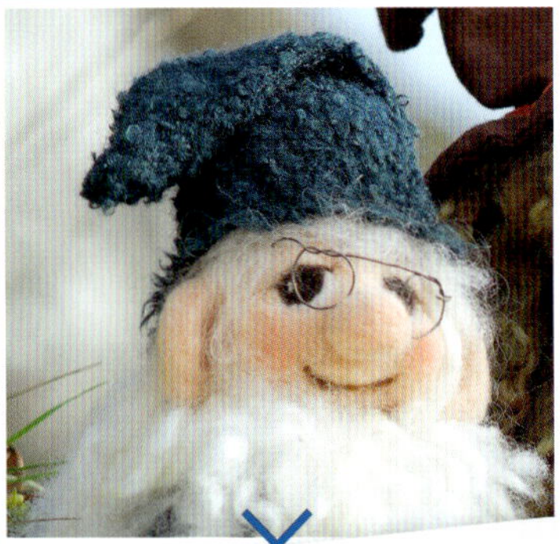

Name: Snorri
Größe: ca. 18 cm
Technik: Strick- und Nadelfilzen
Besondere Merkmale: Brille, abstehende Ohren, hängende Zipfelmütze

Material

- Strickfilzwolle smc Schachenmayr Wash+Filz it!
- Nadelspiel Nr. 8
- Schafwollvlies in Hautfarbe für Kopf und Arme
- Klingeldraht mit 2 x 0,8 mm Durchmesser für die Arme
- Stoff für Umhang und Mütze
- Blumendraht für die Brille

Alter Zwerg mit Brille

Dieser Zwerg ist sehr ähnlich dem Zwergenkönig gefertigt, hat jedoch keine Arme.

Anleitung

1. Fertigen Sie einen Körper und einen Kopf, wie beim Zwergenkönig ab Seite 69 beschrieben.
2. Schneiden Sie den Umhang mit den Maßen 21 x 12 cm aus Ihrem Stoff zu und ziehen Sie um den oberen Rand einen Kräuselfaden ein. Eventuell müssen Sie die Höhe des Umhangs an die Höhe Ihres Zwerges anpassen.
3. Runden Sie die Ecken am unteren Teil des Umhangs ab.
4. Nähen Sie den Kopf fest auf den Körper.
5. Schließen Sie den Umhang vorne mit ein paar Stichen.
6. Nähen oder nadeln Sie Haare und Bart an und gestalten Sie das Gesicht.
7. Die Mütze wird gefertigt wie beim Zwergenkönig beschrieben und am Ende in die typische Form gebracht (siehe auch Seite 64).
8. Die Brille biegen Sie aus einem Stück Blumendraht und befestigen sie gegebenenfalls mit unsichtbaren Stichen hinter den Ohren.

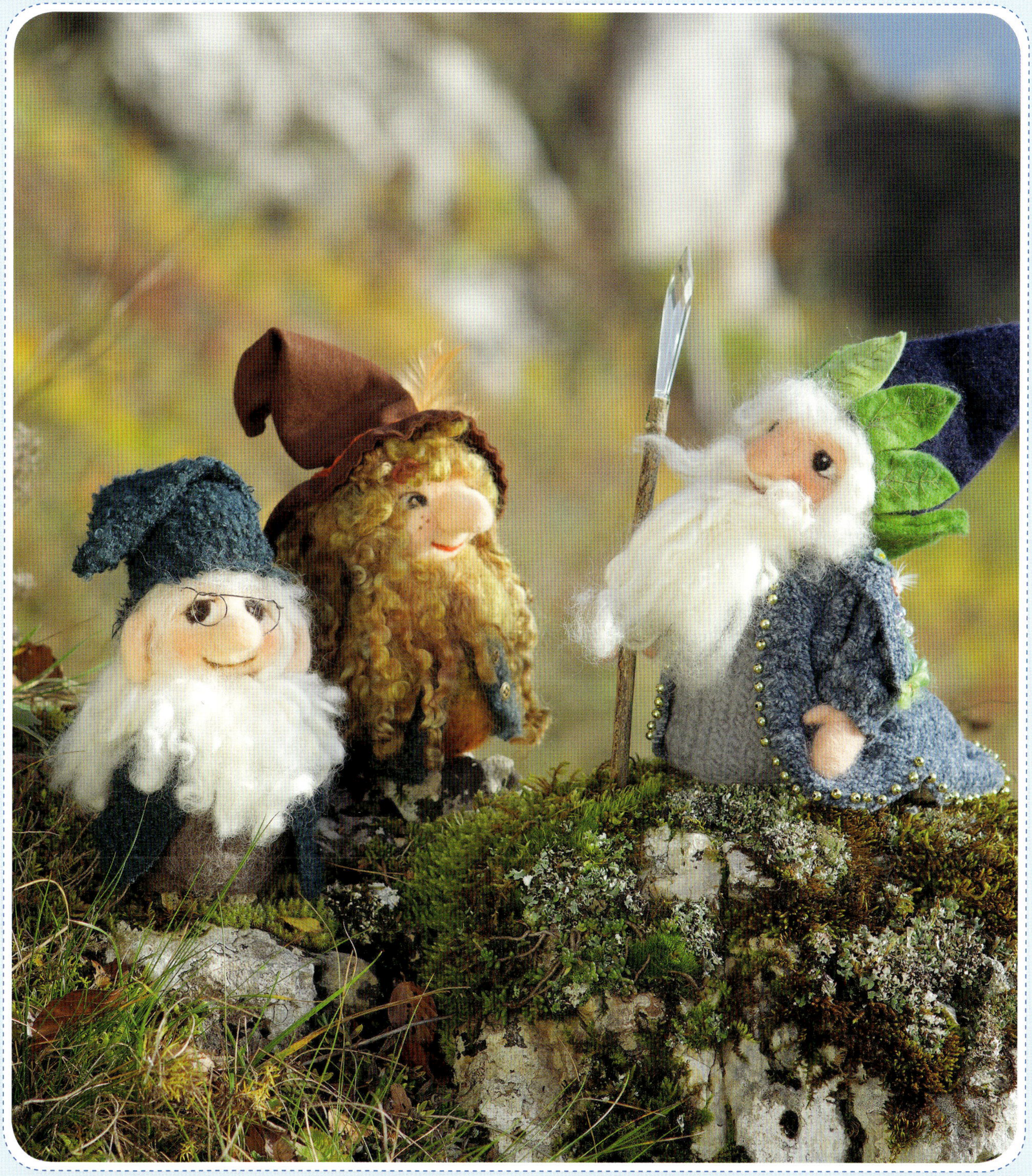

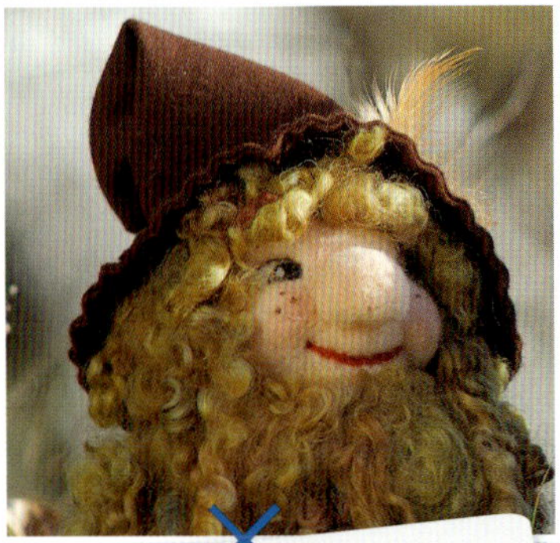

Name: Örian
Größe: ca. 20 cm
Technik: Strick- und Nadelfilzen
Besondere Merkmale: braune Locken, Sommersprossen, Knubbelnase, Schlapphut, Lockenbart

Material

- Strickfilzwolle smc Schachenmayr Wash+Filz it!
- Nadelspiel Nr. 8
- Schafwollvlies in Hautfarbe für Kopf und Arme
- Klingeldraht mit 2 x 0,8 mm Durchmesser für die Arme
- Stoff für den Umhang
- brauner Filz für den Hut

Weltenbummlerzwerg

Dieser Zwerg unterscheidet sich vom alten Zwerg mit Brille nur dadurch, dass er einen Hut anstelle einer Mütze trägt.

Anleitung

Fertigen Sie einen Körper und einen Kopf wie beim Zwergenkönig (ab Seite 69) und den Umhang wie beim alten Zwerg mit Brille (Seite 74) beschrieben.

Hut

1. Schneiden Sie aus Filz 2-mal einen Kreis mit 14 cm Durchmesser als Krempe zu und nähen Sie beide Teile am Rand mit kleinen Vorstichen zusammen.
2. Schneiden Sie aus Filz das Hutoberteil zu, nähen Sie es hinten zusammen und wenden Sie es.
3. Stecken Sie das Hutoberteil nun oben in der Mitte der Krempe an einem kleinen Rand mit Stecknadeln fest und nähen Sie die Teile mit kleinen Stichen an. Diese Nahtkante kann mit einer Häkelborte oder breiten Schnur kaschiert werden.
4. Schneiden Sie nun von unten die Öffnung für den Kopf in den Hut. Halten Sie dabei einen kleinen Abstand von der sichtbaren Naht des oben angebrachten Hutoberteils.
5. Ziehen Sie hinten in das Hutoberteil von der Hutkrempe bis zur Spitze einen Kräuselfaden ein und ziehen Sie damit den Hut in die gewünschte Form.
6. An der Krempe kann noch eine kleine Feder als Verzierung befestigt werden.

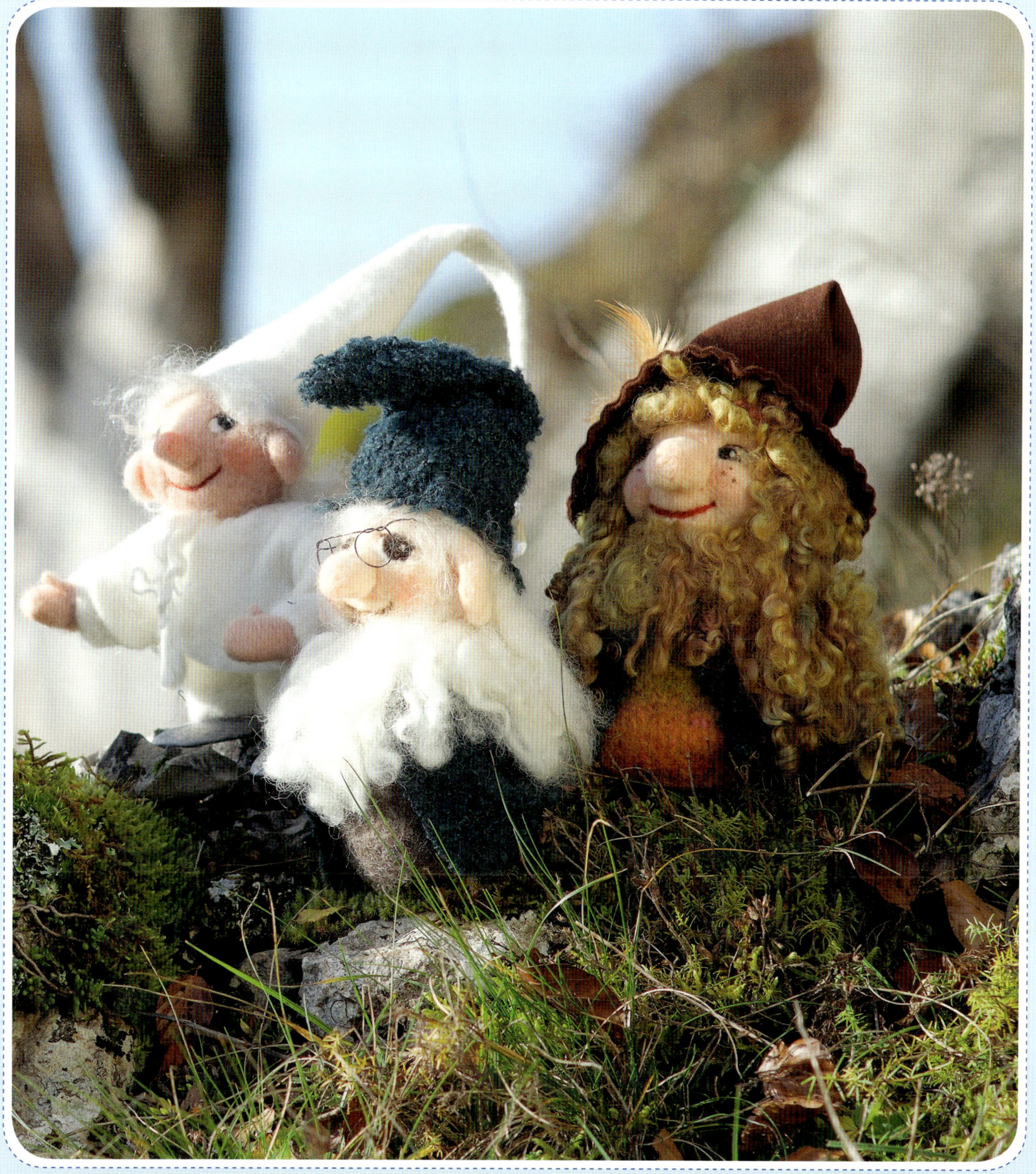

Örian, der Weltenbummler: Mütze in Originalgröße

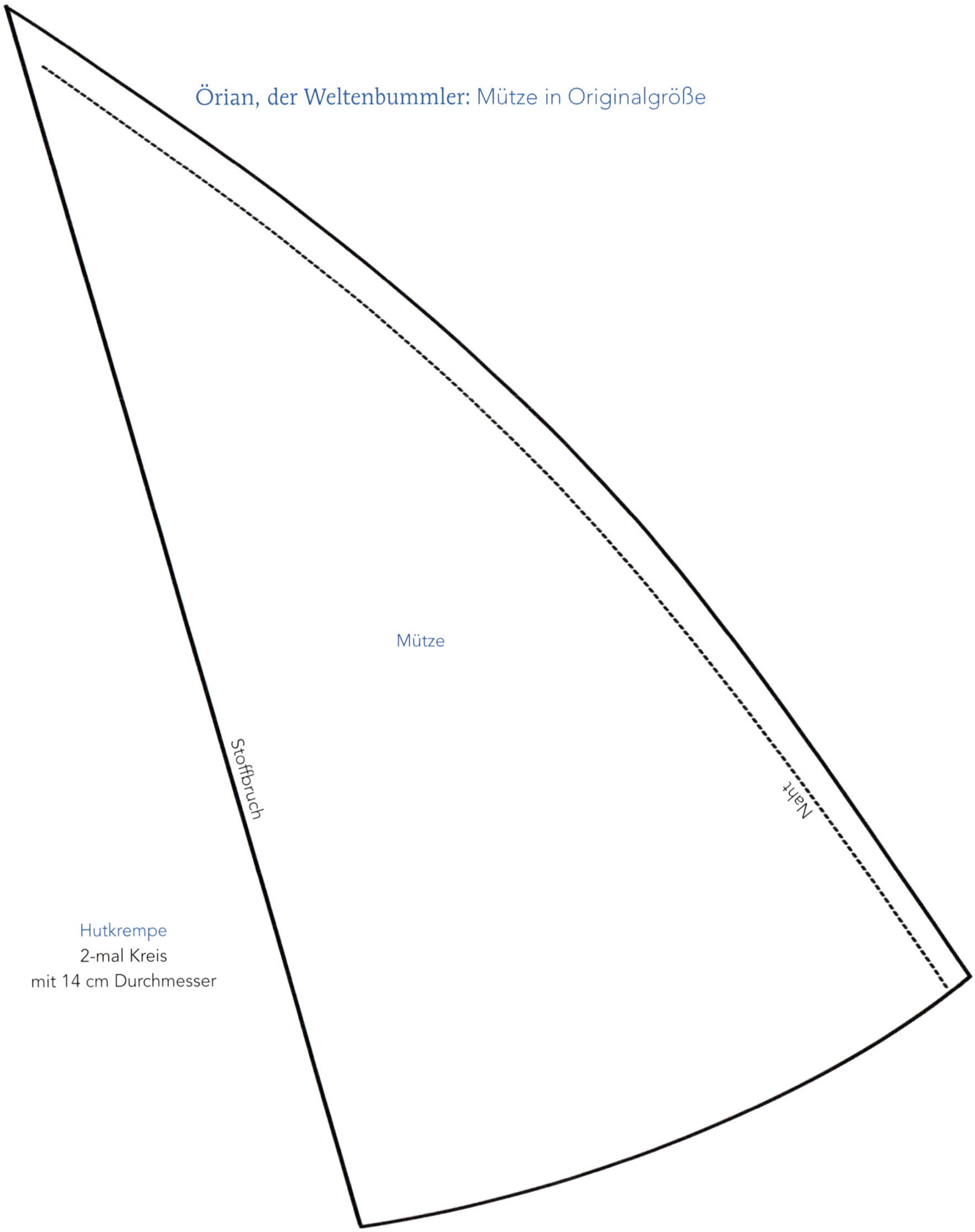

Hutkrempe
2-mal Kreis
mit 14 cm Durchmesser

Großer Schneezwerg

Anleitung

Anzug

Der Anzug wird nur mit rechten Maschen gestrickt.

1. Schlagen Sie für das erste Bein 12 Maschen an.
2. Stricken Sie 12 Reihen bzw. 6 Rippen.
3. Lassen Sie dieses Bein auf einer Nadel liegen.
4. Schlagen Sie für das zweite Bein ebenfalls 12 Maschen an.
5. Auch hier stricken Sie 12 Maschen bzw. 6 Rippen.
6. Nehmen Sie beide Beine auf eine Nadel und stricken Sie nun über 24 Maschen 20 Reihen (10 Rippen) den Körper.
7. Schlagen Sie für die Arme rechts und links jeweils 15 weitere Maschen an.
8. Stricken Sie über 54 Maschen 12 Reihen (6 Rippen).
9. Stricken Sie in der nächsten Reihe 25 Maschen und ketten Sie dann für die Halsöffnung 4 Maschen ab. Stricken Sie danach die nächsten 25 Maschen ohne abzuketten.
10. In der nächsten Reihe stricken Sie wieder 25 Maschen, schlagen dann 4 Maschen an und stricken weitere 25 Maschen.
11. Stricken Sie 12 Reihen (6 Rippen).
12. Nehmen Sie rechts und links jeweils 15 Maschen ab.
13. Stricken Sie über die 24 Maschen 20 Reihen (10 Rippen).
14. Teilen Sie die 24 Maschen nun auf zwei Nadeln auf, um jetzt erneut die beiden Beine zu stricken.
15. Stricken Sie jeweils 12 Reihen (6 Rippen) pro Bein.
16. Ketten Sie alle Maschen ab.
17. Nun nähen Sie den Anzug zusammen und wenden ihn durch die Halsöffnung.

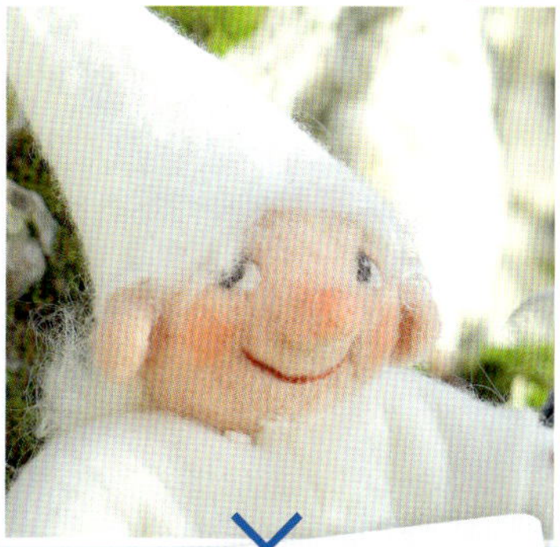

Name: Finn
Größe: Höhe mit Mütze ca. 15 cm
Technik: Strick-, Nass- und Nadelfilzen
Besondere Merkmale: Knubbelohren, weiße Zipfelmütze mit Kristall

Material

- Klingeldraht mit 2 x 0,8 mm Durchmesser für den Körper, Leukoplast
- Bleischuhe 5 cm lang (siehe Kapitel «Verschiedene Schuharten»)
- weißes Schafwollvlies für die Mütze
- kleiner Glaskristall für die Mütze
- weißer selbstgefilzter Filz oder Plattenfilz für den Poncho
- kleine Knöpfe
- Schafwollvlies in Hautfarbe für den Kopf, Lockenwolle für Haare und Bart

Für den Anzug:

- Stricknadeln Nr. 5
- weiße Lungauer Schafwolle Preber 3-fach, Lauflänge 100 g = 250 m

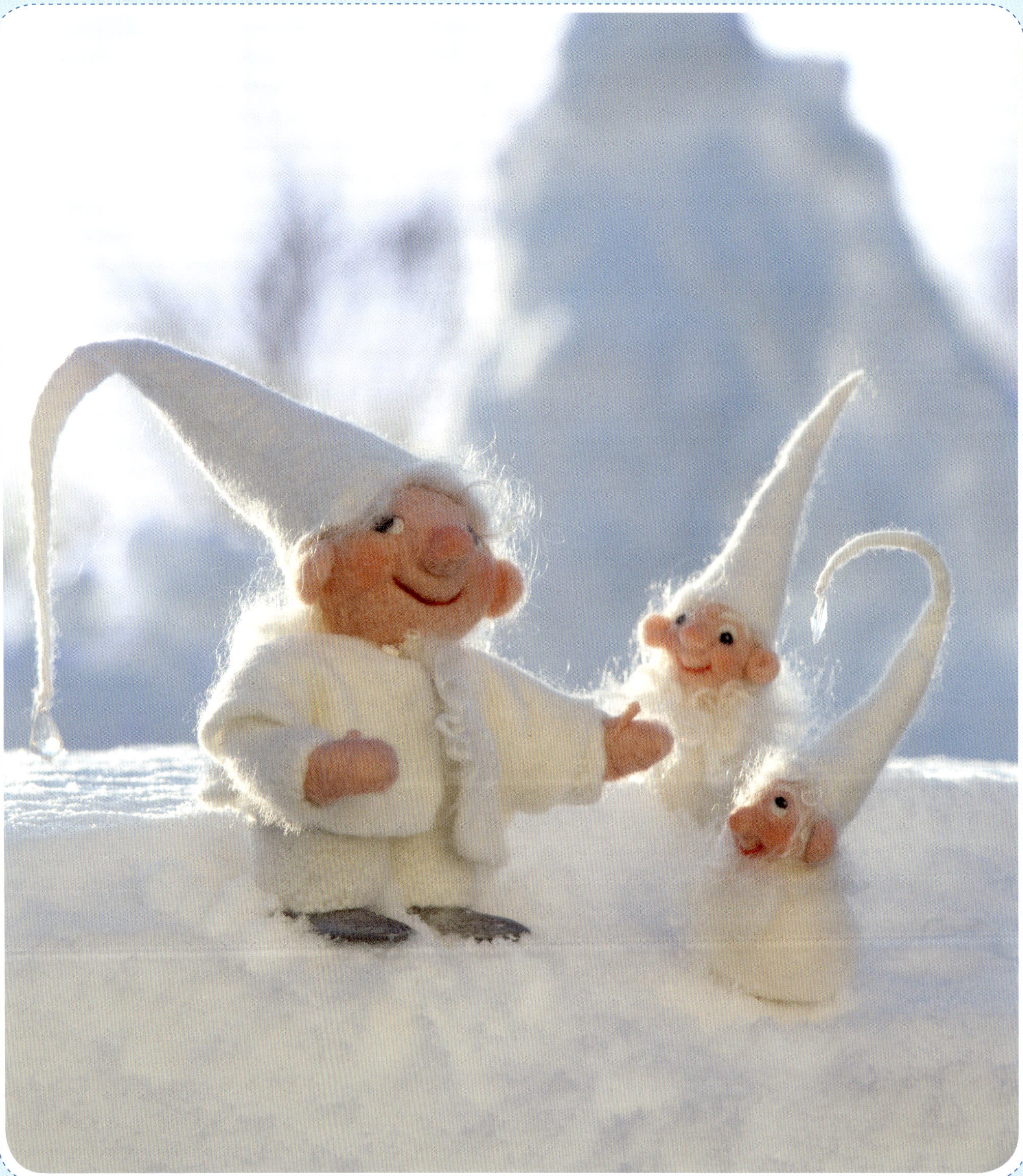

18. Danach waschen Sie den Anzug bei 60 °C in der Waschmaschine zusammen mit Weißwäsche.
19. Zuletzt ziehen Sie den Anzug in Form und lassen ihn trocknen.

Kopf

Fertigen Sie einen nadelgefilzten Kopf mit Hals gemäß Anleitung von Seite 56. Der Kopfumfang beträgt 18 cm. Hierfür benötigen Sie ca. 10 g ungesponnenes Schafwollvlies.

Körper

1. Schneiden Sie vom Klingeldraht zwei Stücke von je 20 cm ab. Ein solches Stück reicht von den Beinenden des Anzugs durch den Anzug hindurch bis zu den Händen plus zusätzlich 3 cm. Dies sollten Sie vor den weiteren Schritten überprüfen. Passen Sie den Draht notfalls entsprechend in der Länge an (siehe auch Zeichnung auf Seite 82).
2. Umwickeln Sie die beiden Drähte nun fest mit hautfarbenem Schafwollvlies.
3. Biegen Sie dann jeweils das obere Ende für die Hände 3 cm um und umwickeln Sie den Draht ein zweites Mal fest mit Schafwolle.
4. Für den Daumen wickeln Sie eine kleine Schafwollflocke und verdichten sie mit der Filznadel zu einem kleinen Daumen. Hierbei lassen Sie das untere Ende unbearbeitet. Dieses lose Ende verwenden Sie dann, um den Daumen seitlich an der Hand festzunadeln.
5. Stecken Sie das herunterhängende Ende des Kopfs in die Anzugsöffnung, die Sie hierzu notfalls etwas aufschneiden. Nähen Sie den Kopf am Anzug fest.
6. Danach stecken Sie einen der umwickelten Drähte in den Ärmel und schieben Sie ihn bis in das zugehörige Bein hinunter. Verfahren Sie mit dem zweiten Draht auf der anderen Seite genauso.
7. Füllen Sie, falls nötig, die Beine noch etwas mit Schafwolle.
8. Die Füße werden nun mit Leukoplast umwickelt und an die «Schuhgröße» angepasst (siehe auch Seite 66) und mit Heißkleber in die Bleischuhe geklebt.
9. Schneiden Sie aus dem weißen Filz den Poncho gemäß dem Schnittmusster auf Seite 82 aus und schließen Sie ihn oben am Hals mit ein paar Stichen und einem kleinen Knopf.
10. Das Gesicht und die Ohren nadeln Sie, wie im Kapitel «Ausgestalten des Kopfes» ab Seite 59 beschrieben, auf. Nadeln Sie nun auch Haare und Bart an.
11. Fertigen Sie jetzt erst die Mütze gemäß dem Kapitel «Verschiedene Mützen» ab Seite 49 in Schablonentechnik. Für die Mütze benötigen Sie circa 10 g Wolle. Am langen Zipfelende der Mütze befindet sich ein kleiner Glaskristall.

Finn, der große Schneezwerg: Poncho in Originalgröße

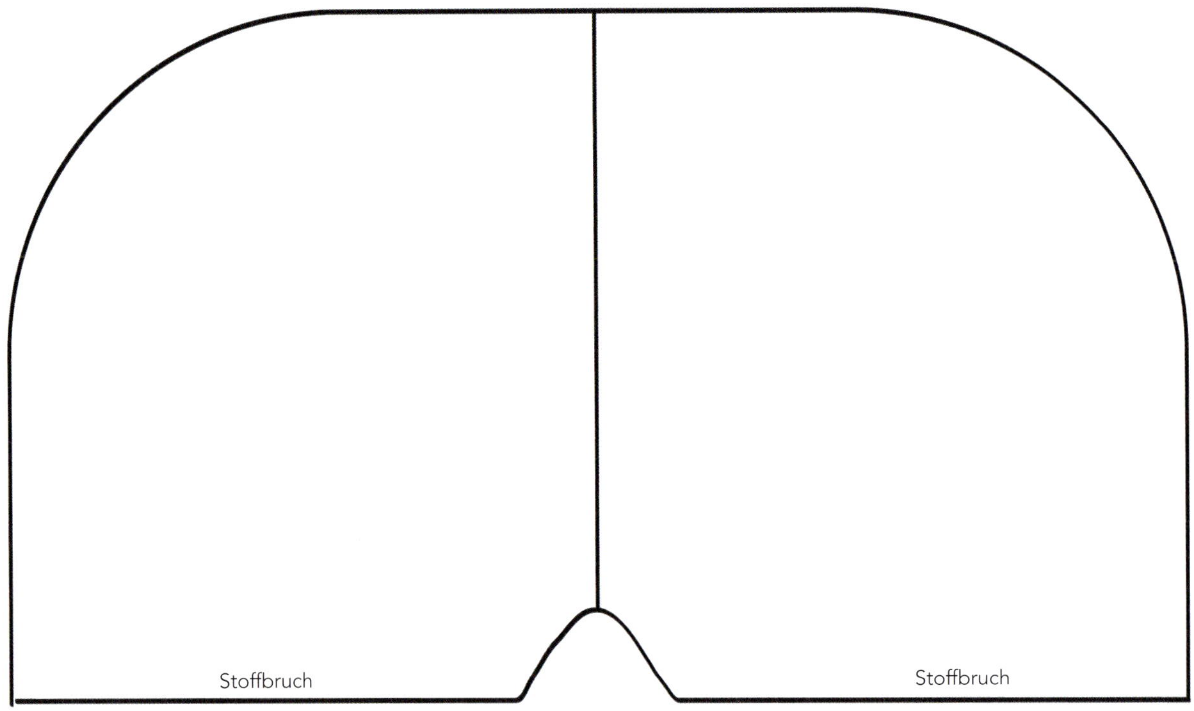

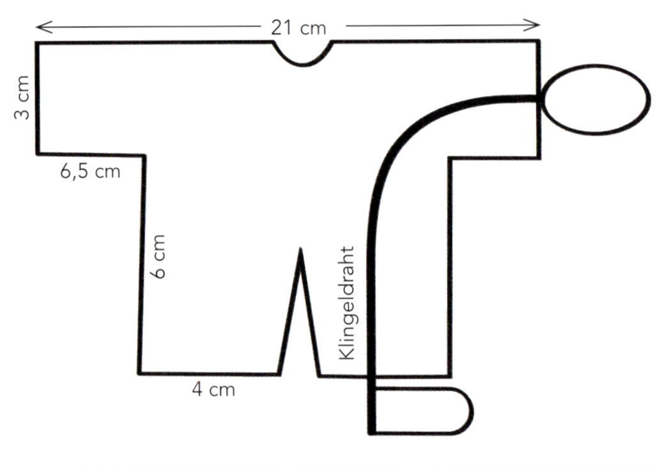

Finn, der große Schneezwerg:

Schablone für die Mütze in Originalgröße

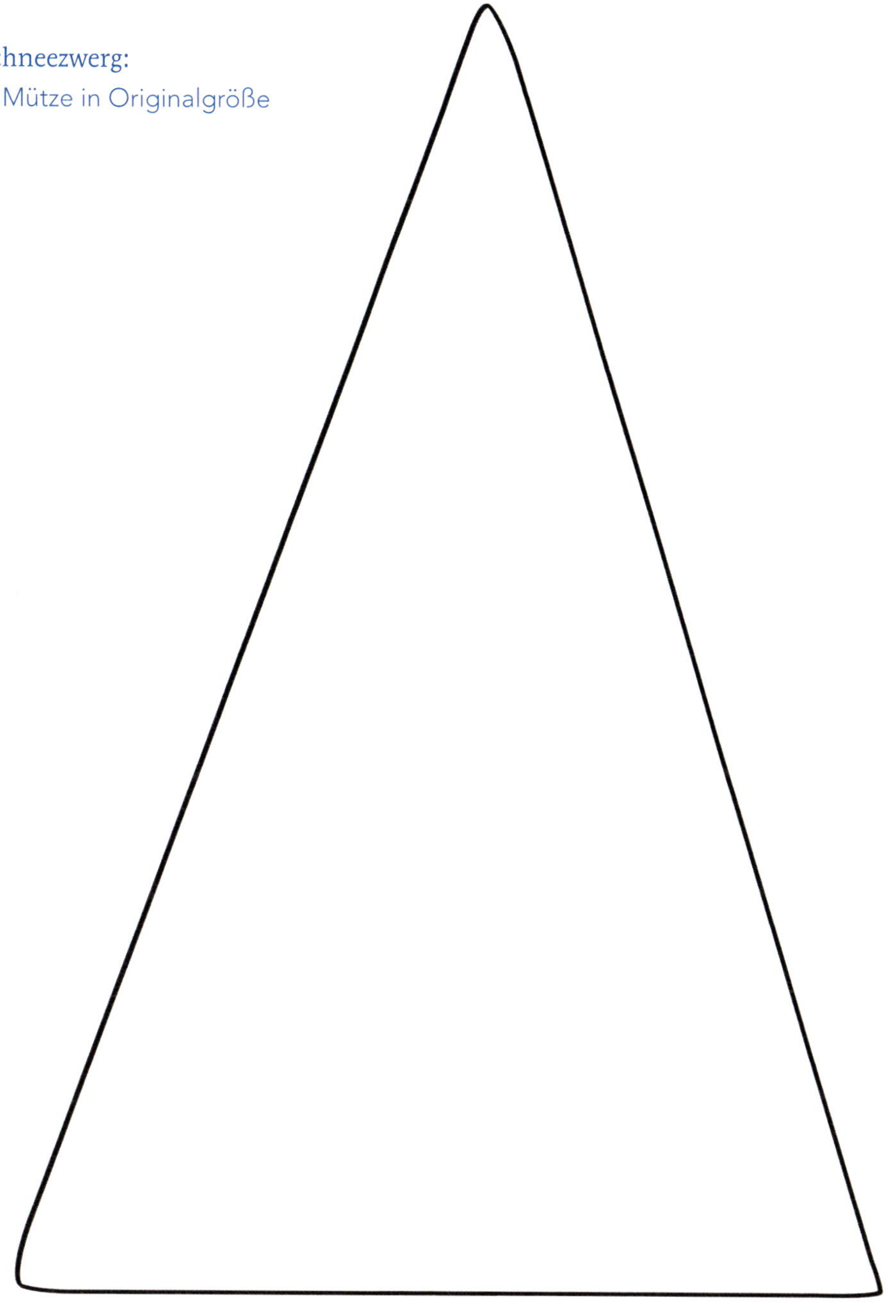

Strickgefilzte Häuser

Baumstamm mit Beleuchtung

Anleitung

Um eine leichte Rindenstruktur zu erreichen, wird der Baumstamm längs gehäkelt und anschließend zusammengenäht.

Baumstamm

1. Schlagen Sie 35 Luftmaschen an. Die Zu- und Abnahmen für die weiteren Reihen sind immer an der oberen Kante. Dazu werden entweder Luftmaschen angehäkelt, um die Reihen zu verlängern, oder die Reihen vorzeitig beendet, um sie zu verkürzen.
2. Häkeln Sie die weiteren Maschen gemäß nachfolgender Tabelle. Die unterschiedliche Anzahl Maschen pro Reihe ergibt die unregelmäßige Struktur am oberen Ende des Baumstammes. Am Ende jeder Reihe wird jeweils 1 Masche als Wendemasche gehäkelt.

1 Reihe: 35 Maschen (M)
2. u. 3. Reihe: 39 M
4. u. 5. Reihe: 35 M
6. u. 7. Reihe: 34 M
8. u. 9. Reihe: 32 M
10. u. 11. Reihe: 30 M
12. u. 13. Reihe: 34 M
14. u. 15. Reihe: 31 M
16. u. 17. Reihe: 28 M
18. u. 19. Reihe: 31 M
20. u. 21. Reihe: 29 M
22. u. 23. Reihe: 26 M
24. u. 25. Reihe: 24 M
26. u. 27. Reihe: 27 M
28. u. 29. Reihe: 30 M
30. u. 31. Reihe: 33 M
32. u. 33. Reihe: 28 M
34. u. 35. Reihe: 25 M
36. u. 37. Reihe: 28 M

3. Vernähen Sie alle Fäden und nähen oder häkeln Sie den Baumstamm rund zusammen. Anschließen wenden Sie ihn.

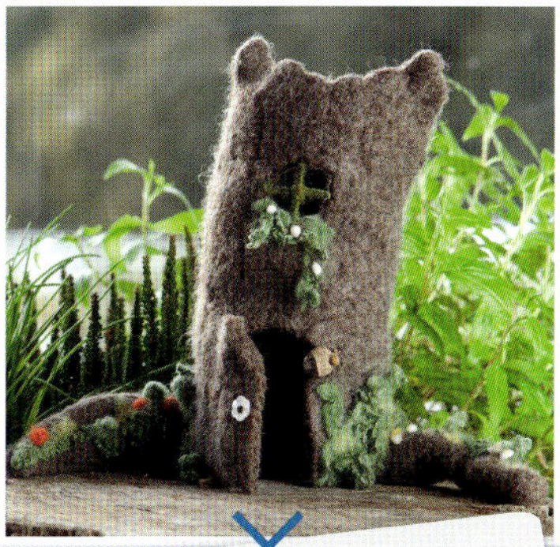

Größe: Höhe ca. 22 cm, Durchmesser ca. 14 cm
Technik: Häkeln und in der Waschmaschine verfilzen

Material

- 150 g braune Wolle smc Schachenmayr Wash+Filz it!
- Häkelnadel Nr. 6
- grüne Lockenwolle oder Schafwolle für das Moos
- Streichhölzer
- kleine bunte Schafwollflocken für die Blumen
- Eichelhütchen, Perlen

Kleinere Wurzel

4. Schlagen Sie 8 Maschen an und schließen Sie diese zum Kreis. Häkeln Sie dann 8 Runden.
5. In der folgenden Runde wird zweimal 1 Masche übersprungen (= 6 Maschen).
6. Häkeln Sie 3 weitere Runden.
7. In der folgenden Runde wird dreimal 1 Masche übersprungen (= 3 Maschen).
8. Häkeln Sie 5 weitere Runden.
9. In der letzten Runde wird 1 Masche übersprungen und die verbleibenden 2 Maschen werden zusammengehäkelt.

Größere Wurzel

10. Schlagen Sie 10 Maschen an und schließen Sie diese zum Kreis. Häkeln Sie dann 10 Runden.
11. In der folgenden Runde wird zweimal 1 Masche übersprungen (= 8 Maschen).
12. Häkeln Sie 5 weitere Runden.
13. In der folgenden Runde wird zweimal 1 Masche übersprungen (= 6 Maschen).
14. Häkeln Sie 4 weitere Runden.
15. In der folgenden Runde wird dreimal 1 Masche übersprungen (= 3 Maschen).
16. Häkeln Sie 3 weitere Runden.
17. In der letzten Runde wird 1 Masche übersprungen und der Faden durch die verbleibenden 2 Maschen gezogen.
18. Diesen beiden Wurzeln werden rechts und links rund an den Baumstamm angenäht.
19. In der Waschmaschine gemäß der Anleitung des Wollherstellers verfilzen. Danach ziehen Sie den Baumstamm in Form und stülpen ihn zum Trocknen über eine geeignete Flasche.
20. Ziehen Sie nach dem Verfilzen den Baumstamm und die Wurzeln in Form und ziehen Sie den Baumstamm zum Trocknen über eine geeignete Flasche.
21. Sobald die Wolle getrocknet ist, können die Tür ein- und das Fenster herausgeschnitten werden. Achten Sie darauf, die Tür nicht komplett herauszuschneiden.
22. Das Fensterkreuz besteht aus mit Schafwolle umwickelten Streichhölzern, das Moos ist aus Lockenwolle hergestellt, die Laterne am Eingang ist ein Eichelhütchen mit einer Glasperle. Die Blumen sind aus ungesponnener Schafwolle, die zwischen den Fingern zu Kügelchen gedreht wurden.

Das Besondere an dem Baumstamm ist, dass man in die Mitte ein hohes Marmeladenglas stellen kann, in das man zur Beleuchtung eine kurze Lichterkette oder Elektro-Teelichte gibt, was den Baumstamm von innen heraus beleuchtet.

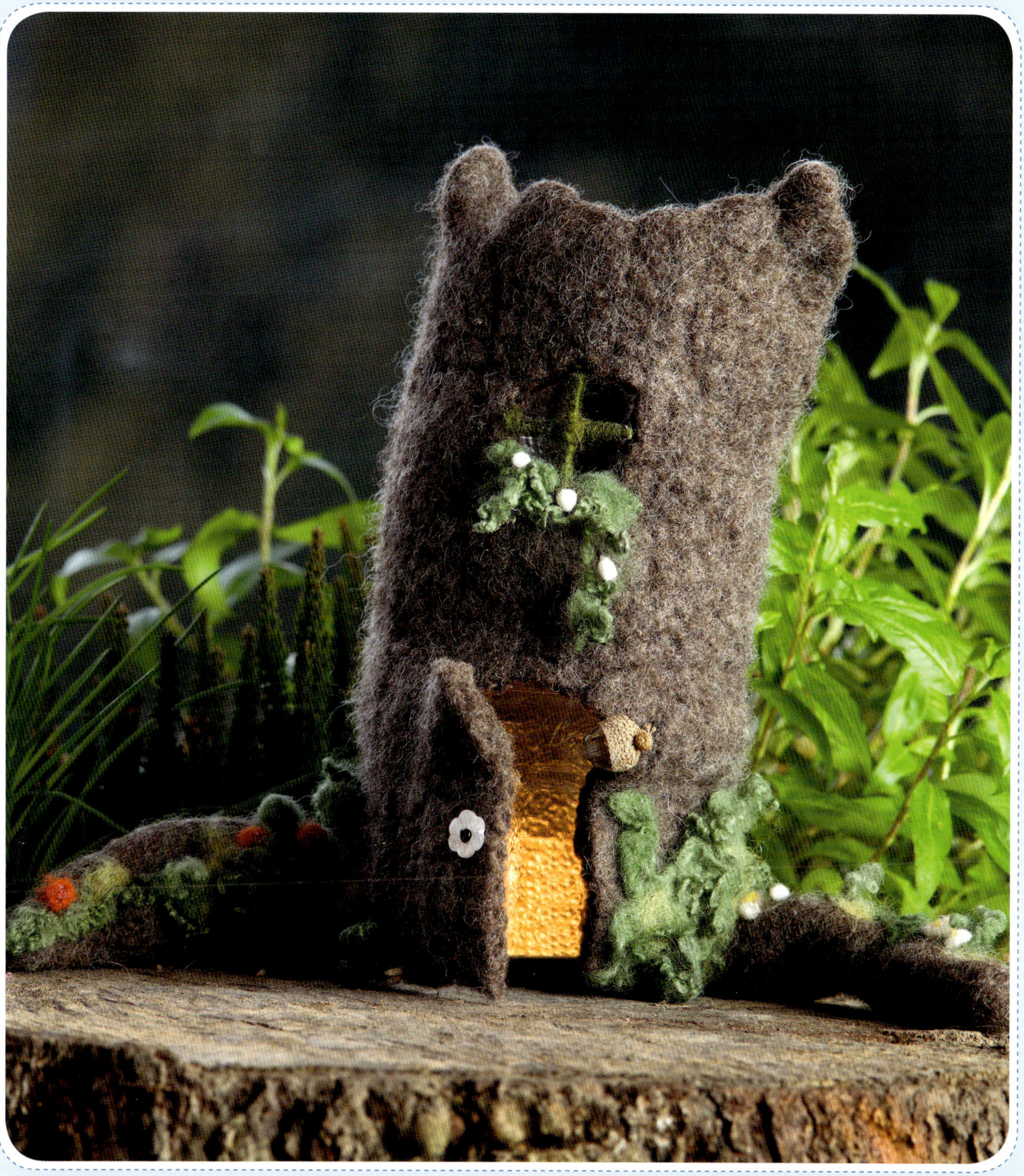

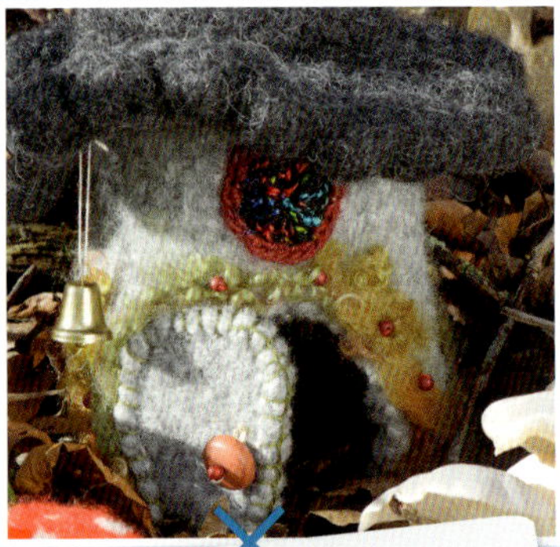

Größe: Höhe ca. 16 cm,
Durchmesser ca. 7 cm
Technik: Häkeln und Verfilzen in der Waschmaschine

Material
- je 50 g hellgraue und dunkelgraue Wolle smc Schachenmayr Wash+Filz it!
- Häkelnadel Nr. 6
- größere Perlen für Dach und Tür
- Glöckchen für die Klingel
- grüne Schafwollflocken für das Moos
- kleine Perlen für die Blumen
- eventuell Filz, Stoff oder bunte Wolle für das Fenster

Pilzhaus

Anleitung

Pilzkörper

Der Pilzkörper wird aus hellgrauer Strickfilzwolle gearbeitet.

1. Häkeln Sie 32 Luftmaschen und schließen Sie diese zu einem Kreis.
2. Häkeln Sie mit festen Maschen 13 Runden.
3. In der **14. Runde** überspringen Sie jede 4. Masche.

15. Runde: Häkeln Sie ohne Abnahme.
16. Runde: Überspringen Sie jede 4. Masche.
17. Runde: Häkeln Sie ohne Abnahme.
18. Runde: Überspringen Sie jede 4. Masche.
19. Runde: Häkeln Sie ohne Abnahme.
20. Runde: Überspringen Sie jede 2. Masche.
21. Runde: Überspringen Sie jede 2. Masche.

4. Ziehen Sie die Wolle durch die letzte Masche und vernähen Sie damit die verbliebene kleine Öffnung.

Haben Sie locker gehäkelt und sollten dadurch beim Abnehmen große Lücken entstanden sein, so schließen Sie diese durch Zusammennähen oder einen durchgezogenen Wollfaden. Verwenden Sie hierbei die gleiche Wolle wie beim Häkeln.

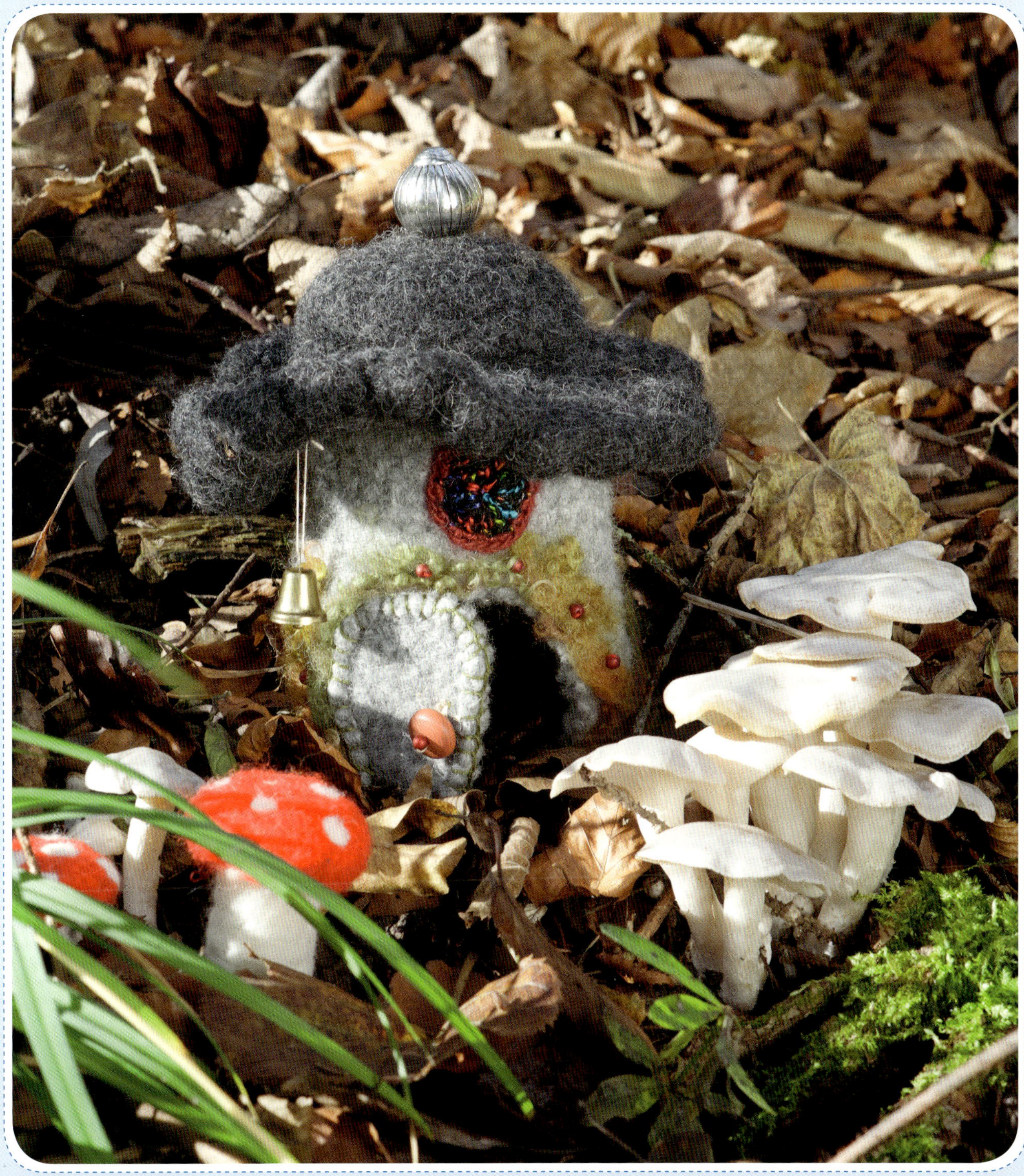

Pilzhut

Der Pilzhut wird aus dunkelgrauer Strickfilzwolle gearbeitet. Er wird in Spiralrunden gehäkelt. Spiralrunden sind Runden, die ineinander übergehen, also nicht mit einer Kettmasche verbunden sind. Damit Sie sich nicht beim Häkeln verzählen, empfiehlt sich ein Maschenmarkierer.

Schlagen Sie 4 Luftmaschen an und schließen Sie diese zu einem Kreis.
1. Runde: Häkeln Sie in diesen Kreis 12 feste Maschen.
2. Runde: Verdoppeln Sie jede Masche.
3. u. 4. Runde: Häkeln Sie ohne Zunahme.
5. Runde: Verdoppeln Sie jede zweite Masche.
6. Runde: Häkeln Sie 1 Runde ohne Zunahme darüber.
7. Runde: Verdoppeln Sie jede zweite Masche.
8. Runde: Verdoppeln Sie jede zweite Masche.
9. Runde: Stechen Sie nun in das Maschenglied ein und verdoppeln Sie jede zweite Masche.
10. Reihe: Stechen Sie wiederum durch beide Maschenglieder und häkeln Sie über die gesamte Runde jeweils *1 feste Masche, 1 Stäbchen, 1 Doppelstäbchen, 1 Stäbchen, 1 feste Masche*, von * bis * wiederholen.

Vernähen Sie die Fäden und waschen Sie die beiden Teile in der Waschmaschine bei 40 °C. Ziehen Sie die Teile danach über einer Flasche in Form und wellen Sie dabei auch den Pilzhut am Rand etwas unregelmäßig. Die Mitte des Pilzhuts sollten Sie auf den Pilzkörper anpassen.
Lassen Sie nun beide Teile gut trocknen und nähen Sie diese danach mit Nähgarn am oberen Rand des Pilzkörpers zusammen.
Die Tür des Pilzhauses wird aufgeschnitten. Achten Sie dabei darauf, dass eine Seite der Tür mit dem Pilzhaus verbunden bleibt. Die Tür ist mit Knopflochstichen umnäht. Als Türgriff kann eine Perle angebracht werden und am Pilzhut ein Glöckchen als Klingel. Das Moos ist aus Lockenwolle aufgenadelt und als Blumen sind kleine Perlen aufgenäht. Das Fenster ist aus einem gehäkelten Kreis, kann jedoch auch aus einem Stück Filz oder Stoff ausgeschnitten werden. Oben auf dem Pilz ist eine größere Perle aufgeklebt.
Wollen Sie das Pilzhaus beleuchten, können Sie das Fenster, wie beim Baumstamm beschrieben, ausschneiden, sodass das Licht herausleuchten kann.
Hierfür bitte niemals eine Kerze verwenden, sondern eine Lichterkette oder ein Elektro-Teelicht.

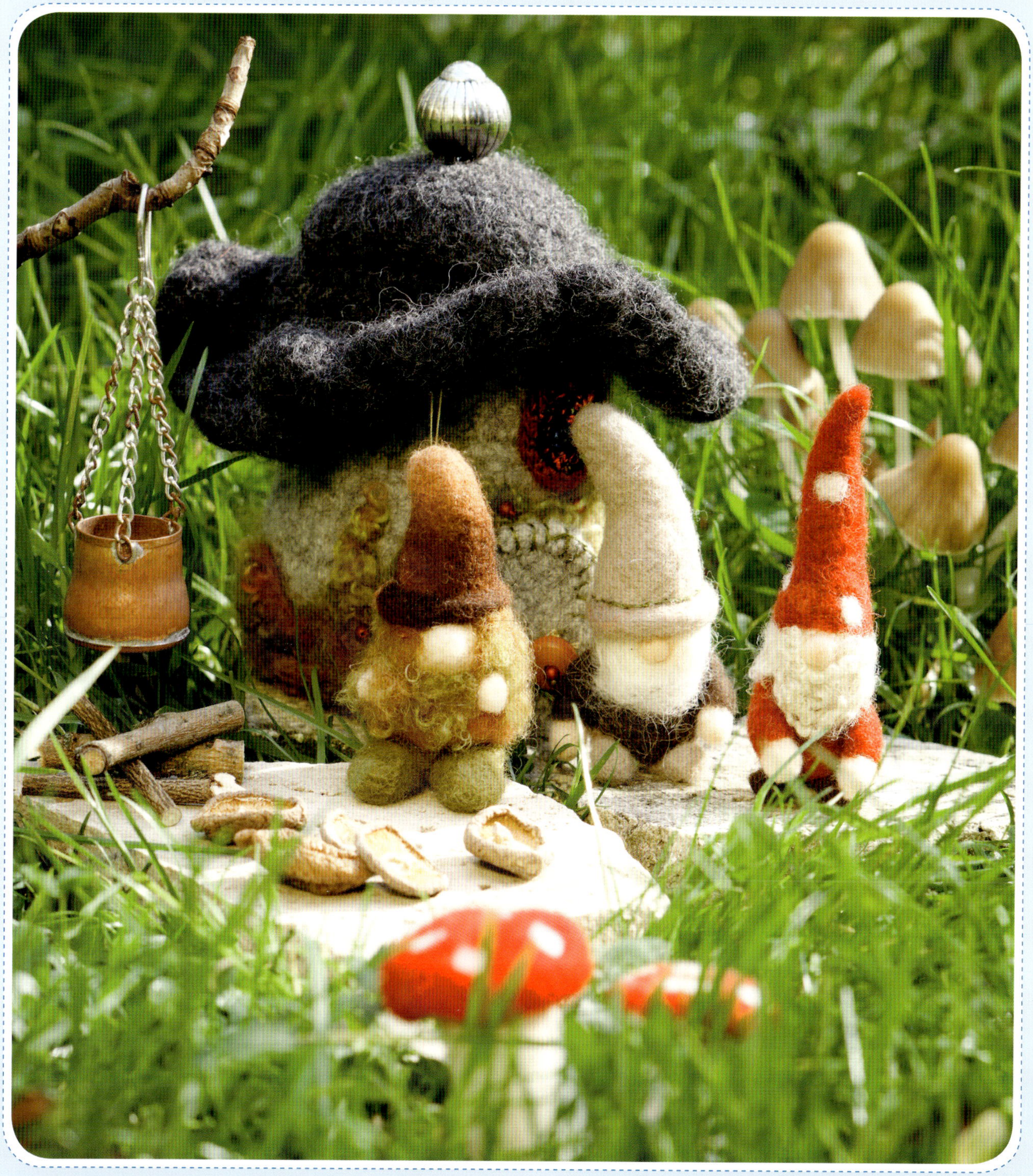

Gestrickte Zwerge

Kleine Kräuterzwerge

Anleitung

Mantel und Mütze werden in einem Stück gestrickt. Verfahren Sie hierzu wie folgt:

1. Schlagen Sie 15 rechte Maschen an.
2. Stricken Sie 12 Reihen bzw. 6 Rippen.
3. Ketten Sie in der dreizehnten Reihe vorne und hinten jeweils 3 Maschen ab.
4. Stricken Sie weitere 8 Reihen bzw. 4 Rippen.
5. In der darauffolgenden Reihe werden die ersten zwei Maschen zusammengestrickt und die restliche Reihe fertiggestrickt.
6. Stricken Sie auch in der nächsten Reihe die ersten 2 Maschen zusammen und beenden Sie die Reihe wie gewohnt.
7. Die nächsten 2 Reihen werden ohne Abnahmen gestrickt.
8. Wiederholen Sie die Schritte 5. bis 7. so lange, bis nur noch 1 Masche auf der Nadel ist.
9. Ziehen Sie den Strickfaden durch diese letzte Masche und schließen Sie mit diesem Faden die Mütze.
10. Der Mantel wird ebenfalls vorne zusammengenäht.

Kopf

1. Nehmen Sie einen Strang der hautfarbenen ungesponnenen Schafwolle (1 g) und machen Sie in der Mitte des Strangs einen Knoten.
2. Klappen Sie das Ende oberhalb des Knotens über den Knoten und verteilen Sie die Schafwolle rundherum.
3. Binden Sie die Kugel unterhalb des Knotens mit einem Faden ab.

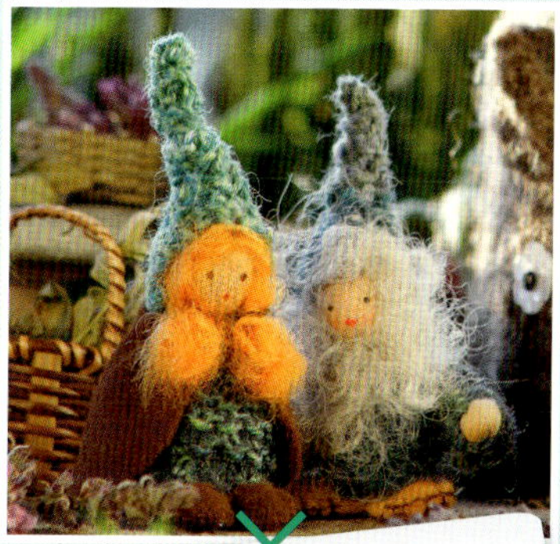

Name: Basil, Rosi, Snitti, Mian und Aneto
Größe: Höhe ca. 7 cm, Breite ca. 2 cm
Technik: Stricken, Nähen
Besondere Merkmale: es gibt auch Zwergenfrauen, mögen besonders Grüntöne

Material

- Sockenwollreste in Grün
- Stricknadel Nr. 3
- 1 Pfeifenputzer für die Arme
- hautfarbener Trikotstoff
- hautfarbene Schafwolle
- Barthaare (Wolllocken oder Wolle)
- brauner Filz für die Pantoffeln
- grüner Filz für den Umhang
- Filznadel

Kräuterzwerge:
Pantoffeln in Originalgröße

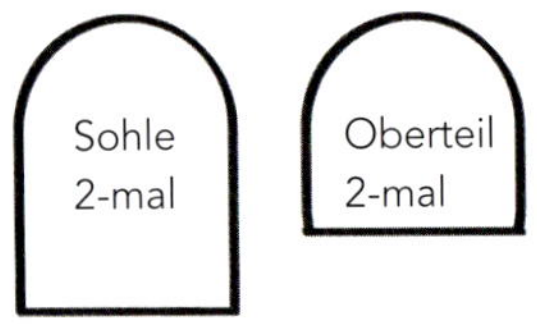

4. Nun wird der Kopf mit Trikot überzogen. Nehmen Sie dazu ein rechteckiges Stück Trikot mit den Maßen 4 x 5 cm. Beachten Sie dabei den Fadenverlauf, die Maschen müssen senkrecht laufen. Legen Sie den Trikot von vorne straff über den Kopf (das Gesicht). Lassen Sie ihn am oberen Ende nicht über die Kugel überstehen und ziehen Sie ihn hinten etwas übereinander. Streifen Sie am Hals alle eventuell entstandenen Falten nach hinten und binden Sie den Kopf wieder unterhalb des Kinns mit einem Faden ab. Schließen Sie nun die rückwärtige Naht, wobei Sie darauf achten sollten, dass der Trikot straff nach hinten gespannt ist. Zum Schluss schließen Sie die «Fontanelle» an der Oberseite des Kopfs. Der Kopf hat einen Umfang von 4,5 cm.

Fertigstellung Körper

1. Schieben Sie den Kopf durch die Öffnung des gestrickten Mantels zwischen Mütze und Mantel.
2. Ziehen Sie am oberen Ende des Mantels einen Kräuselfaden ein.
3. Nadeln Sie die heraushängende Schafwolle am unteren Teil des Mantels fest.
4. Nähen Sie dem Zwerg Haare und Bart an.
5. Nähen Sie den Kopf mit kleinen Stichen am Mützenrand an.
6. Zuletzt malen Sie Augen und Mund auf.

Pantoffeln

1. Schneiden Sie Ober- und Unterteil der Pantoffeln aus braunem Filz gemäß dem Schnittmuster aus und nähen Sie beide Teile mit Knopflochstichen zusammen.
2. Stecken Sie in die Spitze des Pantoffels eine kleine Schafwollflocke, sodass die Pantoffeln vorne etwas Fülle bekommen.
3. Befestigen Sie die Pantoffeln mit einigen Stichen am Zwerg.

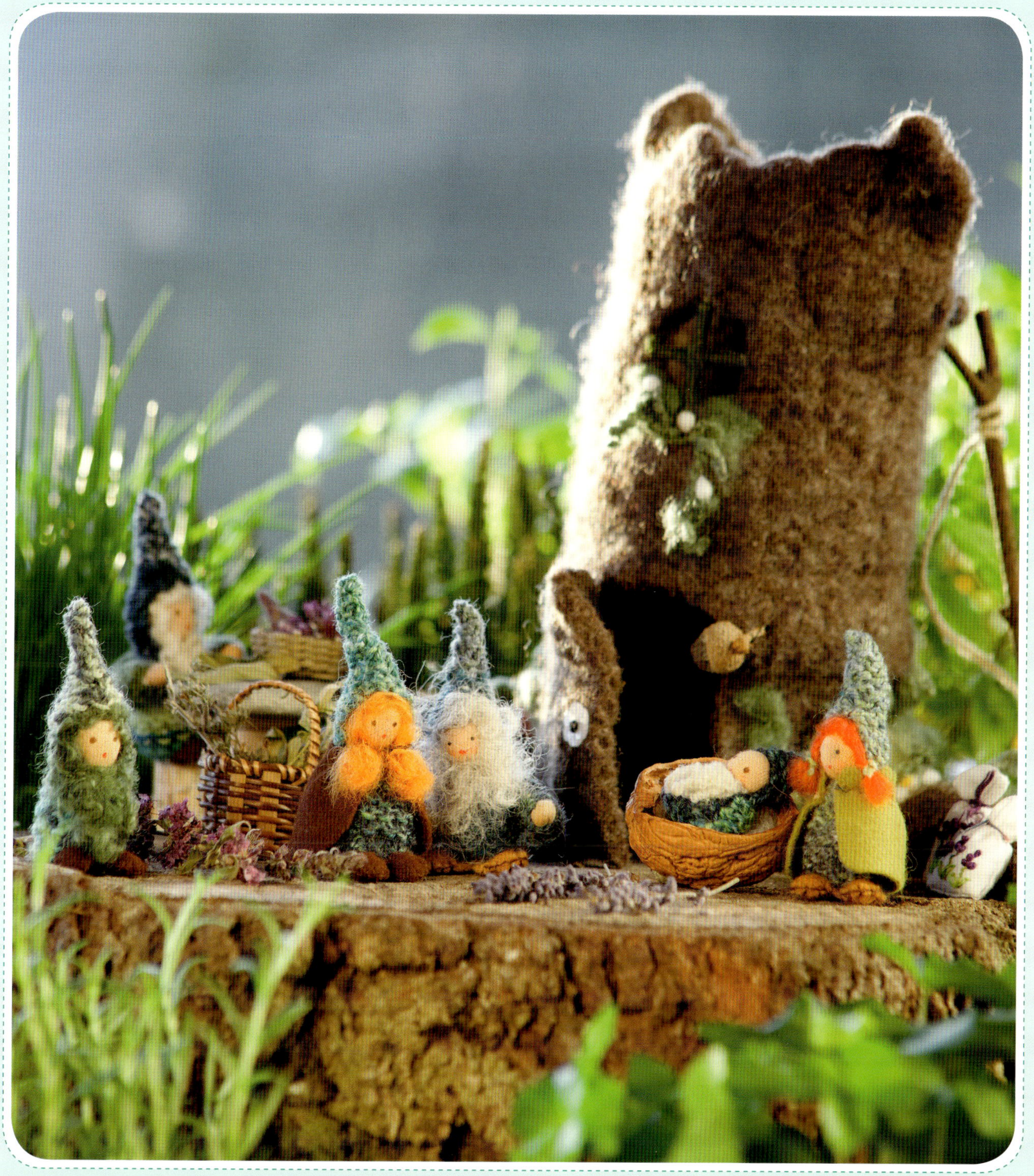

Ärmel (optional)

Gestrickt wird ein Rechteck aus rechten und linken Maschen.

1. Schlagen Sie 20 Maschen an.
2. Stricken Sie 10 Reihen bzw. 5 Rippen wie folgt:
Eine Reihe mit 20 Maschen rechts. Eine Reihe mit 8 Maschen rechts, 4 Maschen links, 8 Maschen rechts
Wiederholen Sie von * bis *, bis Sie insgesamt 10 Reihen gestrickt haben. Durch die Rechts-links-Maschen in der Mitte werden die Arme am Rücken des Zwergs weniger sichtbar.
3. Nähen Sie das nun entstandene Rechteck an seiner Längsseite zusammen, sodass ein Schlauch entsteht.
4. Schieben Sie durch diesen Schlauch einen Pfeifenputzer. Sie erleichtern sich das Durchschieben, indem Sie den Pfeifenputzer an einer Seite umbiegen.
5. Klappen Sie diesen links und rechts auf die benötigte Länge um. Diese beträgt die Ärmellänge plus 2 cm für die Händchen.
6. Für die Hände legen Sie ein rundes Stück Trikot vorne über die Pfeifenputzer, streifen den Stoff straff nach unten und binden ihn am Handgelenk mit einem Faden ab.
7. Nähen Sie den Ärmel des Zwergs am Handgelenk fest.
8. Für die andere Hand verfahren Sie entsprechend.
9. Nähen Sie die Ärmel hinten am Rücken des Zwergs an.

Umhang Zwergenmädchen

1. Schneiden Sie aus grünem Filz ein Rechteck von 8 x 3,5 cm zu.
2. Ziehen Sie am oberen Rand des Rechtecks einen Kräuselfaden ein.
3. Schneiden Sie die unteren Umhangecken etwas rund.
4. Legen Sie den Umhang um ziehen Sie den Kräuselfaden an und nähen Sie eventuell als Knopf eine Perle an den oberen Rand.

Kräuterzwergbaby

Anleitung

Mantel

Gestrickt wird ein Rechteck aus rechten Maschen.

1. Schlagen Sie 10 Maschen an.
2. Stricken Sie 19 Reihen bzw. 5 Rippen.
3. Ketten Sie das Ganze ab und nähen Sie es hinten zusammen.

Mütze

Gestrickt wird ein Dreieck aus rechten Maschen.

1. Schlagen Sie 10 Maschen an.
2. Stricken Sie 2 Reihen bzw. 1 Rippe.
3. Stricken Sie in der folgenden Reihe am Anfang 2 Maschen zusammen.
4. Stricken Sie auch in der nächsten Reihe am Anfang 2 Maschen zusammen.
5. Stricken Sie die nächste Reihe ohne Abnahme.
6. Wiederholen Sie die Schritte 3. bis 5. so lange, bis nur noch 1 Masche auf der Nadel ist.
7. Nähen Sie die Mütze zusammen.

Kopf

Der Kopfumfang beträgt ca. 3 cm und wird wie der der «Eltern» gefertigt (ab Seite 93).

Zum Schluss stecken Sie den Kopf in das gestrickte Säckchen, ziehen am oberen Rand einen Kräuselfaden ein und ziehen ihn zusammen. Nähen Sie die Mütze und den Bart mit kleinen Stichen am Kopf an.

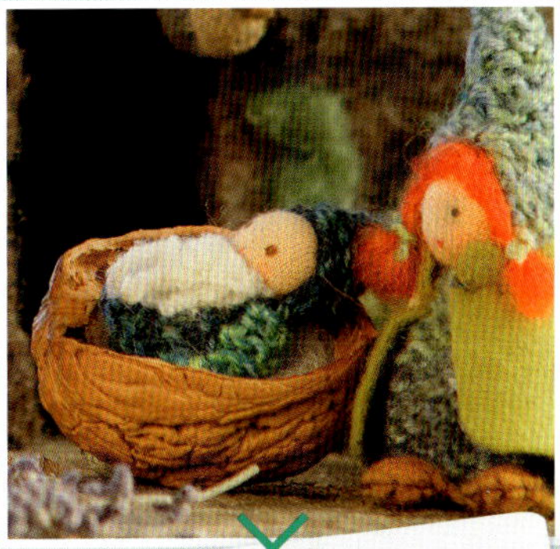

Name: Joran
Größe: Höhe ca. 5 cm, Breite ca. 1,5 cm
Technik: Stricken, Nähen
Besondere Merkmale: winzig-klein, fühlt sich wohl in einer großen Walnusshälfte

Material

- Sockenwollreste in Grün
- Stricknadel Nr. 3
- hautfarbener Trikotstoff
- hautfarbene Schafwolle
- Barthaare (Wolllocken oder Wolle)
- Walnusshälfte

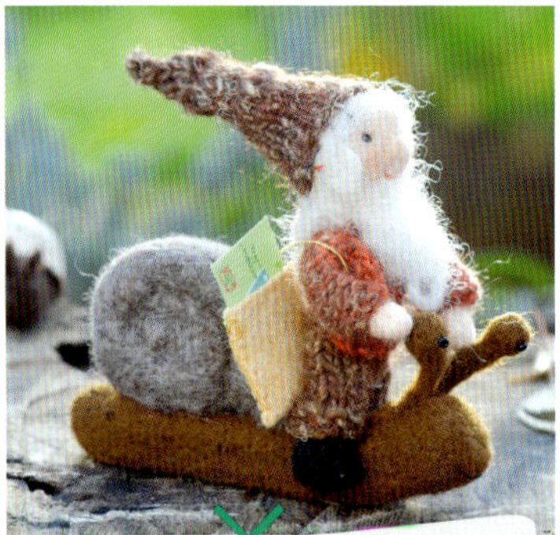

Name: Mika
Größe: Höhe inklusive Mütze ca. 14 cm
Technik: Stricken, Nadelfilzen
Besondere Merkmale: reitet auf einer Schnecke, hat sein Posttäschchen immer dabei

Material

- Schafwollvlies in Hautfarbe
- Wolllocken für Haare und Bart
- Wollreste
- Stricknadel Nr. 3
- 1 Pfeifenputzer für die Arme
- Perlen für die Augen
- Filzrest für die Posttasche
- kleine Karten oder Briefe als Inhalt für die Posttasche

Schneckenpostillion

Anleitung

Der Kopf wird in Nadelfilztechnik entsprechend der Beschreibung auf Seite 56 hergestellt. Der Kopfumfang beträgt 8 cm. Hierfür benötigen Sie circa 2 g Schafwolle.
Pullover, Hose und Mütze sind aus Wollresten gestrickt. Daher habe ich in diesem Fall die Maßangaben für die Kleidungsstücke dazugeschrieben. Die Wolldicke entspricht doppelt gestrickter Strumpfwolle. Gestrickt wird mit Stricknadeln Nr.3.

Pullover

1. Schlagen Sie 10 Maschen an. Stricken Sie 7 Reihen: abwechselnd 1 Reihe rechte Maschen und 1 Reihe linke Maschen.
2. In der 8. Reihe nehmen Sie auf beiden Seiten jeweils 5 Maschen durch Anschlagen auf.
3. Stricken Sie 3 Reihen abwechselnd 1 Reihe rechte Maschen und 1 Reihe linke Maschen.
4. Ketten Sie nun für den Halsausschnitt in der Mitte 2 Maschen ab und stricken Sie die Reihe dann zu Ende.
5. Nehmen Sie in der nächsten Reihe diese 2 Maschen durch Anschlagen wieder auf.
6. Stricken Sie 3 Reihen abwechselnd: 1 Reihe rechte Maschen und 1 Reihe linke Maschen.
7. Ketten Sie in der nächsten Reihe jeweils rechts und links 5 Maschen ab.
8. Stricken Sie 7 Reihen: abwechselnd 1 Reihe rechte Maschen und 1 Reihe linke Maschen.
9. Zuletzt ketten Sie alle Maschen ab, vernähen die Fäden und schließen die Nähte.

Hose

1. Schlagen Sie 21 Maschen an
2. Stricken Sie 5 Reihen: abwechselnd 1 Reihe rechte Maschen und 1 Reihe linke Maschen.
3. In der nächsten Reihe die Mittelmaschen abketten. Nun sind 2 Hosenbeine auf der Nadel.
4. Stricken Sie 3 Reihen: abwechselnd 1 Reihe rechte Maschen und 1 Reihe linke Maschen.
5. Stricken Sie die letzte Reihe als Abschlussbund wie die Reihe zuvor.
6. Ketten Sie dieses Hosenbein ab und fertigen Sie das zweite genauso.
7. Zuletzt vernähen Sie die Fäden und schließen die Nähte hinten und an den Beinen.

Mütze

1. Schlagen Sie 15 Maschen an.
2. Stricken Sie 1 Reihe rechts, 1 Reihe links, 1 Reihe rechts und wieder 1 Reihe links.
3. In der nächsten Reihe stricken Sie die ersten 2 Maschen zusammen.
4. In der nächsten Reihe stricken Sie wieder die ersten 2 Maschen zusammen.
5. Stricken Sie 1 Reihe ohne Abnehmen.
6. Wiederholen Sie die Schritte 3. bis 5., bis nur noch 1 Masche auf der Nadel verbleibt.
7. Vernähen Sie die Fäden und nähen Sie die Mütze zusammen.

Schuhe

Die Schuhe sind mit Sockengarn (einfach genommen) gestrickt.

1. Schlagen Sie 6 Maschen an.
2. Stricken Sie 7 Reihen rechte Maschen und ketten Sie dann die Maschen ab.
3. Klappen Sie das Viereck der Länge nach zusammen und schließen Sie es bis auf eine kleine Öffnung am Ende der Längsseite, sodass Sie dort später die Füße hineinschieben können.

Posttasche

1. Schneiden Sie ein Rechteck von 7 x 3,5 cm aus Filz aus.
2. Klappen Sie das Rechteck in der Mitte aufeinander und schließen Sie die rechte und linke Seite mit Knopflochstichen.
3. Vernähen Sie den Endfaden. Schneiden Sie ihn aber nicht ab, sondern nähen Sie ihn als Schulterriemen an der anderen Seite fest.

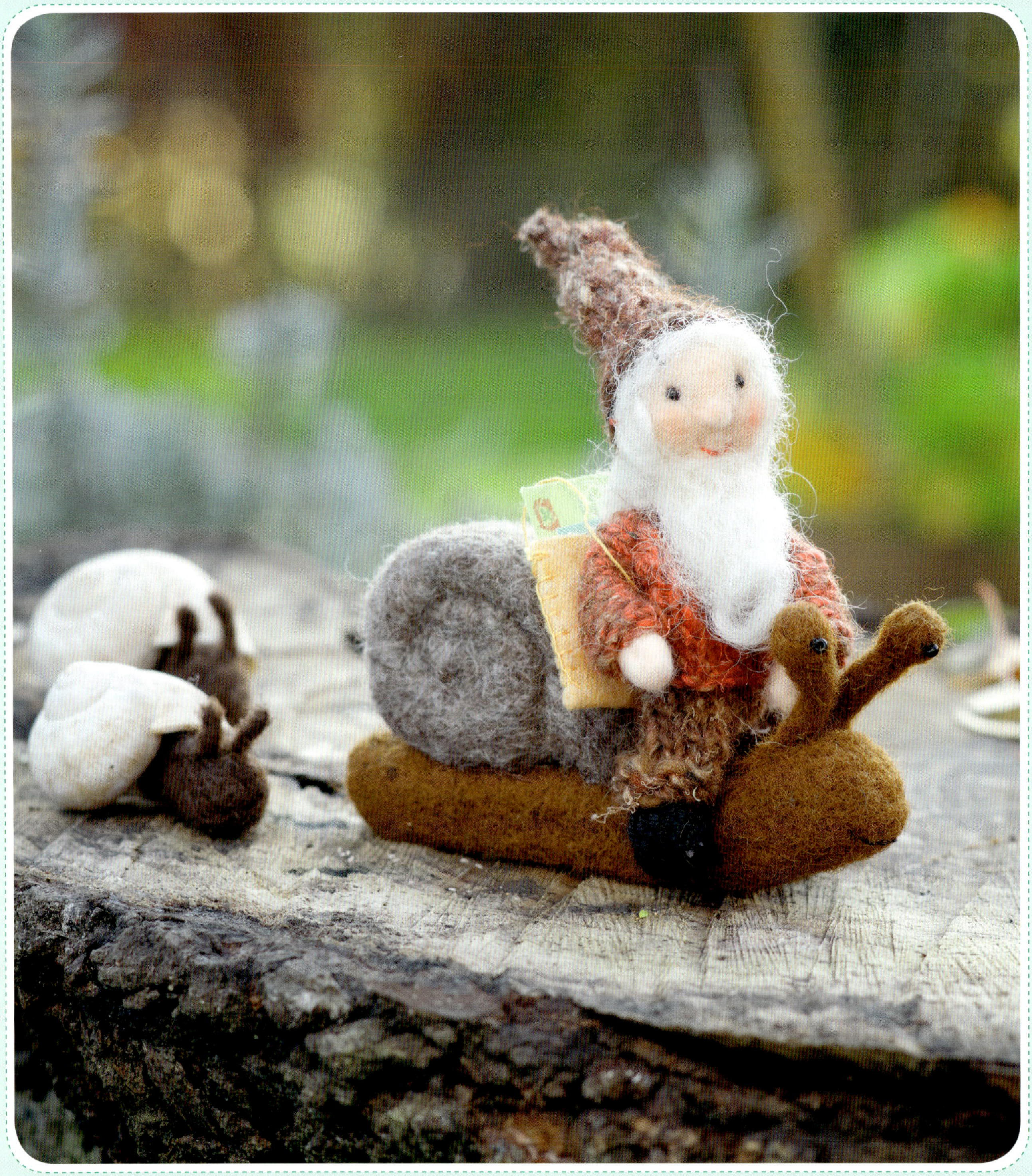

Körper

Der Körper ist aus einem Gestell aus Pfeifenputzern gefertigt. Messen Sie für das Gestell Ihre gestrickten Kleider aus und verändern Sie notfalls die nachfolgenden Maßangaben.
Der Armpfeifenputzer hat eine Länge von 13 cm (inklusive je 1 cm Umschlag für die Hände).
Die beiden Beinpfeifenputzer sind jeweils 15 cm lang (inklusive 0,5 cm Umschlag für die Füße).

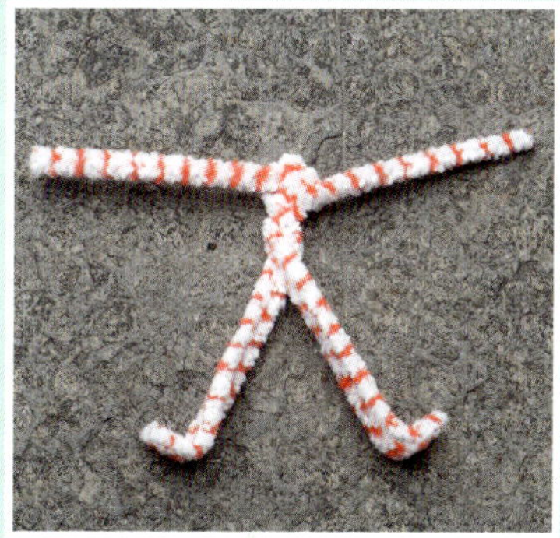

1. Knicken Sie den Armpfeifenputzer bei der Hälfte ab, um die Mitte zu markieren, und klappen Sie ihn wieder auf. Knicken Sie die Beinpfeifenputzer ebenfalls in der Mitte ab.
2. Hängen Sie die abgeknickten Beinpfeifenputzer in die Mitte des Armpfeifenputzers und verdrehen Sie diese für den Körper zweimal ineinander.
3. Nehmen Sie nun den Kopf und ziehen Sie die herabhängende Schafwolle auseinander und legen Sie das Pfeifenputzergestell dazwischen.
4. Zur Stabilität binden Sie das Ganze unter den Armen mit einem stabilen Faden ab.
5. Das Pfeifenputzergestell wird mit hautfarbenem Schafwollvlies umwickelt. Ziehen Sie dazu das Vlies in kleine Stränge und umwickeln Sie das gesamte Gestell damit fest. Allerdings umwickeln Sie dabei die Füße nicht, sondern knicken diese nur um. So passen die Füße besser in die Schuhe. Die Enden der Arme knicken Sie für die Hände 1 cm um und umwickeln diese ein weiteres Mal mit Vlies.

Mika, der Schneckenpostillon

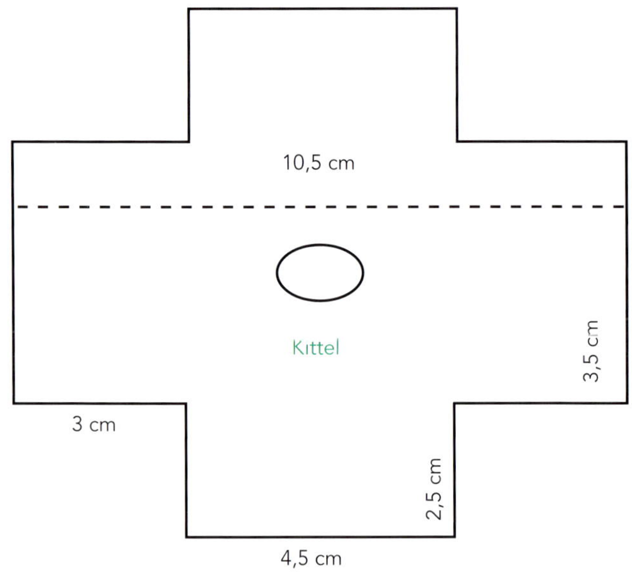

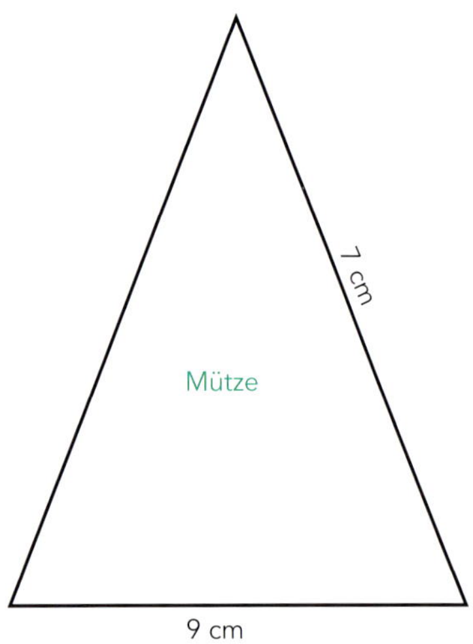

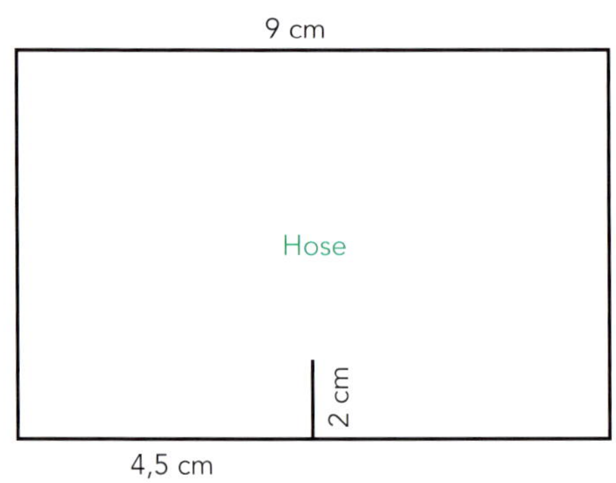

Fertigstellung

1. Ziehen Sie Ihrem Zwerg nun die Kleider an. Beginnen Sie mit dem Pullover. Dieser wird von unten her angezogen.
Ziehen Sie am Hals einen Kräuselfaden ein.
Dann ziehen Sie dem Zwerg Hose und Schuhe an. Diese werden ebenfalls oben mit einem Kräuselfaden versehen.
2. Nadeln Sie nun Haare und Bart auf.
3. Nähen Sie die Mütze mit ein paar Stichen am Kopf fest.
4. Gestalten Sie anschließend das Gesicht gemäß der Beschreibung im Kapitel «Ausgestalten des Kopfes» ab Seite 59. Dieser Zwerg hat Perlenaugen.
5. Zuletzt hängen Sie Ihrem Zwerg die Posttasche um und füllen diese mit kleinen Briefen oder Karten.

Nun braucht Mika noch seine Schnecke Emma, die ihm beim Austragen der Zwergenpost hilft …

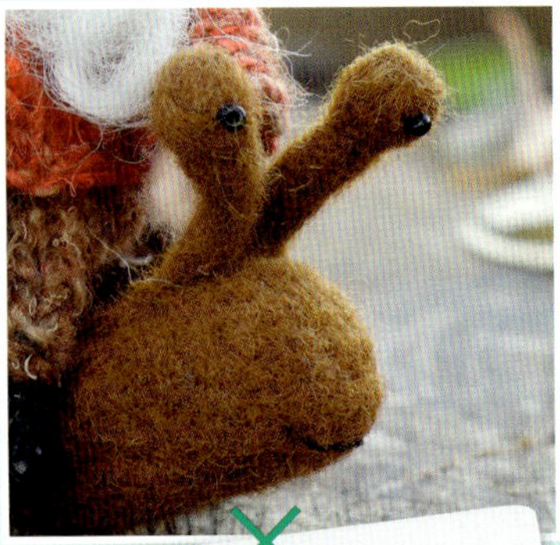

Name: Emma
Größe: Höhe ca. 6 cm,
Länge ca. 12 cm
Technik: Nadelfilzen
Besondere Merkmale: kleine Perlaugen, immer ein Lächeln im Gesicht

Material

- Schafwollvlies in Braun für den Körper und in Grau für das Schneckenhaus
- Perlen für die Augen
- Pfeifenputzer

Schnecke

Anleitung

Schneckenkörper

Hierzu benötigen Sie 7 g braunes Schafwollvlies sowie einen Pfeifenputzer. Durch den Pfeifenputzer können Sie später den Kopf der Schnecke einfacher nach oben biegen.

1. Legen Sie ein Viereck aus Schafwollvlies auf Ihre Unterlage.
2. Klappen Sie die fransigen Ränder nach innen.
3. Biegen Sie den Pfeifenputzer an beiden Seiten um, damit sich die spitzen Enden später nicht durch den Filz bohren können. Legen Sie den Pfeifenputzer auf das Vlies und wickeln Sie das Vlies um den Pfeifenputzer herum auf. Je fester Sie wickeln, desto weniger müssen Sie anschließend nadeln. An dieser Stelle empfiehlt sich eventuell auch ein Nadelhalter mit vier Nadeln.
4. Nadeln Sie die so entstandene Rolle in Schneckenkörperform.
5. Für die beiden Fühler nehmen Sie jeweils einen kleinen Strang Schafwolle, in dessen Mitte Sie zwei Knoten übereinander machen. Diesen Strang klappen Sie nun zusammen und verzwirbeln ihn mit Ausnahme des Endes zwischen Ihren Fingern zu einem Strang, den Sie anschließend fest nadeln.
6. Nadeln Sie an den losen Enden die Fühler an den Kopf der Schnecke.

Schneckenhaus

Hierzu benötigen Sie 8 g graues Schafwollvlies.

1. Legen Sie das möglichst quadratische Vlies auf Ihre Unterlage und schlagen Sie auch hier die fransigen Ränder nach innen.
2. Rollen Sie dieses Quadrat zu einer möglichst festen Rolle und verdichten Sie die Enden leicht mit der Filznadel.
3. Nun drehen Sie diese Rolle von der kurzen Seite her straff auf. Je fester Sie dabei das Schneckenhaus aufrollen, desto klarer bilden sich die Gehäuselinien heraus. Für ein breiteres Ende des Gehäuses lässt man die Rolle etwas breiter auslaufen.
4. Verdichten Sie das Schneckenhaus mit der Filznadel zur gewünschten Form. Beginnen Sie dabei in der Mitte.

Fertigstellung

1. Nähen Sie das Schneckenhaus auf den Schneckenkörper auf.
2. Nähen Sie die Augenperlen an die Fühler an und sticken Sie zuletzt noch den lächelnden Mund auf.

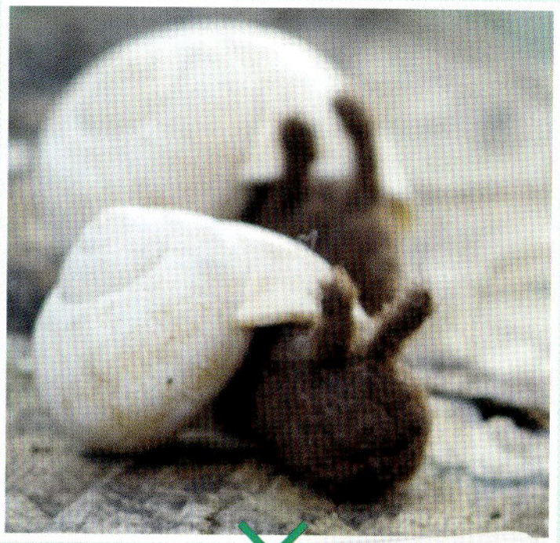

Name: Enno, Emmi
Größe: je nach Schneckenhaus
Technik: Nadelfilzen
Besondere Merkmale: echtes Schneckenhaus

Kleine Schnecke im Schneckenhaus

Anleitung

Verfahren Sie mit dem Schneckenkörper wie zuvor bei der Schnecke «Emma» beschrieben. Den Pfeifenputzer benötigen Sie hierbei nicht. Auch sollte der Körper etwas kürzer sein.
Kleben Sie das hintere Ende des Schneckenkörpers ins Schneckenhaus.

Material

- Schafwollvlies in Braun für den Körper
- Perlen für die Augen
- Schneckenhaus

Nadelgefilzte Zwerge

Glöckchenzwerg ohne Arme

Der hier beschriebene Zwerg ist einfach herzustellen. Er besteht lediglich aus Körper, Kopf und Mütze und hat keine Arme. Er ist fest genadelt und dadurch auch gut bespielbar.

Anleitung

1. Nehmen Sie die bunte Schafwolle und formen Sie daraus ein Dreieck.
2. Das Dreieck wird nun von einer Spitze her so aufgerollt, dass ein Kegel entsteht.
3. Dieser Kegel wird mit der Filznadel so lange in Form genadelt, bis er ca. 7 cm hoch und 2 cm breit ist. Nadeln Sie hierbei immer auch die Unterseite, da der Kegel innen nicht hohl ist.
4. Für das Gesicht wird ein Teil der beigefarbenen Schafwolle zu einem kleinen Kreis geformt und an der entsprechenden Stelle auf den Kegel aufgenadelt.
5. Für die Nase verfahren Sie wie folgt:
Zupfen Sie aus der verbliebenen beigefarbenen Schafwolle einen kleinen Strang und machen Sie in der Mitte des Strangs einen kleinen festen Knoten.
Legen Sie diesen Knoten in die Mitte des Gesichts, sodass die Enden rechts und links zu liegen kommen, und nadeln Sie ihn rundherum an.
Die herausstehenden Enden rollen Sie für die Bäckchen zusammen und nadeln diese ebenfalls fest.
Geben Sie Nase und Bäckchen durch gezieltes Einstechen mit der Filznadel die gewünschte Form.
6. Die Augen sind mit Stofffarben gemalt. Dazu tauchen Sie

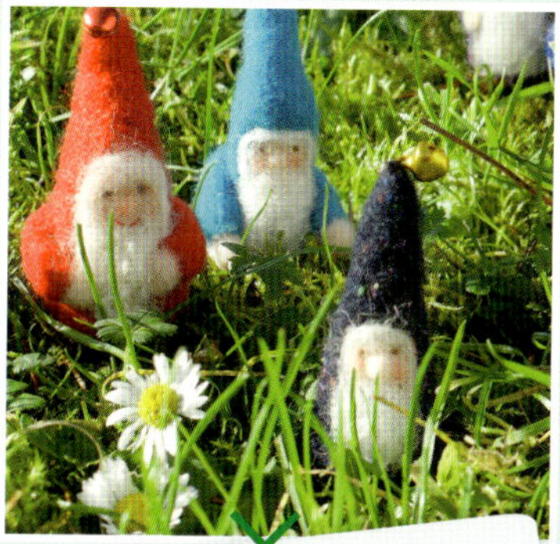

Name: Gloggis
Größe: Höhe ca. 7 cm
Technik: Nadelfilzen
Besondere Merkmale: kleines Glöckchen an der Mütze, langer Bart, lieber zusammen als allein unterwegs

Material

- 7 g bunte, ungesponnene Schafwolle für den Körper
- 1 Flocke ungesponnene Schafwolle für das Gesicht in Beige
- 1 Flocke Löckchenwolle für Haare und Bart
- 1 kleines Glöckchen
- Stofffarben für die Augen
- rotes Stickgarn für den Mund

Anmerkung: Für größere oder kleinere Zwerge entsprechend mehr oder weniger Material verwenden.

eine Stecknadel in die Stofffarbe und geben durch gezieltes Einstechen den Augen die gewünschte Größe. Der Mund ist aus rotem Stickgarn aufgestickt.

7. Zuletzt werden noch Bart und Haare rund um das Gesicht angenadelt oder aufgenäht und das Glöckchen an der Mützenspitze angenäht.

Glöckchenzwerg mit Armen und Pantoffeln

Material
- 7 g bunte, ungesponnene Schafwolle für Körper und Arme
- 1 Flocke ungesponnene Schafwolle für Gesicht und Hände in Beige
- 1 Flocke dunkelbraune Schafwolle für die Pantoffeln
- 1 Flocke Löckchenwolle für Haare und Bart
- 1 kleines Glöckchen
- Stofffarben für die Augen
- rotes Stickgarn für den Mund

Dieser Zwerg baut auf dem zuvor beschriebenen Glöckchenzwerg auf und hat zusätzlich Arme und Pantoffeln.

Körper

Fertigen Sie den Zwerg wie zuvor beim Glöckchenzwerg beschrieben an. Der Bart und die Haare werden jedoch erst ganz zuletzt angebracht.

Hände

1. Für die beiden Hände nehmen Sie jeweils eine kleine Schafwollflocke.

2. Je nach gewünschter Handgröße machen Sie einen einfachen oder doppelten Knoten in der Mitte des Stranges.

3. Klappen Sie die Enden um den Knoten, sodass eine Kugel entsteht. Der Wollestrang darf sich hierbei nicht verdrehen. Dann binden Sie diese Kugel mit einem Nähfaden ab.

5. Verfilzen Sie die Kugel mit der Filznadel. Hierbei wird nur die Kugel genadelt, die darüber hinausstehenden Enden des Wollstrangs bleiben unbearbeitet.

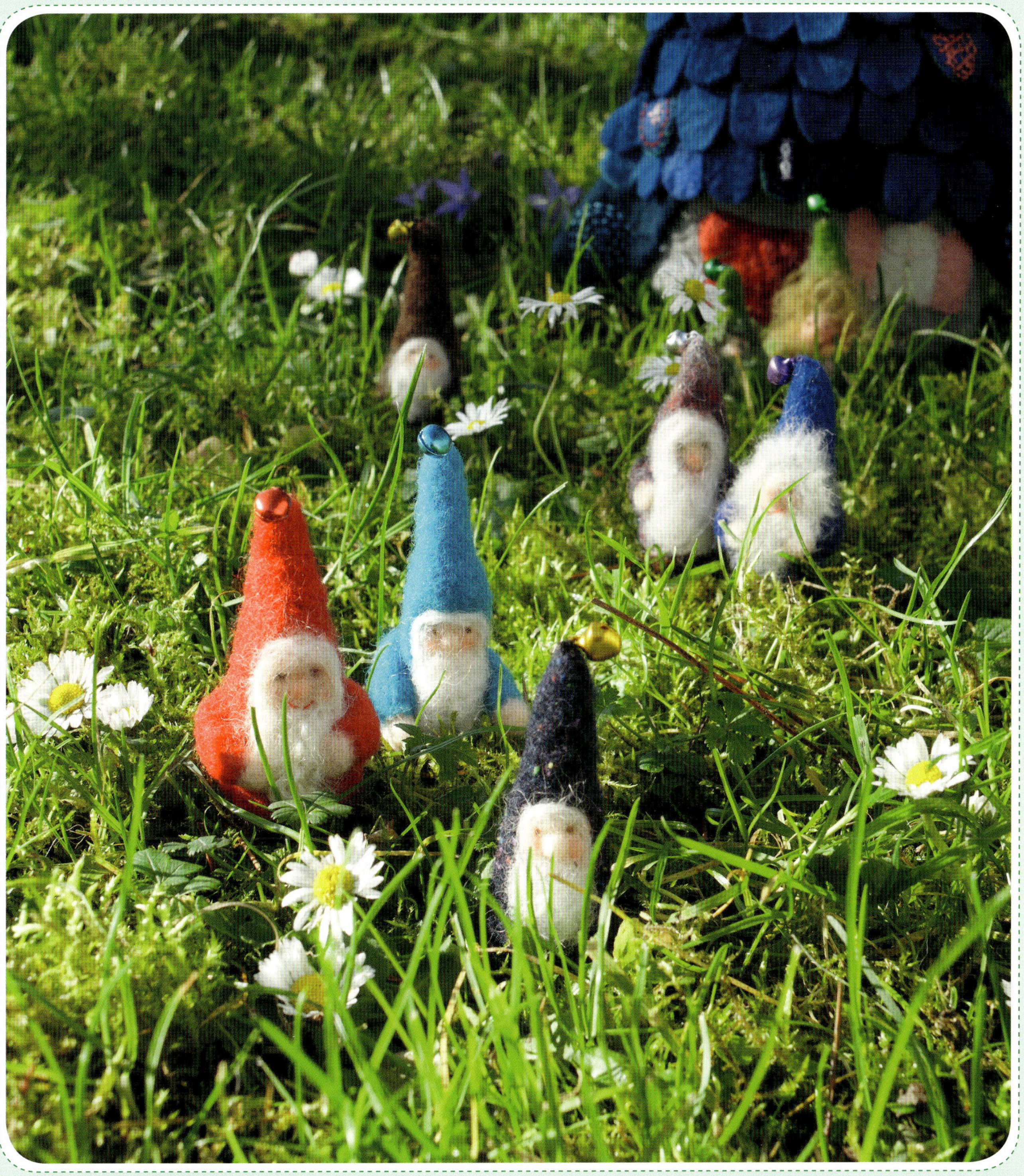

Tipp

Wird mit den genadelten Zwergen viel gespielt, empfiehlt es sich, Pantoffeln, Arme etc. anzunähen statt sie nur mit der Filznadel zu befestigen.

Arme

6. Für die beiden Arme legen Sie jeweils ein Stück bunter Schafwolle zunächst zu einem kleinen Viereck.
7. Klappen Sie die Kanten des Vierecks sauber um.
8. Legen Sie das ungenadelte Ende einer Hand auf das Viereck dann rollen Sie dieses straff auf.
9. Nadeln Sie das Ganze in die gewünschte Armform.
10. Die beiden Arme werden nun auf Höhe der Schultern des Zwergs festgenadelt oder aufgenäht.

Pantoffeln

11. Für die Pantoffeln ziehen Sie jeweils eine kleine Flocke aus der dunkelbraunen Schafwolle und verknoten sie zweimal in der Mitte.
12. Klappen Sie die abstehenden Enden von links und rechts über den doppelten Knoten
13. Nun nadeln Sie diese Kugel in eine längliche Pantoffelform. Die abstehenden Enden verdichten Sie ebenfalls mit der Filznadel zu einer dünnen Sohle.
14. Die Pantoffeln werden dann an der Unterseite des Zwerges angenadelt oder angenäht.

Haare und Bart

15. Zuletzt bekommt der Zwerg noch Bart und Haare. Lassen Sie Ihrer Fantasie freien Lauf – der Bart kann ordentlich oder eher wild und struppig sein.

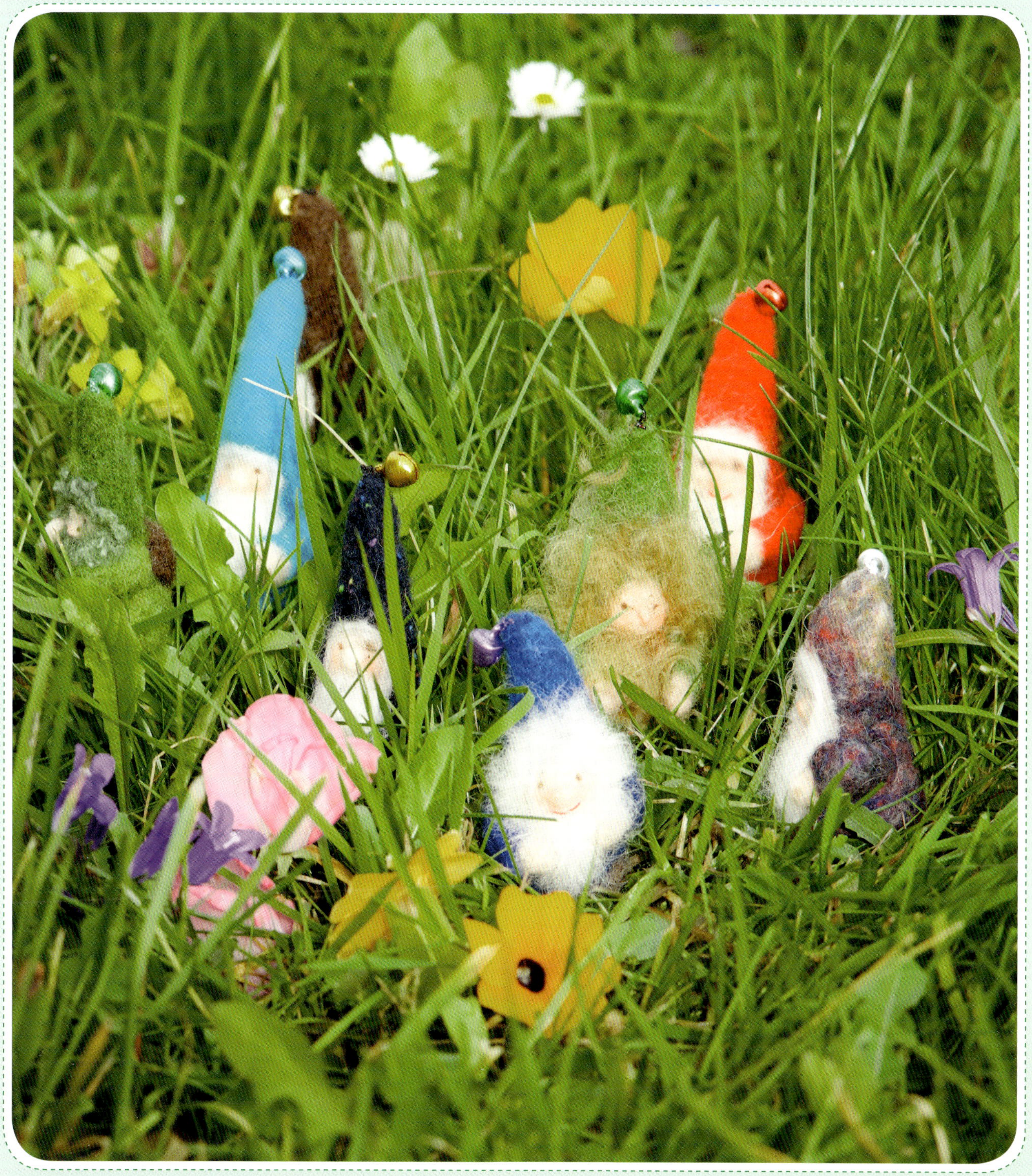

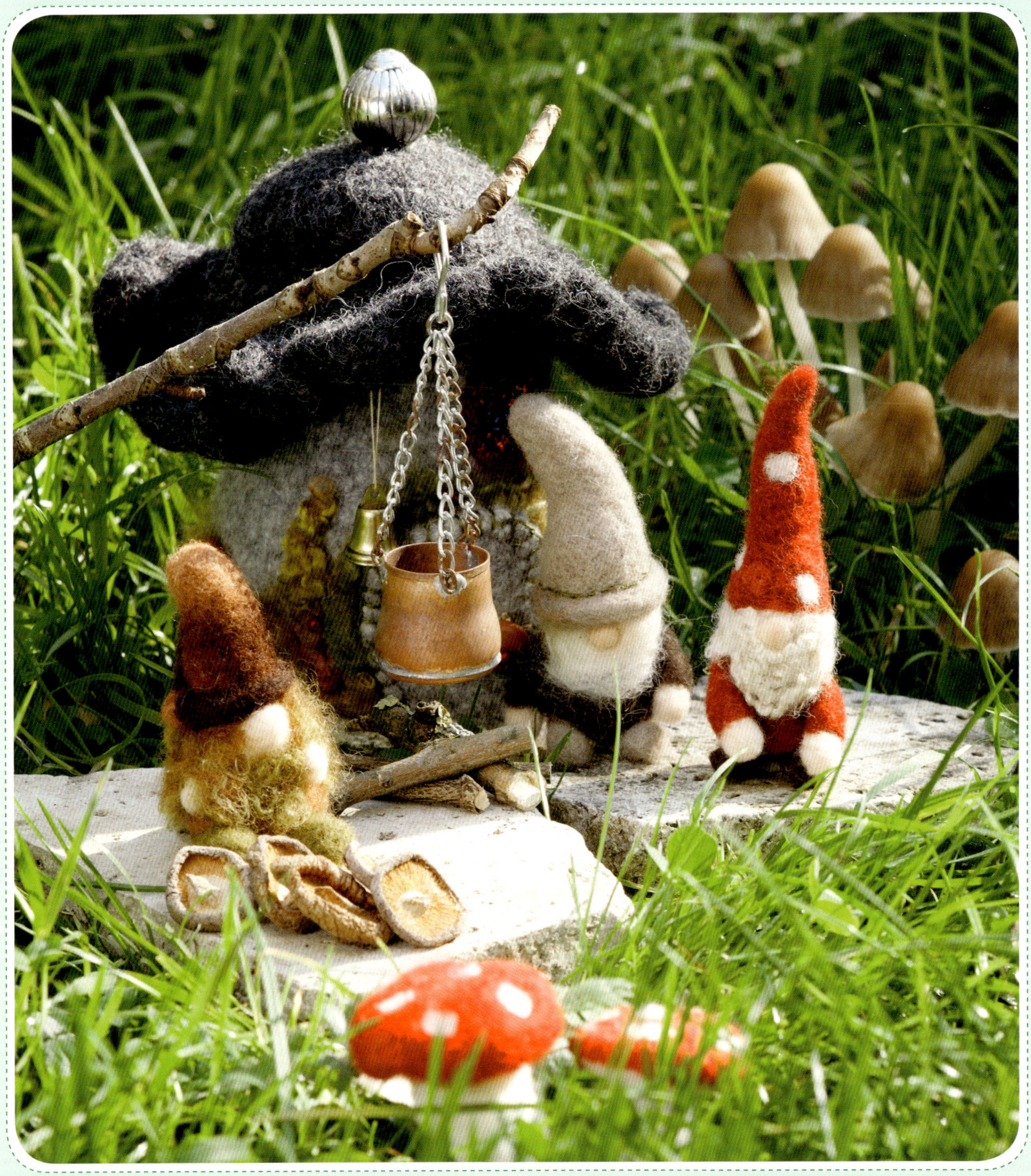

Pilzzwerg

Dieser Zwerg baut auf dem zuvor beschriebenen Glöckchenzwerg mit Armen und Pantoffeln auf.

Anleitung

Körper

1. Fertigen Sie den Zwerg an, wie ab Seite 108 beim Glöckchenzwerg mit Armen und Pantoffeln beschrieben. Jedoch wird bei diesem Zwerg der kegelförmige Körper oben nicht als Mütze spitz zulaufend genadelt. Nadeln Sie stattdessen die Oberseite rund, da der Pilzzwerg eine extra Mütze bekommt.
2. Die Nase des Zwergs machen Sie etwas größer als bei den Glöckchenzwergen (siehe Abschnitt «Nadelgefilzter Kopf» im Kapitel «Ausgestalten des Kopfes» ab Seite 59).

Mütze

3. Fertigen Sie die Mütze an, wie es im Kapitel «Nadelgefilzte Mütze» ab Seite 64 beschrieben ist.
4. Die Mütze wird dem Zwerg so auf den Kopf genadelt, dass sie auch die Augen bedeckt.
5. Zuletzt nadeln Sie Haare und Bart an. Bei diesem Zwerg können Sie den Bart fast übers ganze Gesicht verteilen, so kommt die Knollennase noch besser zum Vorschein.

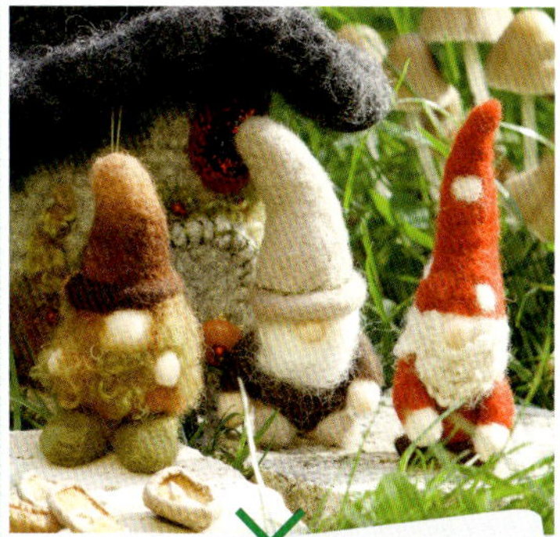

Name: Goddi, Gorin und Gottri
Größe: Höhe ca. 8 cm
Technik: Nadelfilzen
Besondere Merkmale: Knollennase, tiefsitzende Mütze, große Füße

Material

- 10 g bunte, ungesponnene Schafwolle für Körper, Arme und Mütze
- evtl. 1 Flocke ungesponnene weiße Schafwolle für die Mütze (Punkte)
- 1 Flocke beige ungesponnene Schafwolle für Gesicht und Hände
- 1 Flocke dunkelbraune Schafwolle für die Pantoffeln
- 1 Flocke Löckchenwolle für Haare und Bart

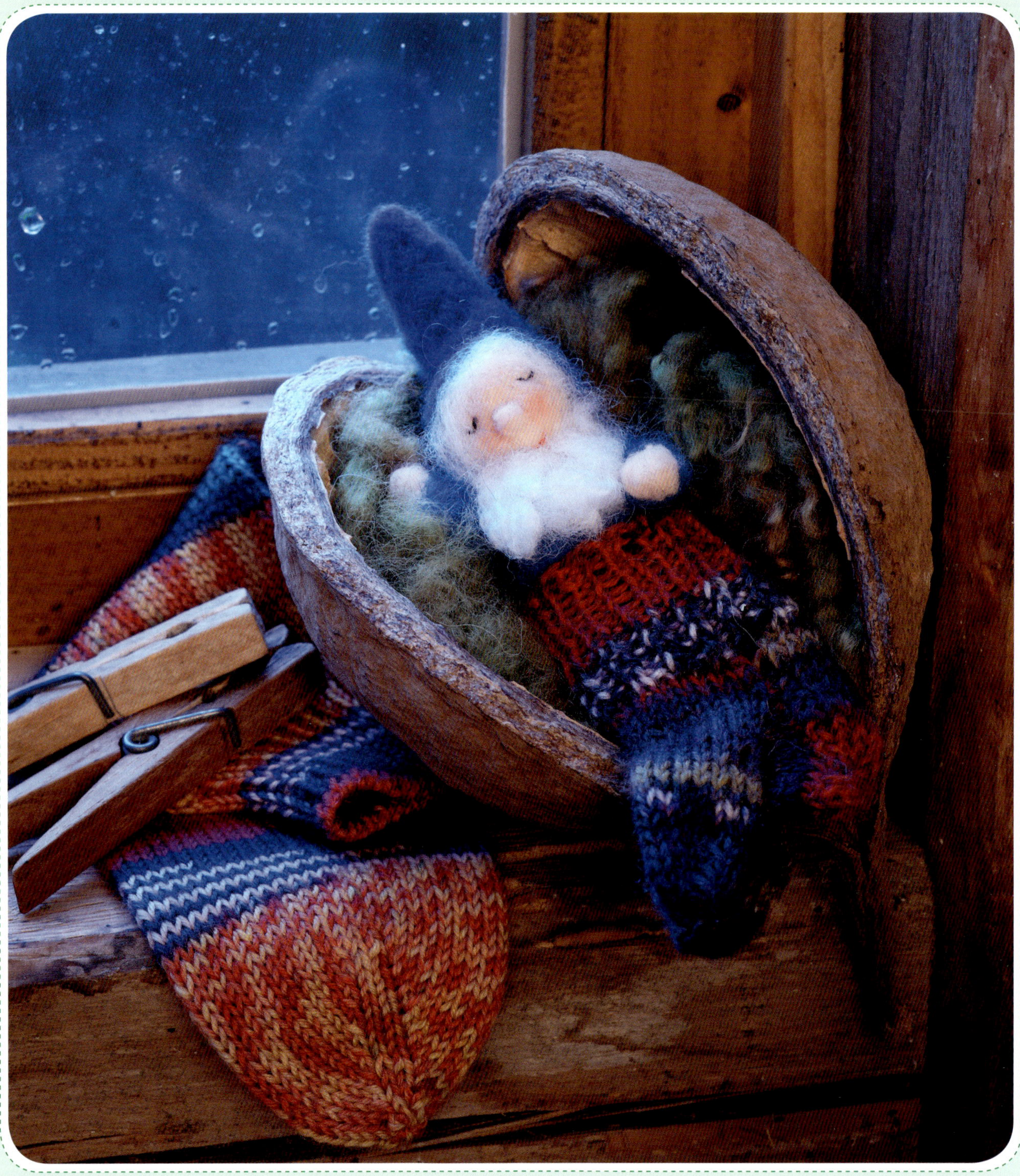

Sockenklauzwerg

Anleitung

Kopf

Der Kopf wird wie im Kapitel «Herstellen des Kopfs mit Hals in Nadelfilztechnik» (Seite 56) hergestellt.
Die Kopfgröße beträgt 6 cm. Hierfür benötigen Sie 1,2 g Schafwolle.
Für die Nase dieses Zwerges wird eine kleine Schafwollflocke zu einer Kugel gewickelt und diese auf das Gesicht genadelt.

Körper

Der Körper besteht aus einem Gestell aus Pfeifenputzern. Dazu verwenden Sie drei Pfeifenputzer, einen für die Arme und zwei für die Beine (siehe auch Foto auf Seite 116).

1. Knicken Sie den Armpfeifenputzer in der Mitte ab.
2. Rechts und links von dieser Mitte wickeln Sie das obere Ende der beiden Beinpfeifenputzer fest um den Armpfeifenputzer.
3. Für den Körper drehen Sie die beiden Beinpfeifenputzer unterhalb der Arme dreimal fest ineinander. Nun haben Sie das Grundgerüst.
4. Kürzen Sie die Pfeifenputzer auf die richtige Länge, die Arme auf insgesamt 10 cm, die Beine auf jeweils 9,5 cm.
5. Ziehen Sie die am Kopf herabhängende Schafwolle auseinander und legen Sie das Pfeifenputzergestell dazwischen.
6. Zur Stabilität binden Sie das Ganze unter den Armen und dann kreuzförmig über die Schultern mit einem stabilen Faden fest ab.
7. Das Pfeifenputzergestell wird mit hautfarbenem Schafwoll-

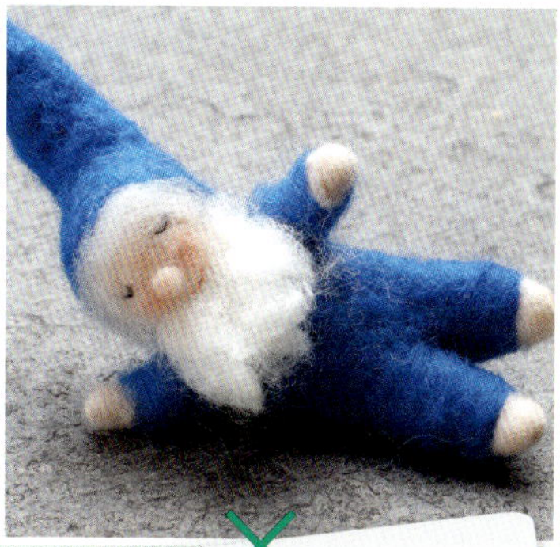

Name: Hannes
Größe: Höhe ca. 15 cm mit Mütze
Technik: Nadelfilzen
Besondere Merkmale: kann ohne seine Socke nicht schlafen, ist immer müde

Material

- Schafwollvlies in Hautfarbe für den Körper
- Schafwollvlies in beliebiger Farbe für den Anzug
- Wollflocken für den Bart
- Nähfäden für Augen und Mund
- Pfeifenputzer
- kleiner Puppen- oder Kindersocken
- eventuell Samenkapsel einer Buddah Nut, Moos und grüne Lockenwolle als Schlafecke für den Zwerg

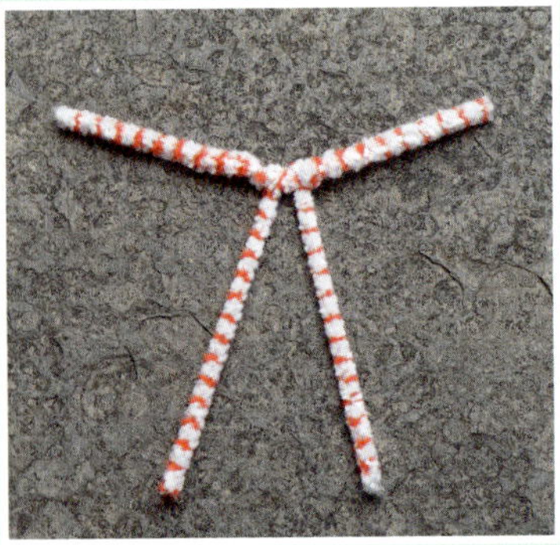

vlies umwickelt. Ziehen Sie dazu das Vlies in kleine Stränge und umwickeln Sie damit einmal das gesamte Gestell fest.

8. Messen Sie nun an den Enden der Arme und Beine jeweils 1 cm ab und schlagen Sie die Enden um. Dieser Umschlag dient zur Verbreiterung der Hände und Füße. Er verhindert auch, dass sich der Pfeifenputzer später aus den Händen und Füßen durchbohrt.

9. Umwickeln Sie nun das gesamte Gestell ein weiteres Mal.

Anzug

Für den Anzug umwickeln Sie den Körper circa zweimal in der von Ihnen gewünschten Farbe mit dem farbigen Schafwollvlies. Je straffer Sie wickeln, desto weniger müssen Sie anschließend nadelfilzen. Achten Sie hierbei darauf, den Körper möglichst gleichmäßig zu umwickeln.

Verfestigen Sie den Anzug mit der Filznadel. Stechen Sie dabei wegen der Pfeifenputzer vorsichtig ein.

Mütze

Fertigen Sie die Mütze wie auf Seite 64 im Kapitel «Verschiedene Mützen» beschrieben in Nadelfilztechnik.

Zuletzt nadeln Sie Ihrem Zwerg Haare, Bart und Mütze auf und besticken das Gesicht mit Augen und Mund gemäß der Beschreibung im Kapitel «Ausgestalten des Kopfs» ab Seite 59.

Bauernhofzwerge

Anleitung

Kopf

Fertigen Sie einen nadelgefilzten Kopf entsprechend der Beschreibung auf Seite 56 im Kapitel «Herstellen des Kopfs mit Hals in Nadelfilztechnik». Der Kopfumfang beträgt 10 cm. Hierfür benötigen Sie circa 3 g Schafwolle.

Körper und Kleider

1. Fertigen Sie ein Pfeifenputzergestell, wie es beim Schneckenpostillion auf Seite 101 beschrieben ist. Der Armpfeifenputzer hat eine Länge von 16 cm inklusive je 1 cm Umschlag für die Hände. Die Beinpfeifenputzer haben eine Länge von jeweils 10,5 cm.
2. Umwickeln Sie dieses Gestell, wie ebenfalls beim Schneckenpostillion dargestellt.
3. Umwickeln Sie das Oberteil und die Hose je zweimal mit Märchenwolle in der von Ihnen gewünschten Farbe.
4. Nadeln Sie alles fest um Ihren Zwerg.
5. Damit die Hose etwas plastischer wirkt, nadeln Sie auch immer wieder den Hosenaufschlag mit.
6. Den Bauch können Sie mit zusätzlicher Wolle extra dick aufnadeln, ebenso den Po.
7. Am Ärmelrand können Sie noch als Aufschlag eine kleine Rolle Schafwolle auffilzen. Auch ein Jäckchen lässt sich je nach Geschmack auffilzen.
8. Für die Daumen wickeln Sie eine kleine hautfarbene Schafwollrolle und verdichten diese mit der Filznadel bis auf das untere Ende des kleinen Daumens. An diesem losen Ende nadeln Sie den Daumen seitlich an der Hand fest.

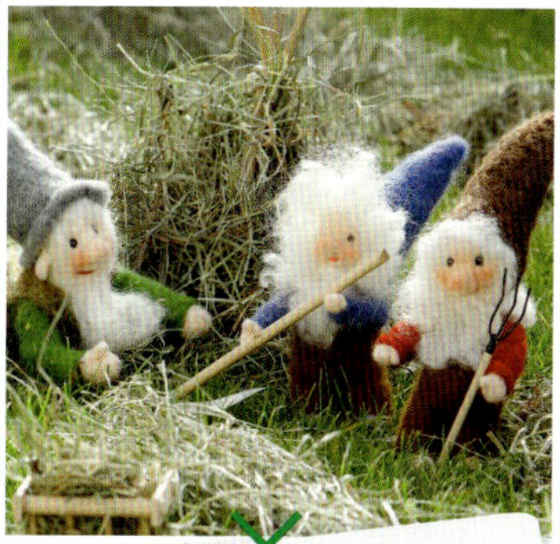

Name: Nick, Mick und Muck
Größe: Höhe inklusive Mütze ca. 20 cm
Technik: Nadelfilzen
Besondere Merkmale: Zwerge mit Daumen, haben ihre Arbeitsgeräte immer dabei

Material

- Schafwollvlies in Hautfarbe
- bunte Märchenwolle für die Kleider
- Lockenwolle für Haare und Bart
- Pfeifenputzer
- eventuell Holzschuhe, 3,5 – 4 cm lang

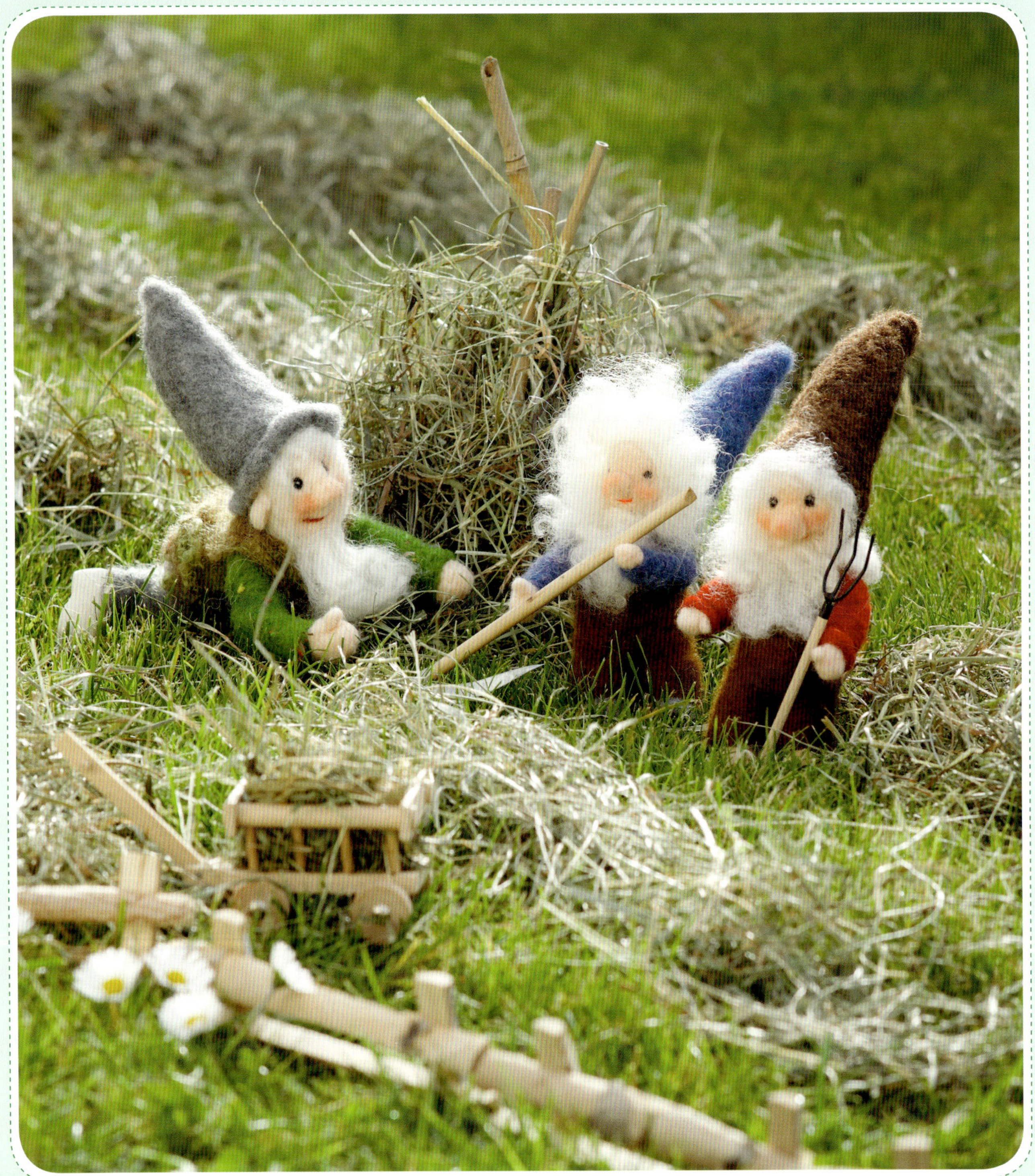

Schuhe

Für die Schuhe können Sie entweder Holzschuhe verwenden oder den Fuß mit Schafwollvlies zwei- bis dreimal umwickeln und festnadeln.

Die Holzschuhe werden mit Bastelkleber am Fuß befestigt. Danach gut austrocknen lassen.

Fertigstellung

1. Nähen oder nadeln Sie Haare und Bart aus Lockenwolle auf.
2. Fertigen Sie eine nadelgefilzte Mütze, wie auf Seite 64 im Kapitel «Verschiedene Mützen» beschrieben, und nähen oder nadeln Sie sie Ihrem Zwerg auf den Kopf.
3. Nun können Sie dem Bauernhofzwerg noch ein passendes Werkzeug in die Hand geben – in Bastel- oder Spielwarenläden zu erhalten, wenn Sie nicht selbst eines anfertigen möchten.

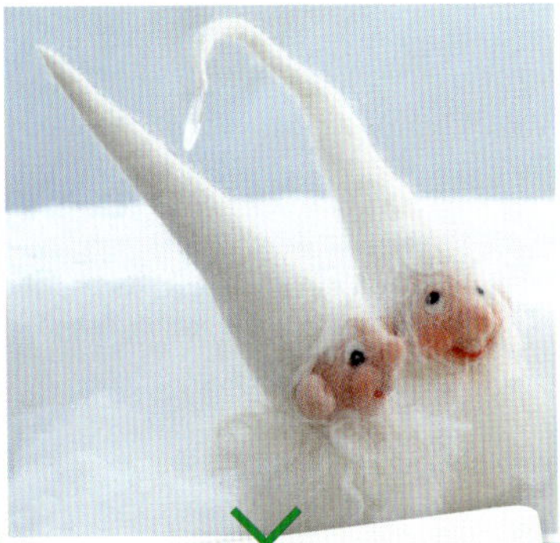

Name: Tis und Tus
Größe: Höhe bis zur Mütze ca. 7,5 cm, bis zur Mützenspitze ca. 18 cm
Technik: Nadel- und Nassfilzen
Besondere Merkmale: Kugelbauch und große Ohren, sehr lange Mützen

Material

- weiße, ungesponnene Schafwolle für Körper und Mütze
- hautfarbene, ungesponnene Schafwolle für den Kopf
- 1 Flocke bunte, ungesponnene Schafwolle für die Punkte auf der Mütze
- Lockenwolle für Haare und Bart
- eine Perle für die Mütze

Kleine Schneezwerge

Anleitung

Kopf

1. Fertigen Sie aus 2,5 g der hautfarbenen Schafwolle einen Kopf ohne Hals mit einem Umfang von 10 cm an, wie im Kapitel «Herstellen des Kopfs ohne Hals in Nadelfilztechnik» auf Seite 55 beschrieben. Die Ohren und Augen sind im Kapitel «Ausgestalten des Kopfes» ab Seite 59 beschrieben.

Körper

2. Fertigen Sie aus 10 g weißer Schafwolle eine Kugel mit einem Umfang von 16 cm.
3. Nadeln Sie die Standfläche der Kugel flach.
4. Legen Sie eine dünne Extraschicht weißer Schafwolle auf, die nur leicht angenadelt wird, sodass eine schneeflockenartige Oberfläche entsteht.
5. Der Kopf wird dann auf dem Körper festgenäht.

Mütze

6. Stellen Sie die Mütze, wie im Kapitel «Hohlkörperfilzen …» ab Seite 49 beschrieben her, indem Sie in Nassfilztechnik über dem Zeigefinger filzen. Hierzu benötigen Sie 3 g weißer Schafwolle. Wollen Sie den Zipfel der Mütze, so wie auf dem Bild hier, etwas verlängern, ziehen Sie die Spitze der Mütze etwas in die Länge und fangen Sie an, ihn durch Hin- und Herrollen zu verfestigen, sobald sich Ihr Filzstück etwas verfilzt hat.
7. Probieren Sie die Mütze immer wieder auf. Je nach Dicke des Zeigefingers ziehen Sie die Mütze entweder am unteren Rand etwas auseinander oder walken ihn etwas enger.

Alternative

8. Stellen Sie die Mütze anstelle des Filzens über dem Finger aus 1,5 g weißer Schafwolle in Schablonentechnik her. Die Beschreibung hierzu findet sich im Kapitel «Schablonentechnik oder Hohlkörperfilzen für Mützen» ab Seite 49.

9. Nadeln oder nähen Sie die Bart- und Kopfhaare auf.
10. Zuletzt nadeln oder nähen Sie die Mütze am Kopf fest.

Tis und Tus, die kleinen Winterzwerge:
Mütze in Originalgröße

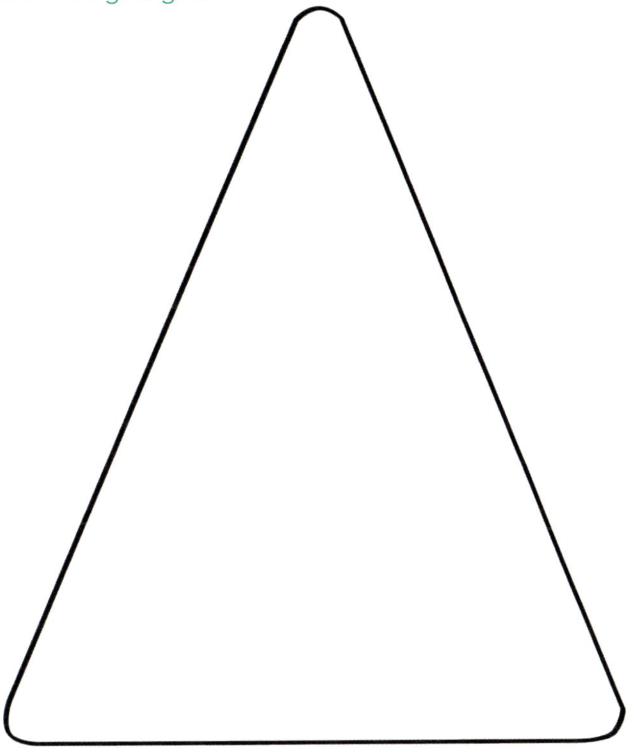

Genähte Zwerge

Gute-Laune-Zwerge

Auch diese Zwerge und ihre Häuschen können Sie gemeinsam mit Ihren Kindern herstellen.

Anleitung für die Häuser

1. Schneiden Sie für das Dach den Filz gemäß dem Schnittmuster zweimal zu. Sie können die Form Ihres Daches beliebig wählen, ich habe zwei Möglichkeiten als Vorlage auf Seite 126 und 127 für Sie vorbereitet. Wichtig ist, dass das Dach am Ende auf den verwendeten Topf passt.
2. Nähen Sie die beiden Dachhälften mit Knopflochstichen zusammen.
3. Wollen Sie Dachziegeln anbringen, schneiden Sie diese aus Filz aus und kleben sie – am unteren Rand beginnend – auf das Dach auf.
4. Als Haus eignen sich Anzuchttöpfchen besondes gut. Diese können Sie mit Filz bespannen, mit Packpapier und Kleister bekleben oder nach Herzenslust «streichen».
5. Kleben Sie nun das Dach auf das «Topfhaus» (den Topf umdrehen) auf und lassen Sie es trocknen.
6. Zum Schluss verzieren und bemalen Sie das Häuschen so, wie es Ihnen und Ihren Kindern gefällt.

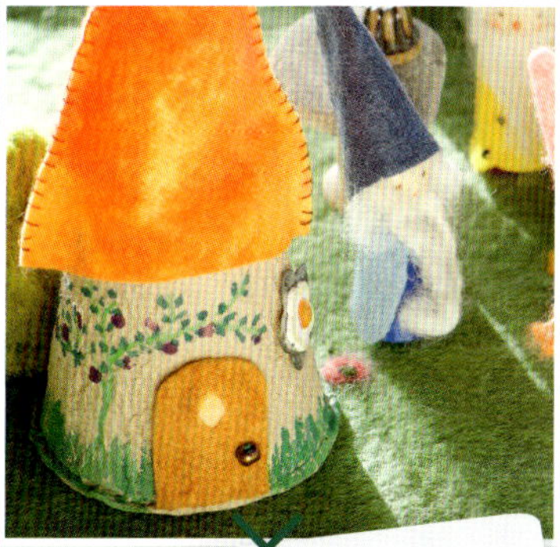

Größe: Höhe ca. 7 cm, Durchmesser ca. 8 cm
Technik: Malen, Schneiden, Kleben, Nähen

Material für die Häuschen

- Anzuchttöpfe aus der Gartenabteilung des Baumarkts (gibt es in verschiedenen Größen)
- Filzreste für Dach, Türen, Fenster
- Knöpfe oder Perlen für Fenster und Türen
- Wasserfarben
- Bastelkleber

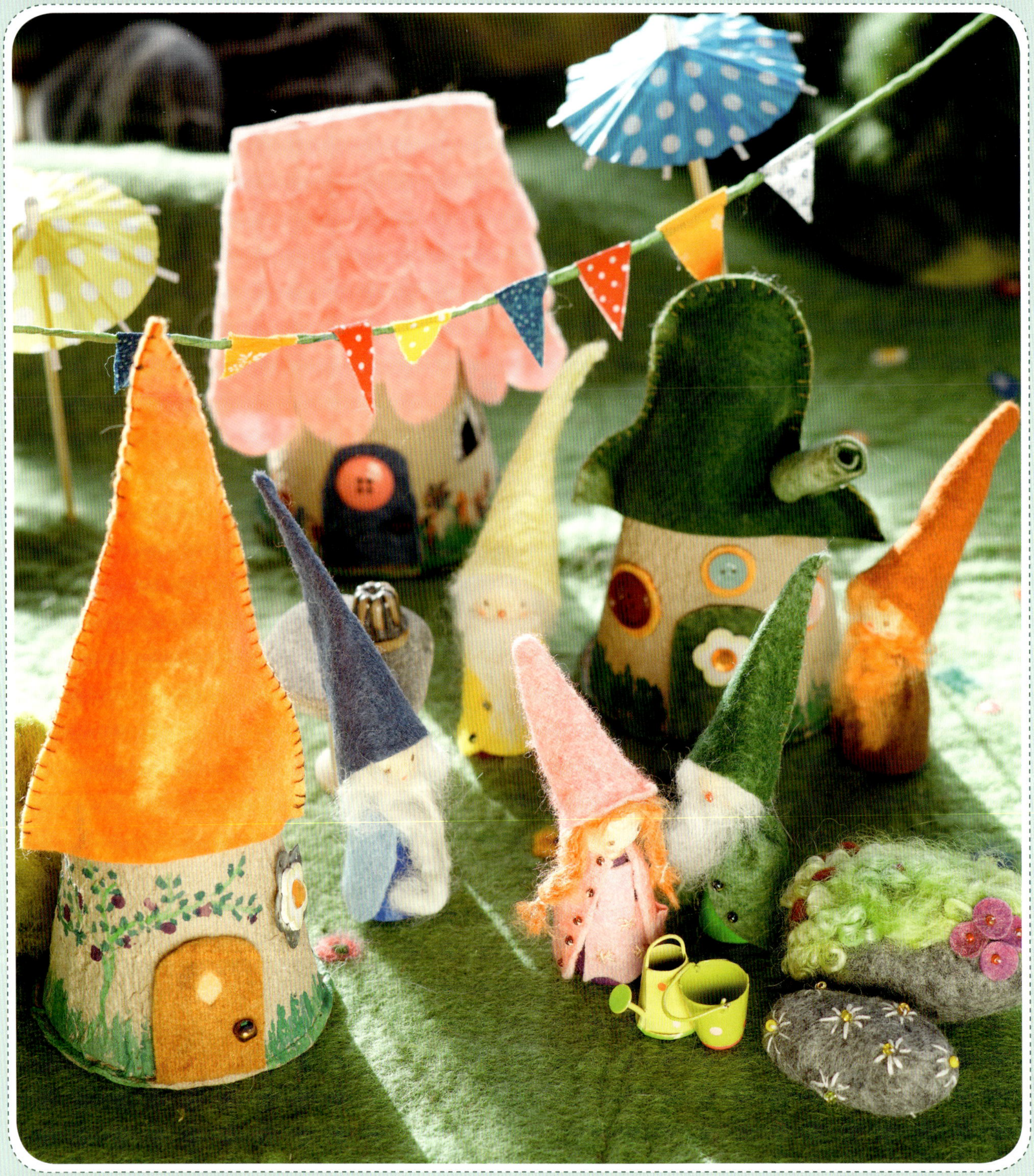

Anleitung für die Zwerge

1. Bemalen Sie den Körper der Holzkegel mit Wasserfarben.
2. Schneiden Sie aus Filz den Umhang entsprechend dem Schnittmuster auf Seite 126 und die Taschen (optional) aus.
3. Ziehen Sie am oberen Rand des Umhangs einen Kräuselfaden ein und ziehen Sie diesen zu.
4. Nähen Sie die Taschen mit Knopflochstichen auf.
5. Kleben Sie Haare und Bart mit Bastelkleber am Körper an.
6. Schneiden Sie aus Filz die Zipfelmütze aus. Hierzu probieren Sie vorher den Schnitt aus. Sollte der Zwerg sehr voluminöse Haare haben, müssen Sie den Schnitt etwas verbreitern.
7. Nähen Sie die Zipfelmütze mit Knopflochstichen zusammen und kleben Sie sie auf den Kopf.
8. Malen Sie das Gesicht mit angefeuchteten Buntstiften auf. Die Nase kann auch aus einer kleinen roten Perle gemacht werden.
9. Je nach Belieben kann der Umhang noch mit Perlen als Knöpfen verziert werden.

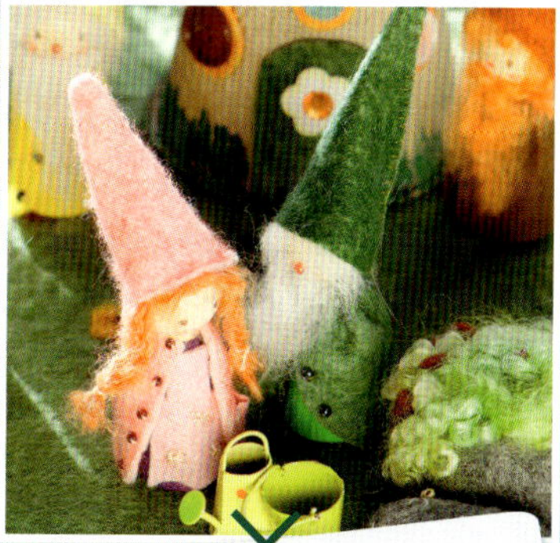

Name: Frida, Magnus, Hugo, Pucki und Lars
Größe: Höhe ca. 6 cm ohne Mütze
Technik: Nähen
Besondere Merkmale: mögen es bunt, sehr lange Zipfelmützen

Material für die Zwerge

- Rohholz Figurenkegel, Höhe 6 cm, Durchmesser 2,3 cm (erhältlich in verschiedenen Größen und Durchmessern)
- Filzreste
- Schafwolle für Bärte und Haare
- eventuell kleine rote Perlen als Nasen
- Wasserfarben
- Bastelkleber

Gute-Laune-Zwerge: Hausdächer und Kleidung in Originalgröße

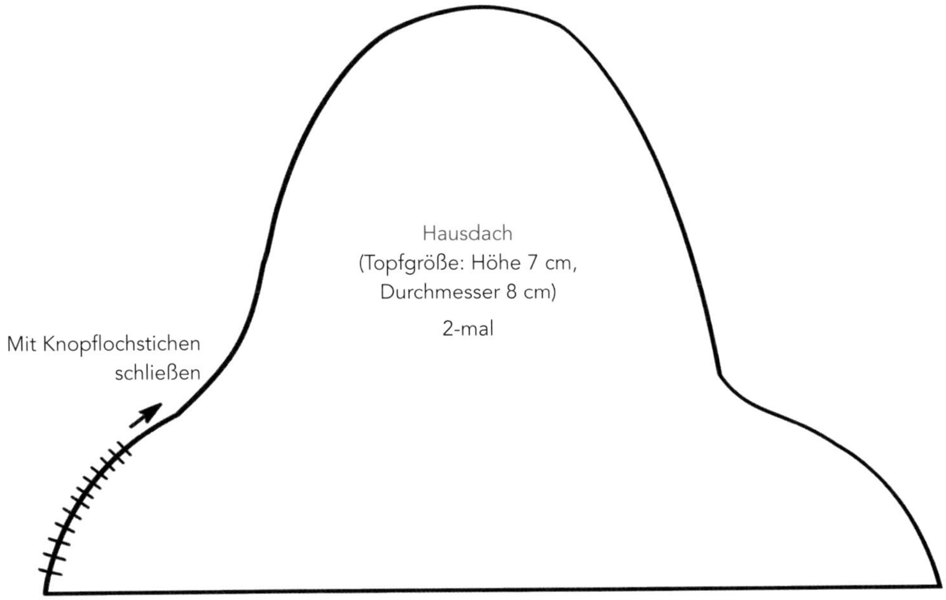

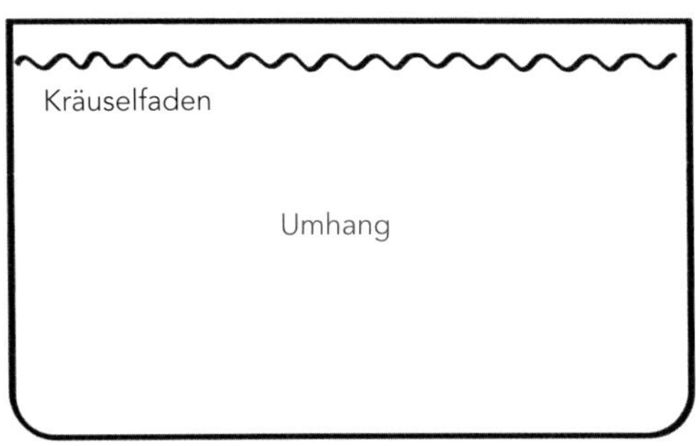

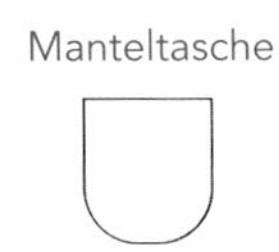

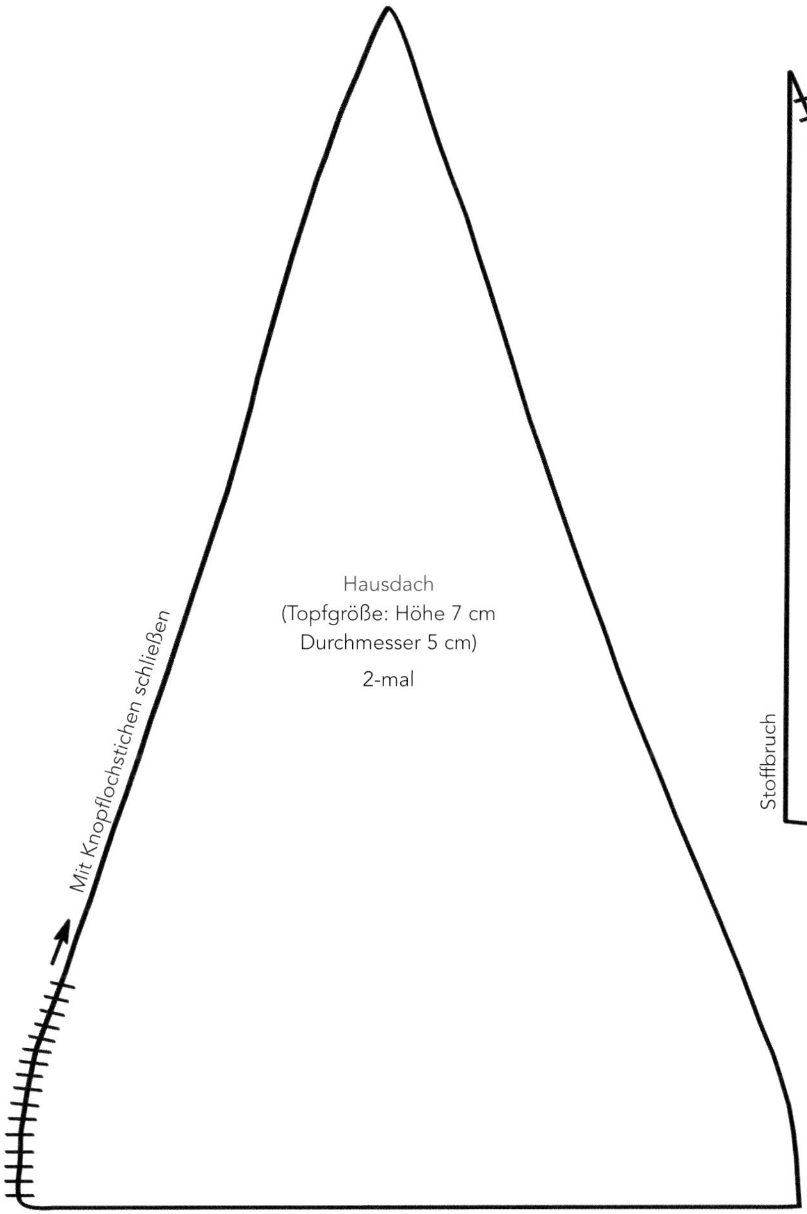
Hausdach
(Topfgröße: Höhe 7 cm
Durchmesser 5 cm)
2-mal
Mit Knopflochstichen schließen

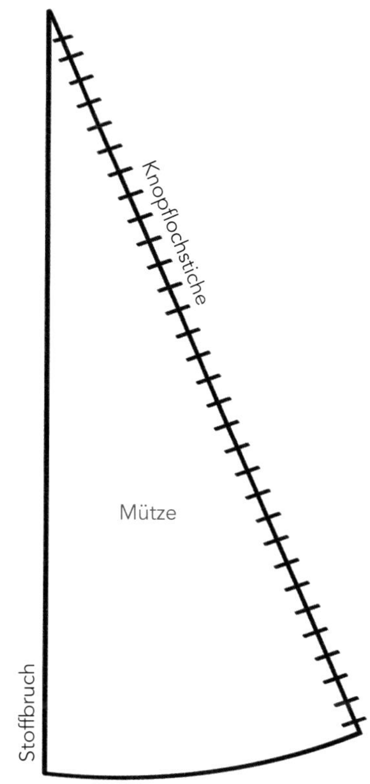
Mütze
Knopflochstiche
Stoffbruch

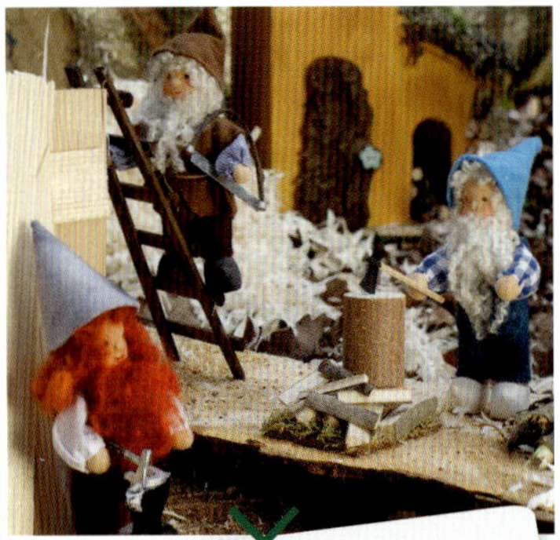

Name: Erik, Silas und Ubbo
Größe: Höhe ca. 15 cm
Technik: Nähen
Besondere Merkmale: tragen gerne Holzschuhe, sind sehr fleißig, wollen ständig etwas verändern

Material
- Schafwollvlies in Hautfarbe
- Pfeifenputzer
- Nähgarn
- Nadeln
- verschiedene Baumwollstoffe für die Hemden
- verschiedenfarbige Filzreste für Hosen, Schürzen etc.
- Lockenwolle oder Schafwollvlies für Haare und Bärte
- Bleischuhe (2 cm lang) oder Holzschuhe (3 cm lang)
- eventuell Leukoplast

Handwerkerzwerge

Anleitung

Kopf

Fertigen Sie einen Kopf von 7 cm Umfang, wie im Kapitel «Gestalten eines Trikotkopfs» ab Seite 57 beschrieben. Hierzu benötigen Sie ca. 1,2 g hautfarbenes Schafwollvlies

Körper und Hose

Der Körper besteht aus einem Gestell aus Pfeifenputzern, über das die Kleider angezogen werden.

1. Nehmen Sie drei Pfeifenputzer, einen für die Arme, zwei für die Beinchen.
2. Die Pfeifenputzer für die Beine knicken Sie in der Mitte um und hängen Sie in die Mitte des Armpfeifenputzers.
3. Die Beinchen werden unter den Armen jeweils ein- bis dreimal fest ineinander verdreht (siehe Foto auf Seite 129).
4. Nun kann man darüber das aufgeklappte Kopfteil stülpen und mit einem stabilen Faden zuerst unter den Armen und dann kreuzförmig um die Schultern wickeln.
5. Kürzen Sie nun den Armpfeifenputzer auf eine Länge von insgesamt 11 – 12 cm. Dann werden die Enden jeweils 1 cm umgebogen. Dies verhindert, dass sich die spitzen Enden durch den darübergezogenen Trikot bohren. Die Arme sollten bis kurz über den Kopf reichen, wenn Sie sie hochbiegen.
6. Nun wird zunächst die Hose genäht, um die Länge der Beine richtig bemessen zu können.
7. Schneiden Sie die Hose nach dem Schnittmuster auf Seite 133 aus Filz aus.

8. Klappen Sie die Hose so zusammen, dass die zwei Beine aufeinanderliegen, und nähen Sie zuerst die rückwärtige Naht bis zum Beinansatz.
9. Vernähen Sie den Faden und klappen Sie die Hose so, dass die rückwärtige Naht hinten in der Mitte liegt und die zwei Beine zusammengeklappt nebeneinander vor Ihnen liegen.
10. Nähen Sie nun jeweils die Innennaht der Beine zusammen.
11. Wenden Sie die Hose und schieben Sie vorsichtig in die Hosenbeine einen Kugelschreiber o.Ä., um diese gleichmäßig rund zu formen.
12. Für die Träger der Latzhose schneiden Sie zwei schmale Filzstreifen zu und befestigen sie an der Vorderseite der Hose mit kleinen Stichen.
13. Ziehen Sie die Hose über das Pfeifenputzergestell und legen Sie die Träger am Rücken über Kreuz und kürzen Sie sie auf die richtige Länge. Sie werden erst nach dem endgültigen Anziehen der Hose festgenäht.
14. Jetzt entscheiden Sie, wie weit Sie die Beine des Zwergs kürzen wollen. Für die Maße der Beinlänge müssen Sie entscheiden, welche Art Schuhe Ihr Zwerg bekommen soll. Bei Bleischuhen kürzen Sie die Beinpfeifenputzer so weit, dass sie mit der Unterkante der Hosenbeine abschließen. Bei Holzschuhen geben Sie zusätzlich 1,5 cm zu. Danach ziehen Sie die Hose wieder aus.
15. Nun umwickeln Sie Ihr ganzes Pfeifenputzergestell dünn mit hautfarbener Schafwolle. Ziehen Sie dazu das Schafwollvlies in kleine Stränge und umwickeln Sie damit einmal das gesamte Gestell fest. Bei Verwendung von Bleischuhen wird der Teil des Pfeifenputzers, der in den Bleischuh ragt, mit Leukoplast dünn umwickelt.

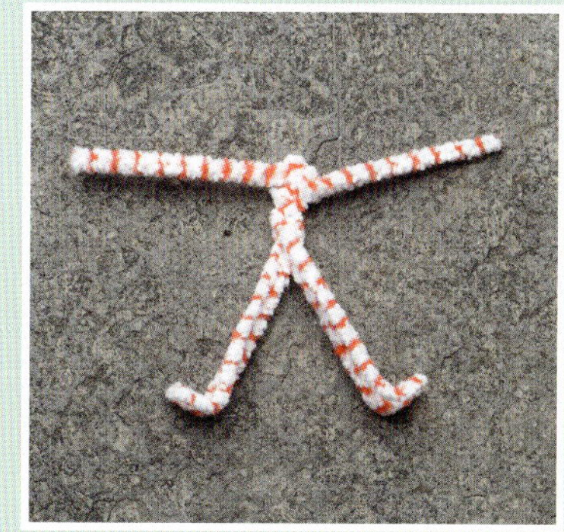

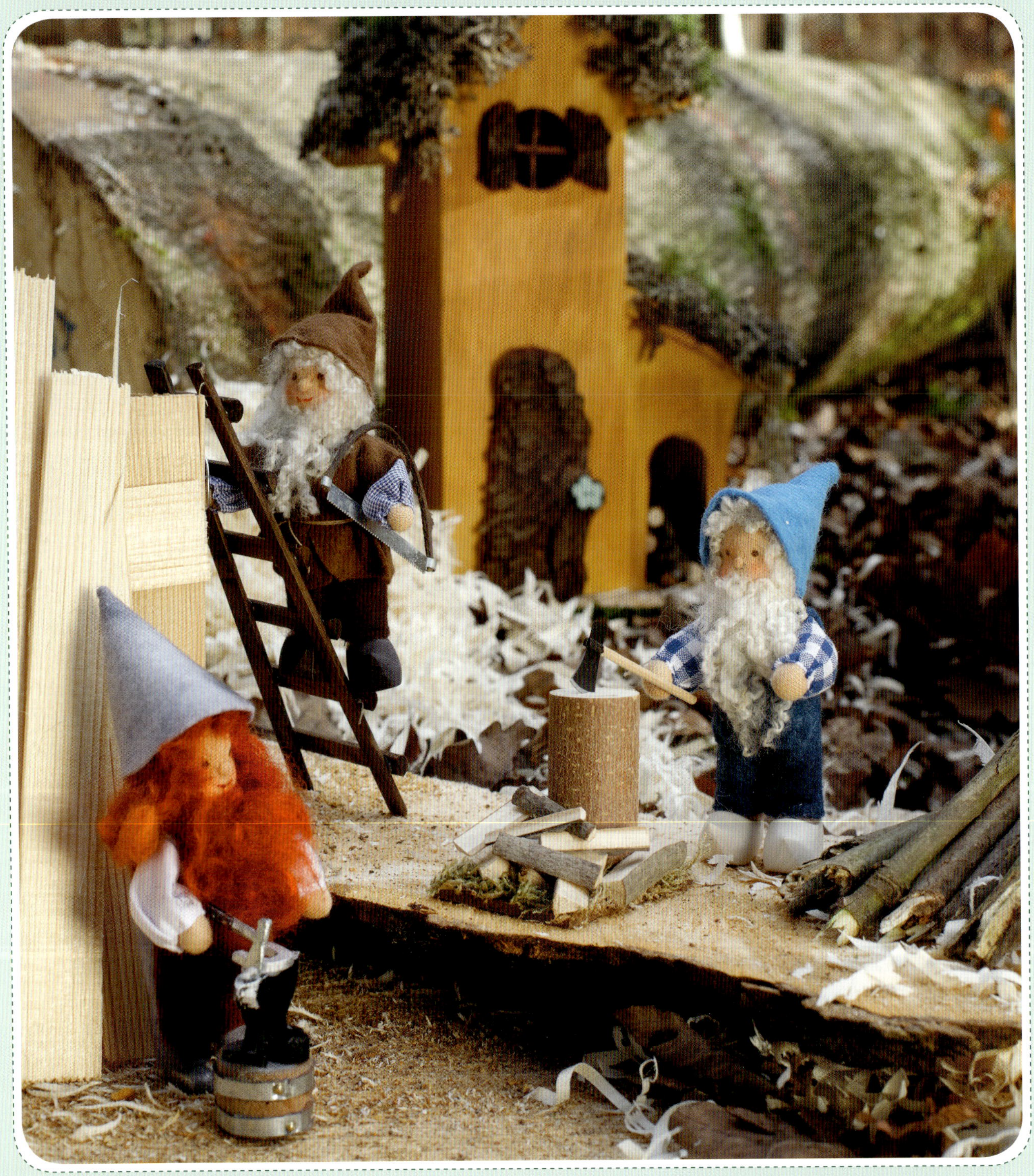

Arme und Hände

1. Um die umgebogenen Enden der Arme wird je eine Flocke ungesponnener Schafwolle als Händchen gewickelt. Vorsicht, diese Flocke fest wickeln und in sich nicht verdrehen. Sollte sie dabei abreißen, einfach wieder darüberlegen und weiterwickeln. Die Schafwolle verhakt sich wieder ineinander.
2. Sollte Ihnen diese Methode schwerfallen, können Sie das Umwickeln etwas erleichtern. Biegen Sie das umgebogene Teil des Pfeifenputzers wieder auf und umwickeln Sie es kurz vor und kurz nach dem Knick dünn mit Schafwolle. Danach klappen Sie ihn wieder zusammen und umwickeln das Ganze noch einmal ganz dünn mit Schafwolle. Der Vorteil hierbei ist, dass die Schafwolle vorne nicht vom Pfeifenputzer rutschen kann, sollte sie nicht ganz fest gewickelt sein.
3. Die beiden Hände (siehe Schnittmuster auf Seite 133, Fadenlauf beachten, senkrechtes Maschenbild) werden aus einem zusammengelegten Stück Trikot hergestellt. Sie werden zuerst genäht und dann erst ausgeschnitten. Verwenden Sie zum Nähen einen farblich passenden Faden, da man die Stiche immer etwas sieht. Nach unten werden die Hände etwas weiter, so vereinfacht sich später das Wenden. Nach dem Nähen wird der Stoff gewendet und mit einem Kugelschreiber o.Ä. geweitet. Die so vorgefertigten Händchen werden nun über die umwickelten Pfeifenputzerenden gezogen und etwa auf Höhe des Ellenbogens fest mit Nähfaden umwickelt.

Kleidung

Hemd

Schneiden Sie das Hemd aus Baumwollstoff gemäß dem Schnittmuster auf Seite 133 zu und schließen Sie die Seitennähte.

Ziehen Sie oben am Hals und an den Händen einen Kräuselfaden ein. Bei den Ärmeln können Sie, damit der Stoff nicht ausfranst, einen Saum umknicken, bevor Sie den Kräuselfaden einziehen.

Überkittel

Der Kittel wird gemäß dem Schnittmuster auf Seite 133 aus Filz ausgeschnitten und später mit einem dicken Faden als Gürtel um den Bauch zusammengebunden.

Schürze

Die Schürze wird gemäß dem Schnittmuster aus Filz ausgeschnitten. Für die Träger schneiden Sie zwei schmale Filzstreifen zu, die Sie oben an der Schürze festnähen. Nach dem Anziehen werden diese Träger auf die richtige Länge geschnitten und an den unteren Schürzenbändern angenäht. Auf die Schürze, das Hemd, die Hose und Mütze des Schmiedezwergs Erik sind mit etwas schwarzem Buntstift Flecken aufgemalt, um das Handwerk des Zwergs hervorzuheben.

Mütze

Die Mütze wird gemäß dem Schnittmuster aus Filz ausgeschnitten und zusammengenäht.

Fertigstellung

1. Ziehen Sie Ihrem Zwerg die Kleider an.
2. Nähen Sie aus Lockenwolle oder Schafwollvlies Haare und Bart an und nähen Sie die Mütze auf.
3. Die Schuhe werden mit Kleber an den Beinen befestigt. Verwenden Sie Bleischuhe, so füllen Sie einen Tropfen Heißkleber in den Schuh und schieben Sie das Pfeifenputzerende hinein. Für die Holzschuhe wird das Pfeifenputzerende zunächst um 1,5 cm rechtwinklig nach vorne umgebogen, dann der Holzschuh angezogen und der Schuh mit Bastelkleber gefüllt. Lassen Sie den Bastelkleber gut trocknen.
4. Zuletzt wird noch das Gesicht des Zwergs gestaltet. Verfahren Sie hierzu, wie im Kapitel «Ausgestalten des Kopfes» im Abschnitt «Trikotkopf» ab Seite 62 beschrieben.

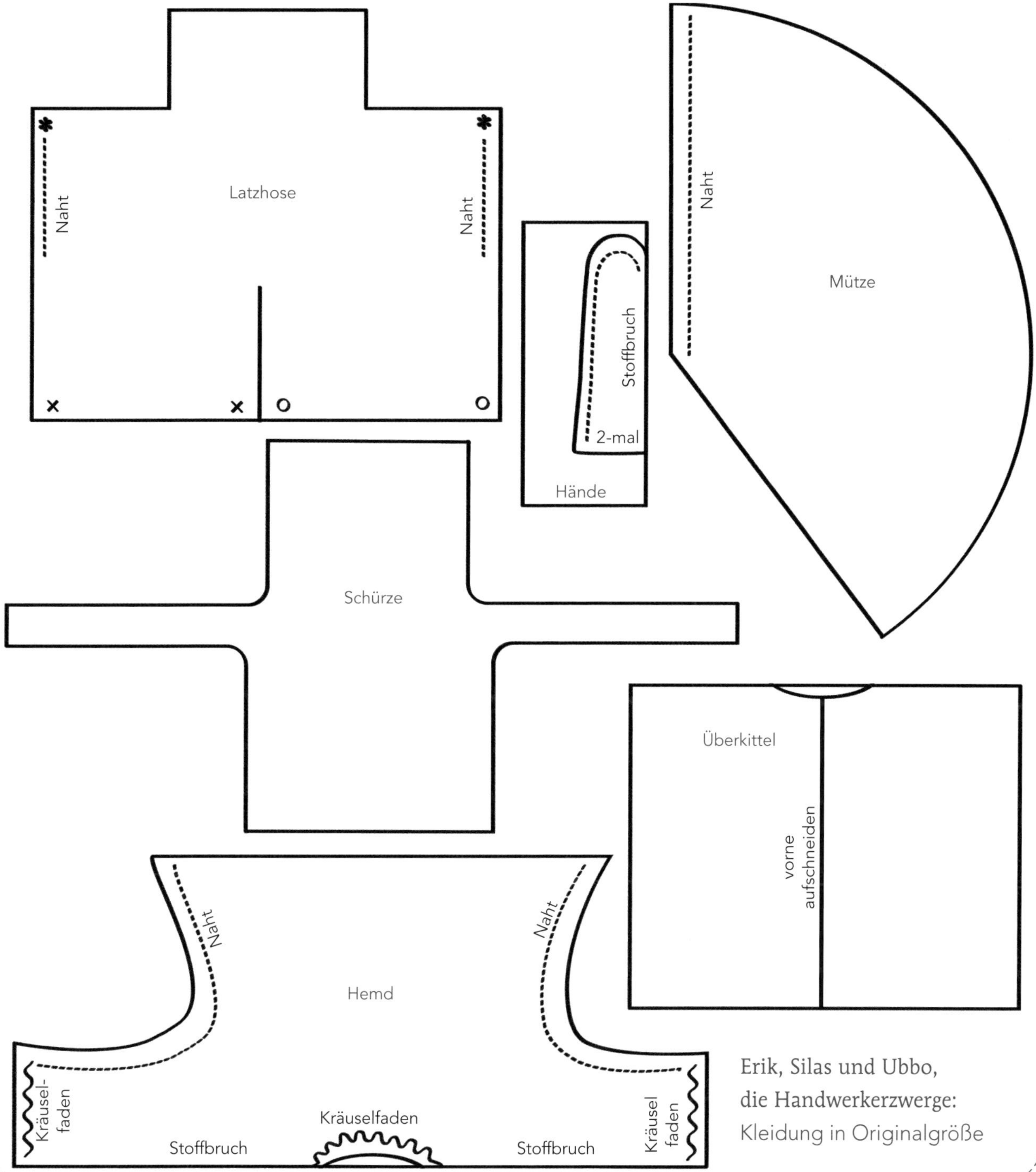

Erik, Silas und Ubbo,
die Handwerkerzwerge:
Kleidung in Originalgröße

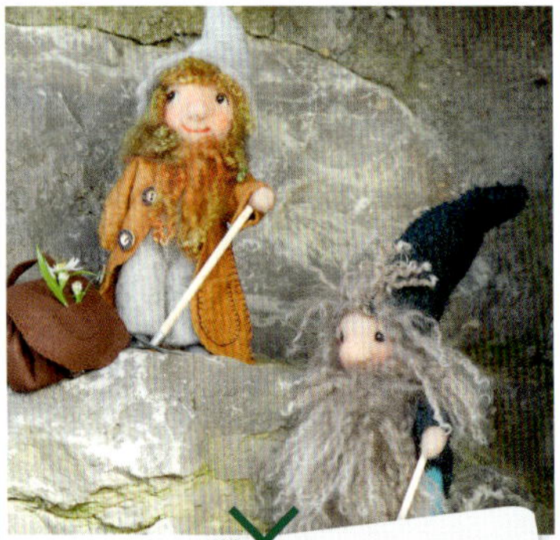

Name: Jonte und Jan
Größe: Höhe mit Mütze ca. 26 cm
Technik: Nähen
Besondere Merkmale: auffällige Frisuren und Bärte, immer mit dem Rucksack unterwegs

Material

- Schafwollvlies in Hautfarbe
- Schafwolllocken für Haare und Bart
- Pfeifenputzer
- selbst gefilzter Filz, Filzreste oder Stoff für Hose, Mantel und Mütze
- eventuell Knöpfe für den Mantel
- Holzschuhe (4 cm Länge) oder Bleischuhe (3 cm Länge)
- alternativ selbsttrocknende Modelliermasse oder Bienenwachs für die Schuhe

Bergzwerge

Anleitung

Kopf

Fertigen Sie einen nadelgefilzten Kopf von 14 cm Umfang, wie im Kapitel «Herstellen des Kopfs mit Hals in Nadelfilztechnik» auf Seite 56 beschrieben. Hierzu benötigen Sie 8 g Schafwollvlies in Hautfarbe.

Körper

Der Körper besteht aus einem Gestell aus Pfeifenputzern, über das die Kleider angezogen werden. Da der Zwerg recht groß ist, habe ich zur Stabilität mit doppelten Pfeifenputzern und angesetzten Pfeifenputzern gearbeitet

1. Benutzen Sie für die Arme vier Pfeifenputzer.
2. Verdrehen Sie jeweils zwei Pfeifenputzer parallel ineinander.
3. Verdrehen Sie diese beiden ineinander verdrehten Pfeifenputzer an ihren Enden wieder gut ineinander, um so auf eine größere Länge zu kommen. Zur Stabilität umwickeln Sie diese ineinander verdrehten Stellen mit einem Streifen Leukoplast siehe Foto auf Seite 135.
4. Für die Beine verdrehen Sie wieder jeweils zwei Pfeifenputzer ineinander und hängen die oberen Enden in die Mitte der Armpfeifenputzer. Auch diese Stelle wird mit Leukoplast stabilisiert.
5. Die Armpfeifenputzer haben insgesamt eine Länge von 22 cm (inklusive 2 cm Umschlag für die Hände). Verwenden Sie Bleischuhe, so haben die Beinpfeifenputzer eine Länge von 13 cm. Umwickeln Sie hierbei die unteren Enden mit Leukoplast.

Verwenden Sie Holzschuhe, Bienenwachs, Modelliermasse oder gefilzte Schuhe, haben sie eine Länge von 17 cm (inklusive 1 cm Umschlag für die Füße).

6. Ziehen Sie die am Kopf herabhängende Schafwolle auseinander und legen Sie das Pfeifenputzergestell dazwischen.

7. Zur Stabilität binden Sie das Ganze unter den Armen und dann kreuzförmig über die Schultern mit einem stabilen Faden fest ab.

8. Das Pfeifenputzergestell wird nun mit hautfarbenem Schafwollvlies umwickelt. Dazu ziehen Sie das Vlies in kleine Stränge und umwickeln einmal das gesamte Gestell.

9. Messen Sie nun an den Enden der Arme jeweils 2 cm ab und schlagen Sie diese um. Dieser Umschlag dient der Verbreiterung der Hände. Er verhindert zusätzlich, dass sich das spitze Ende des Pfeifenputzers durch die Schafwolle bohrt.

10. Umwickeln Sie nun das gesamte Gestell ein zweites Mal.

11. Für die Schuhe verfahren Sie wie bei den Handwerkerzwergen auf Seite 129, Schritt 15 beschrieben.

Hose

1. Schneiden Sie die Hose gemäß dem Schnittmuster auf Seite 138 aus Filz zu.

2. Klappen Sie die Hose so zusammen, dass die beiden Beine aufeinanderliegen, und schließen Sie die rückwärtige Naht bis zum Beinansatz.

3. Klappen Sie die Hose nun so, dass die rückwärtige Naht hinten in der Mitte liegt und die beiden Hosenbeine zusammengeklappt nebeneinander vor Ihnen liegen.

4. Dann nähen Sie die Innennaht der Beine zusammen und wenden die Hose.

5. Ziehen Sie Ihrem Zwerg die Hose an und kürzen Sie die Hosenträger auf die richtige Länge.

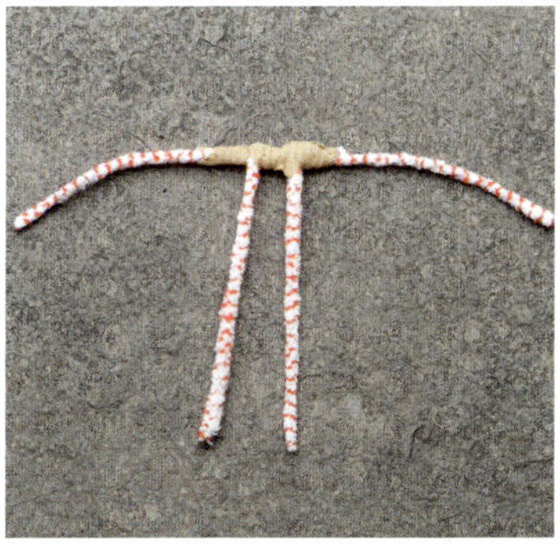

Tipp

Um das Entstehen eines Hohlraums zu vermeiden, wird beim Herstellen des Körpers der Bauch achterförmig mit Schafwollvlies umwickelt.

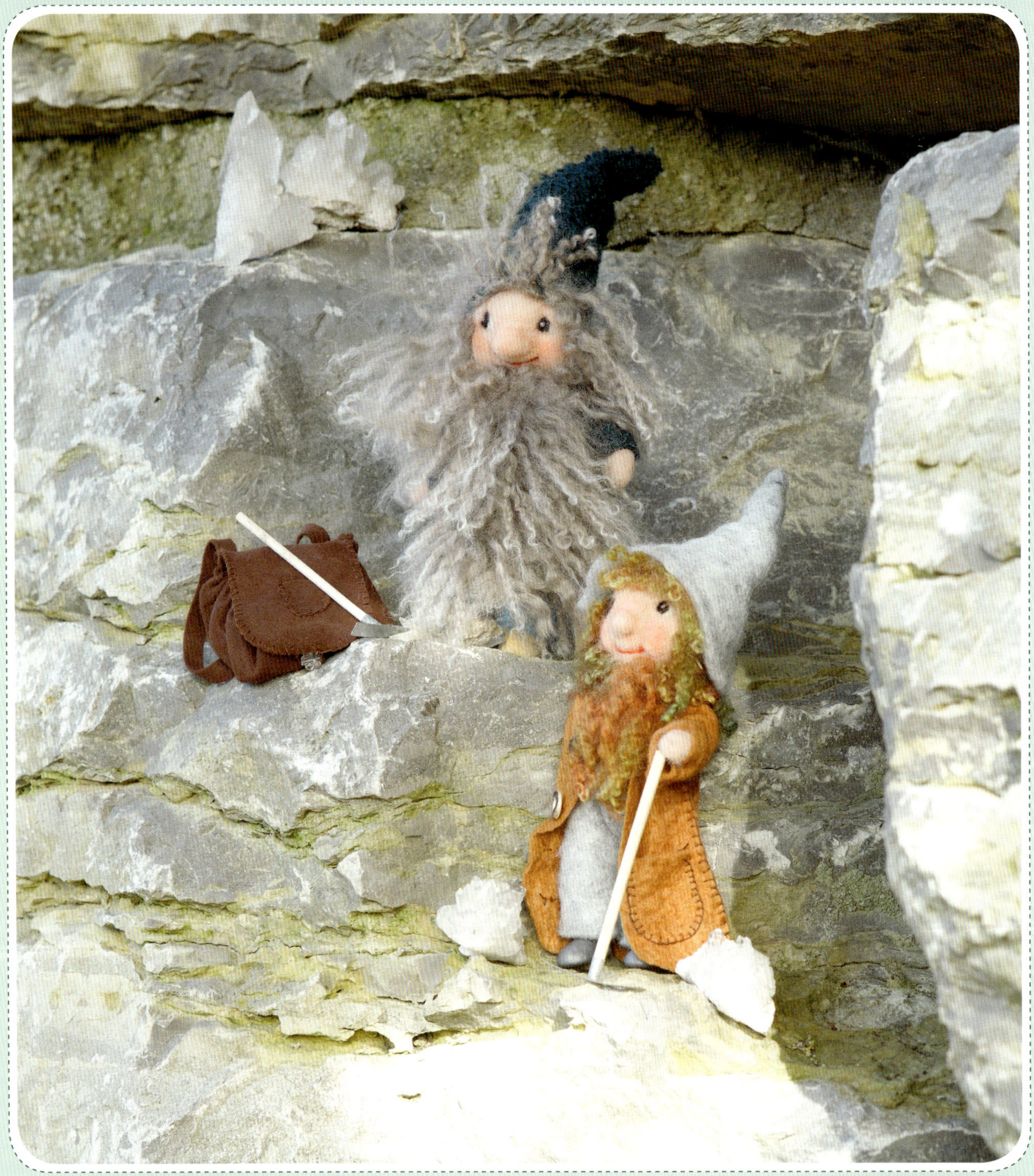

Mantel

1. Schneiden Sie Mantel und Taschen nach dem Schnittmuster auf Seite 138f. aus Filz zu.
2. Nähen Sie den Mantel mit Knopflochstichen zusammen. Auch die Taschen werden mit Knopflochstichen aufgenäht. Eventuell verzieren Sie den Mantel noch mit Knöpfen.

Poncho

1. Alternativ zum Mantel können Sie Ihrem Zwerg auch einen Poncho anziehen.
2. Schneiden Sie dazu den Poncho aus Filz aus und ziehen Sie ihn dem Zwerg über den Kopf.
3. Schließen Sie ihn oben am Halsausschnitt und an den Ärmelenden mit ein paar Stichen.

Fertigstellung

1. Ziehen Sie Ihrem Zwerg nun die Kleider an.
2. Nadeln oder nähen Sie ihm Haare und Bart auf.
3. Gestalten Sie das Gesicht wie im Kapitel «Ausgestalten des Kopfes» ab Seite 59 beschrieben.

Mütze

1. Die Mütze ist aus Filz genäht. Passen Sie dazu das Schnittmuster von Seite 139 dem Kopfumfang Ihres Zwergs an und schließen Sie die rückwärtige Naht.
2. Wenden Sie die Mütze und nähen Sie sie auf dem Kopf fest.

Rucksack

1. Schneiden Sie den Rucksack, die Tasche sowie zwei Träger nach dem Schnittmuster auf Seite 140f. aus Filz aus.
2. Ziehen Sie außen herum zwei Kräuselfäden, wie im Schnitt dargestellt, ein.
3. Nähen Sie vorne auf die Lasche des Rucksacks die kleine Tasche auf.
4. Danach kräuseln Sie den Rucksack ein und befestigen vorne an den Enden des Kräuselfadens jeweils eine kleine Perle. Alternativ können Sie auch einen Knoten in die Enden machen. Dies verhindert, dass der Kräuselfaden beim Öffnen des Rucksacks herausrutschen kann.
5. Nähen Sie zuletzt noch die beiden Träger (2-mal 16 cm lang, 1 cm breit) vorne und hinten am Rucksack an (siehe Schnittmuster auf Seite 140f.).

Jonte und Jan, die Bergzwerge: Kleidung und Mütze in Originalgröße

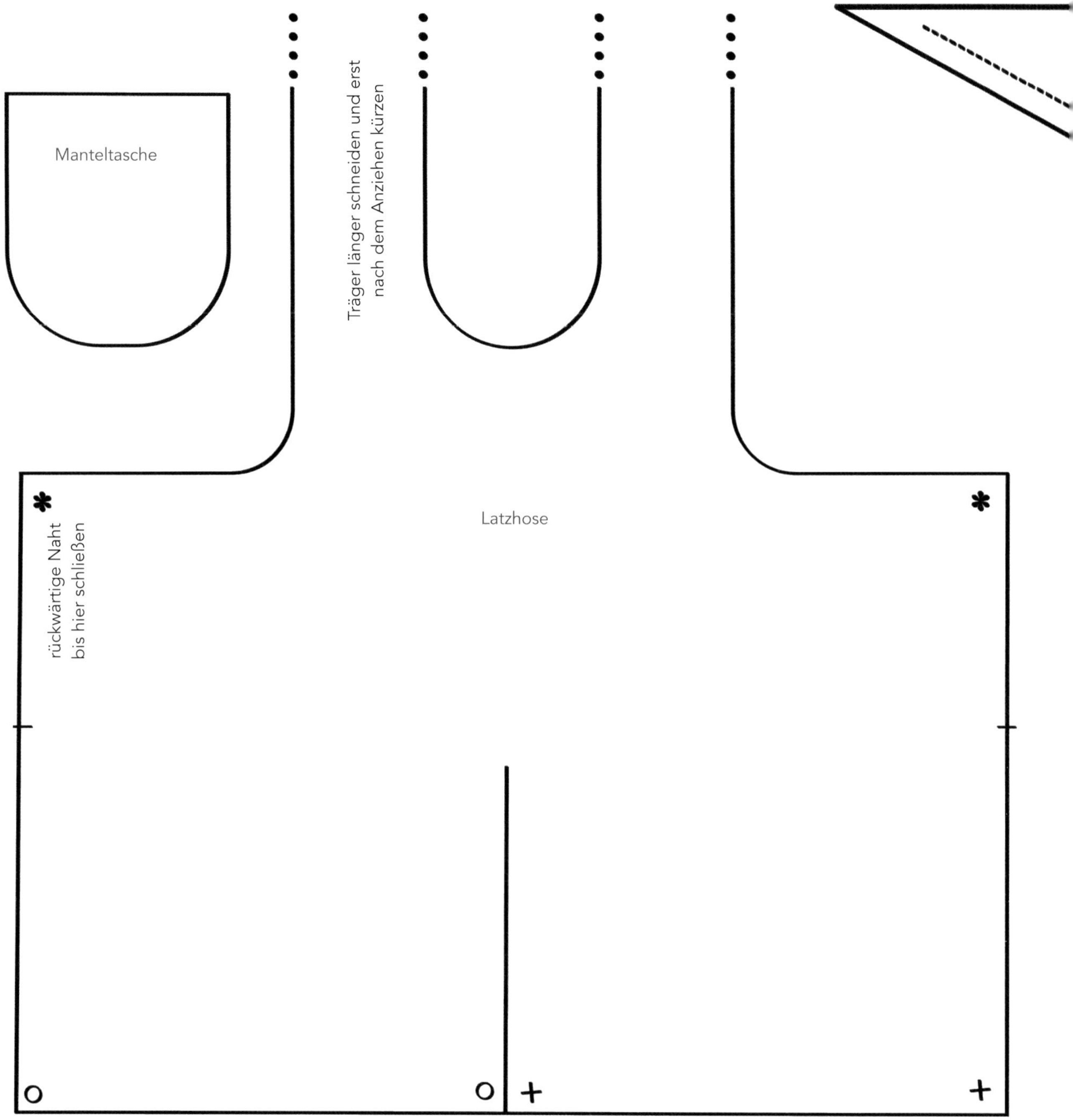

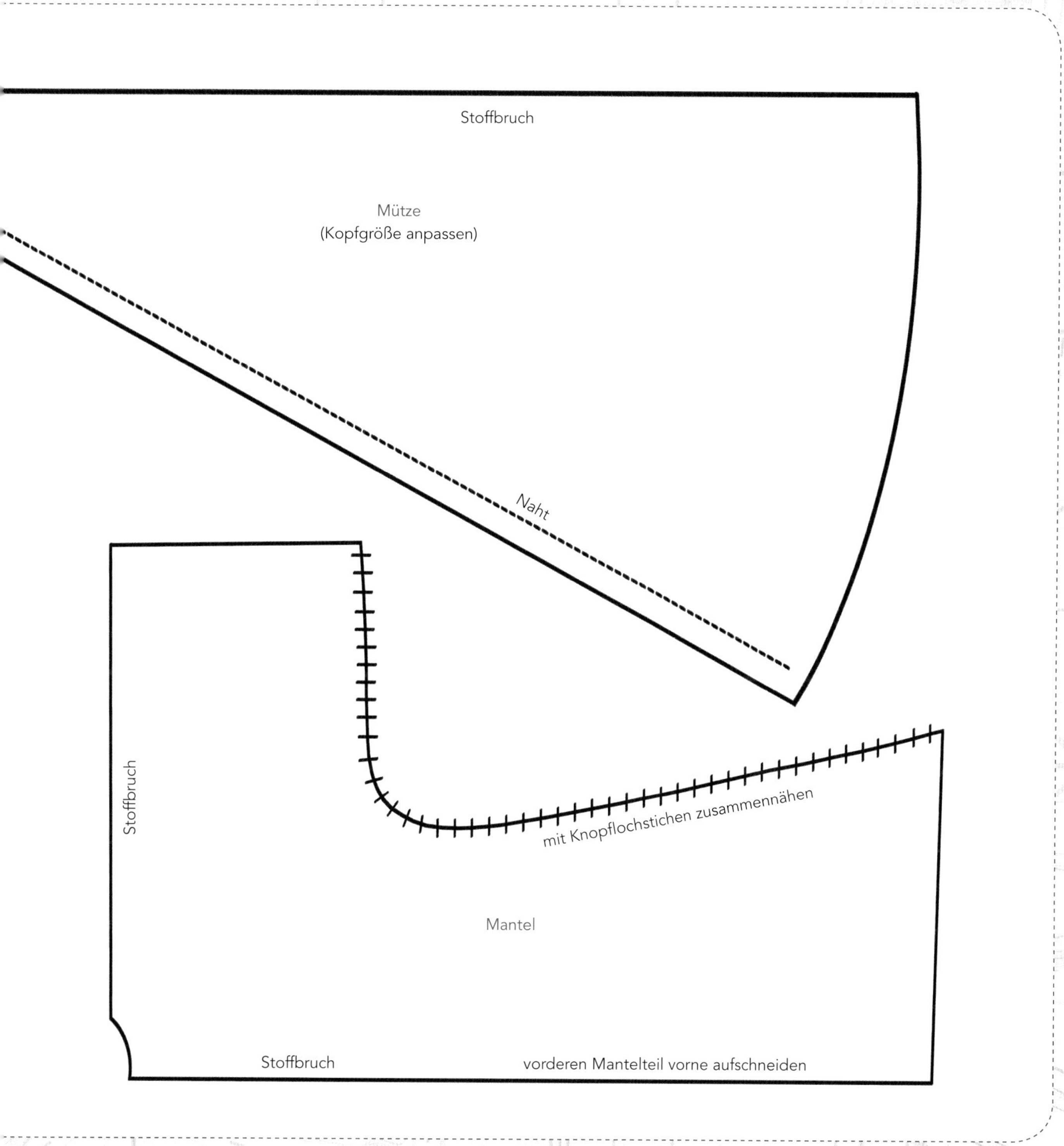
Stoffbruch
Mütze
(Kopfgröße anpassen)
Naht
Stoffbruch
mit Knopflochstichen zusammennähen
Mantel
Stoffbruch
vorderen Mantelteil vorne aufschneiden

Jonte und Jan, die Bergzwerge: Rucksack und Poncho in Originalgröße

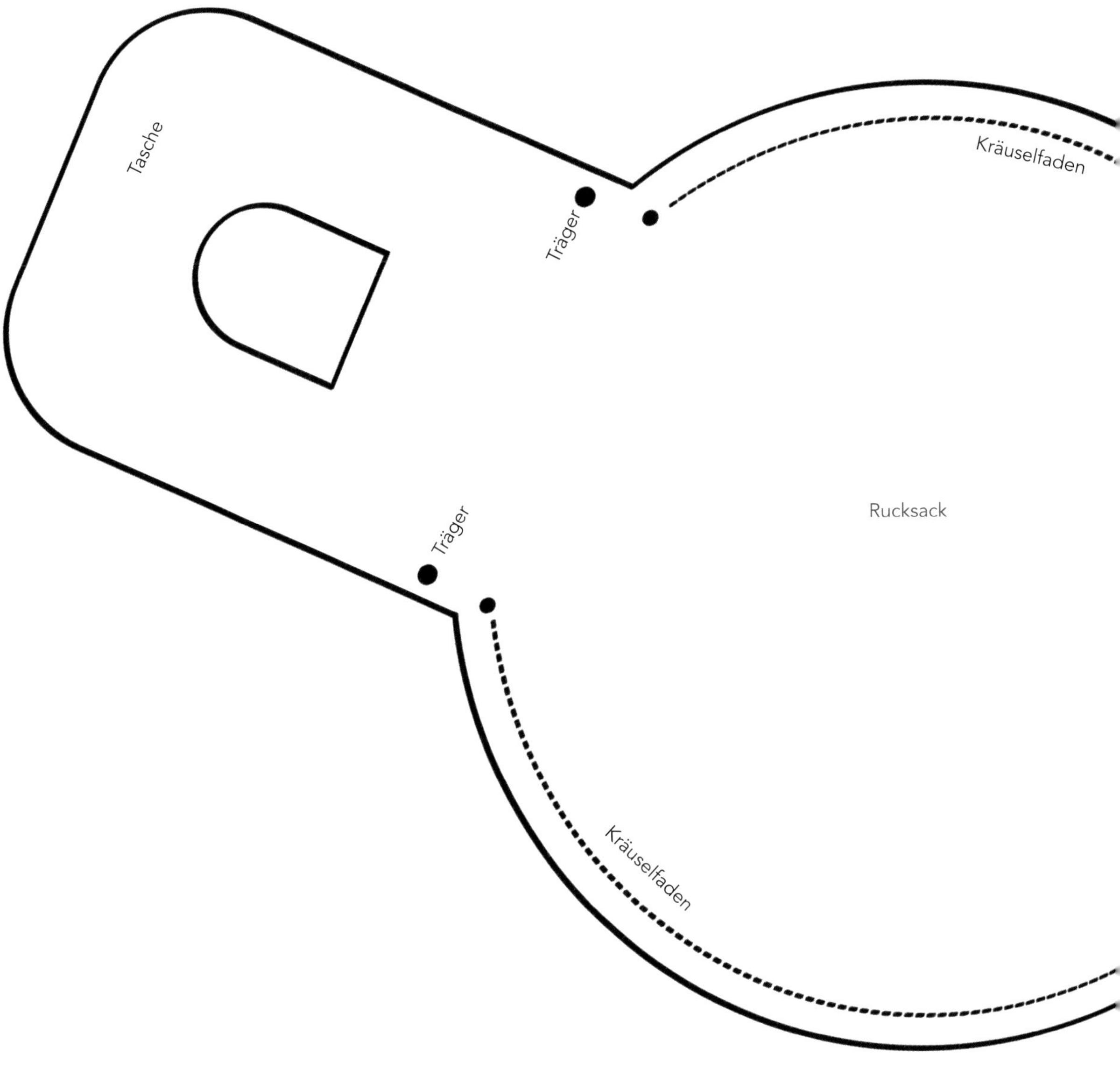

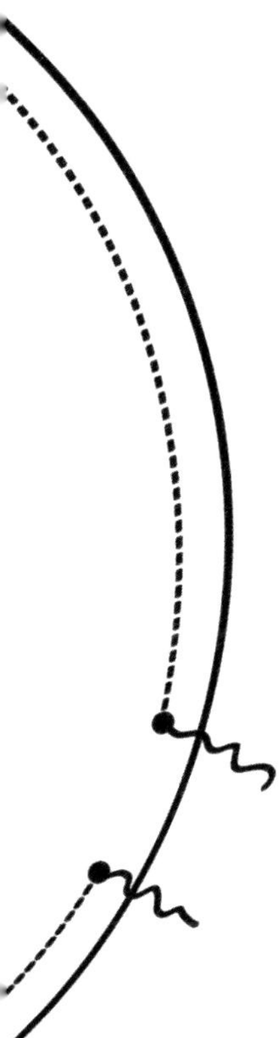

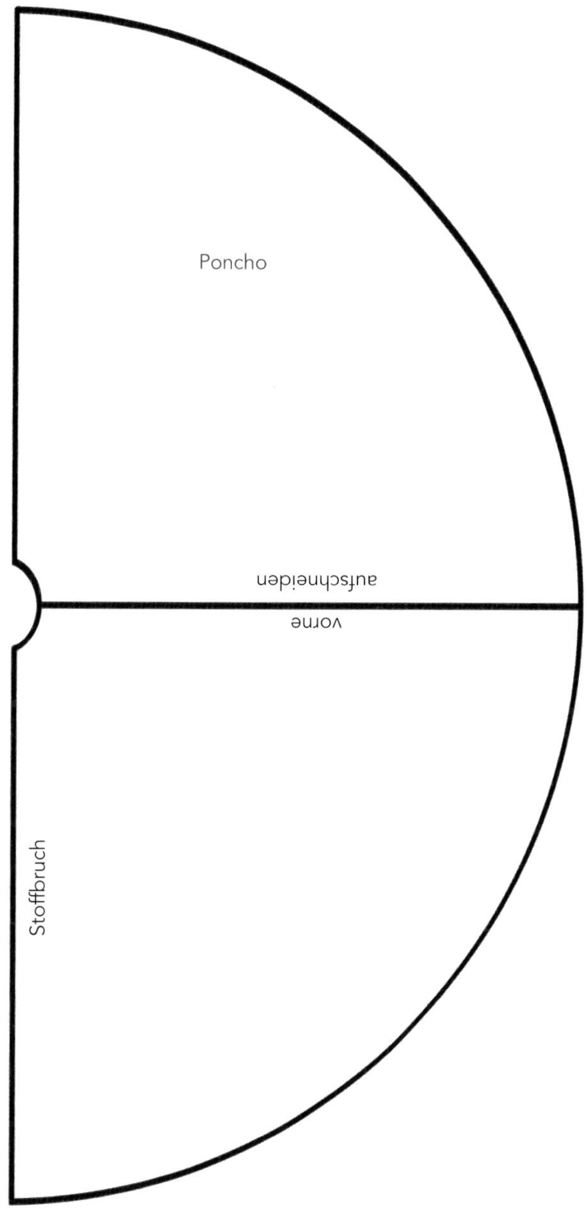
Poncho
aufschneiden
vorne
Stoffbruch

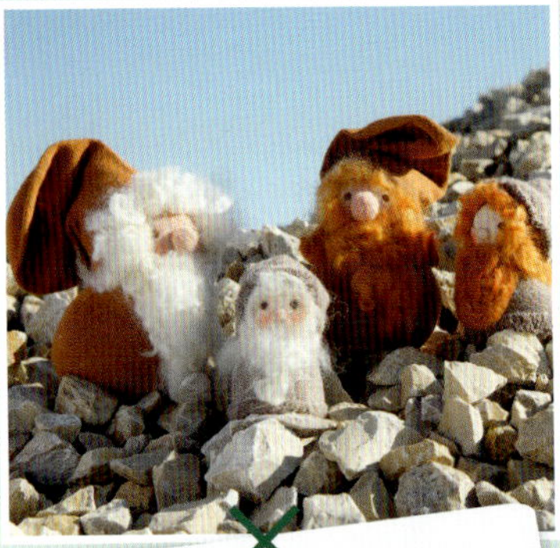

Name: Kivet, Kamir, Smas und Olis
Größe: Höhe des großen Zwergs ca. 12 cm, Höhe des kleinen Zwergs ca. 8 cm
Technik: Nähen
Besondere Merkmale: Körper und Mützen sind aus Socken, sind stark und hilfsbereit

Material

- 2 Socken, davon einer in einer hellen Farbe für das Gesicht (für kleinere Kinder eignen sich beim Mitbasteln vor allem Erwachsenensocken)
- festes Garn
- Dinkel oder Reis zum Befüllen
- Lockenwolle für Haare und Bart
- 1 kleine Holzkugel als Nase
- alternativ 1 kleine Filzkugel in Hautfarbe, Weiß oder Rot als Nase

Erdzwerge

Diese ganz einfach herzustellenden Zwerge kann man unter anderem auch aus den Einzelsocken herstellen, die die Sockenklauzwerge übrig gelassen haben. Es können auch zu klein gewordene Baby- oder Kinderstrümpfe verwendet werden. Der kleine Zwerg ist aus Babysocken gefertigt, der Große aus Erwachsenenstrümpfen. Bei der Herstellung können selbst kleinere Kinder mithelfen. Die fertigen Zwerge eignen sich gut zum Spielen.

Anleitung

1. Schneiden Sie den helleren Socken über der Ferse gerade ab.
2. Benutzen Sie das gerade Beinteil und wenden Sie dieses auf links.
3. Umwickeln Sie das untere Ende fest mit einem dicken Garn und verknoten Sie dieses gut.
4. Wenden Sie den Socken nun wieder, der abgebundene Zipfel muss jetzt innen sein.
5. Füllen Sie den Socken mit Reis oder Dinkel bis 3 cm unter den oberen Rand. Wenn der Socken gut gefüllt ist, umwickeln Sie auch das obere Ende mit einem dicken Garn und schließen ihn damit. Der obere Zipfel kann außen bleiben, denn die Mütze macht ihn unsichtbar.
6. Binden Sie etwa im oberen Drittel des gefüllten Sockens mit einem dicken Garn oben den Kopf ab. Eventuell dabei entstehende Falten verteilen Sie etwas nach hinten.

Der untere Teil bildet den Bauch des Zwergs (siehe auch das Foto auf Seite 144).

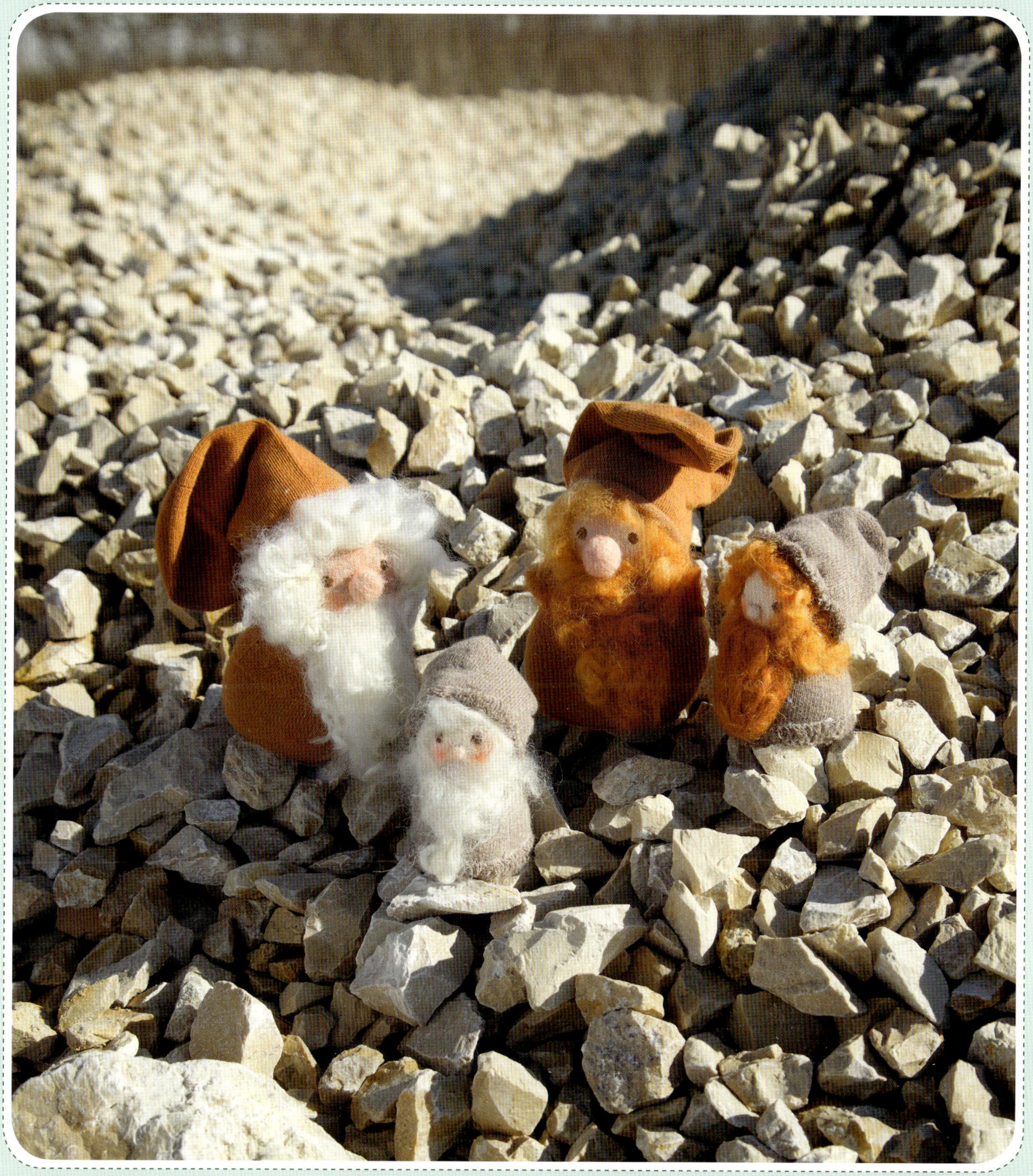

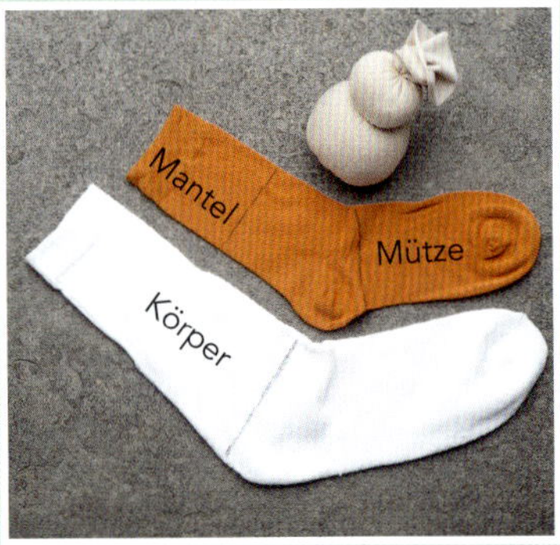

7. Schneiden Sie von einem andersfarbigen Strumpf das Beinteil ab und kürzen Sie es auf die Bauchlänge Ihres Zwerges. Idealerweise hat dieses Teil oben einen Gummibund. Damit ersparen Sie sich das Einziehen eines Kräuselfadens am oberen Ende. Ziehen Sie es dem Zwerg als Mantel über den Bauch.
8. Schneiden Sie nun das verbliebene Fußteil des Strumpfs unterhalb der Ferse als Mütze ab.
9. Nähen Sie Haare und Bart auf den Kopf auf.
10. Dann ziehen Sie die Mütze auf den Kopf und rollen den Rand etwas ein. Eventuell nähen Sie die Mütze mit ein paar Stichen am Kopf fest.
11. Malen Sie mit einem angefeuchteten Buntstift die Augen auf.
12. Wählen Sie eine Holzkugel als Nase, so nähen Sie diese mit ein paar Stichen an.
13. Möchten Sie als Nase eine Filzkugel, dann wickeln Sie zunächst aus einer Schafwollflocke ein kleines Kügelchen. Drehen Sie es zwischen Ihren Händen, um es zu verfestigen. Sollte es danach noch zu weich sein, können Sie es mit der Filznadel weiter verfestigen. Nun nähen Sie dieses Kügelchen mit wenigen Stichen als Nase an.

Für einen kleineren Zwerg aus Baby- oder Kinderstrümpfen schließen Sie den Körper oben und unten mit einem Kräuselfaden, statt ihn mit einem dicken Garn abzubinden.

Traumzwerge

Anleitung

Das fertige Sisalgestell bietet die Möglichkeit, ohne Filzen einen Zwerg herzustellen. Diese Gestelle gibt es in unterschiedlichen Größen. Passen Sie dementsprechend die Kleidung an.
Bemalen Sie zuerst die Schuhe mit Wasserfarbe.

Anzug

1. Schneiden Sie aus Nickistoff den Anzug nach dem Schnittmuster von Seite 146 zu und nähen Sie ihn auf links an den Arm- und Seitennähte zusammen. Dann wird die Beinnaht geschlossen.
3. Wenden Sie den Anzug.
4. An Arm- und Beinenden sowie dem Halsausschnitt wird ein Kräuselfaden eingezogen.
5. Ziehen Sie Ihrem Zwerg den Anzug an und ziehen Sie die Kräuselfäden fest.

Mütze

1. Schneiden Sie die Mütze nach dem Schnittmuster auf Seite 146 aus Nickistoff zu. Sollten Sie keinen Nickistoff verwenden, achten Sie auf die Kopfgröße, da sich normaler Stoff nicht wie Nickistoff dehnen lässt.
2. Schließen Sie bei dem auf links gelegten Stoff die Naht und wenden Sie die Mütze.
3. Ziehen Sie vom vorderen Rand der Mütze bis zur Spitze mit sehr kleinen Stichen einen Kräuselfaden ein.
4. Kleben Sie Haare und Bart mit Bastelkleber auf den Kopf des Zwerges. Setzten Sie Ihm die Mütze auf und ziehen Sie den Kräuselfaden etwas an, sodass sich der Zipfel nach vorne neigt.

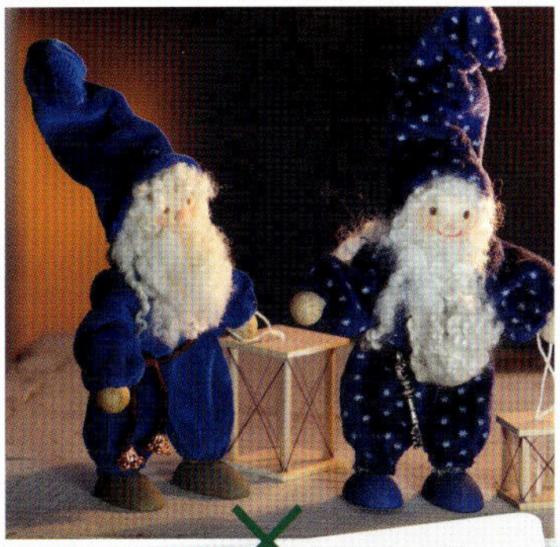

Name: Torge und Lias
Größe: Höhe des gesamten Zwergs mit Mütze ca. 15 cm
Technik: Nähen
Besondere Merkmale: kuschelweiche Anzüge, lockige Haare, mögen Blautöne

Material

- Reste von Nickistoff
- Sisalgestell: 10 cm hoch und Kopfumfang 8 cm
- Lockenwolle für Haare und Bart
- kleine Holzperle oder Schafwollflocke für die Nase
- Band für den Gürtel
- Perlen oder Schlüssel
- kleine Holzlaterne
- Wasserfarbe für die Schuhe

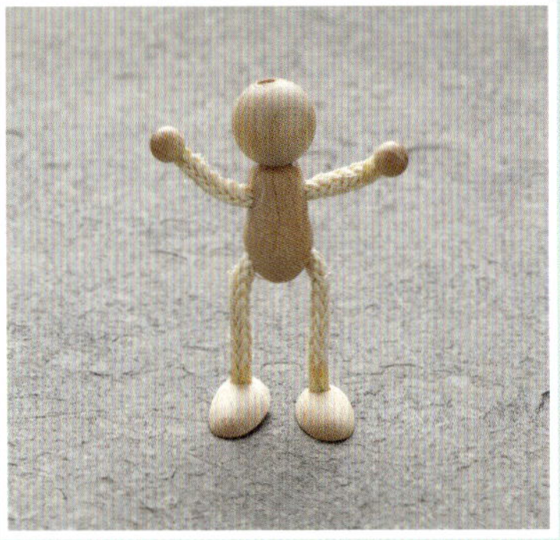

Fertigstellung

1. Bemalen Sie das Gesicht mit angefeuchteten Buntstiften.
2. Kleben Sie als Nase eine kleine Holzperle oder ein kleines aus Schafwolle gedrehtes Kügelchen auf.
3. Binden Sie um den Bauch des Zwerges einen Gürtel, an dem ein Schlüssel oder Traumperlen hängen.
4. In der Hand tragen Torge und Lias eine kleine Holzlaterne.

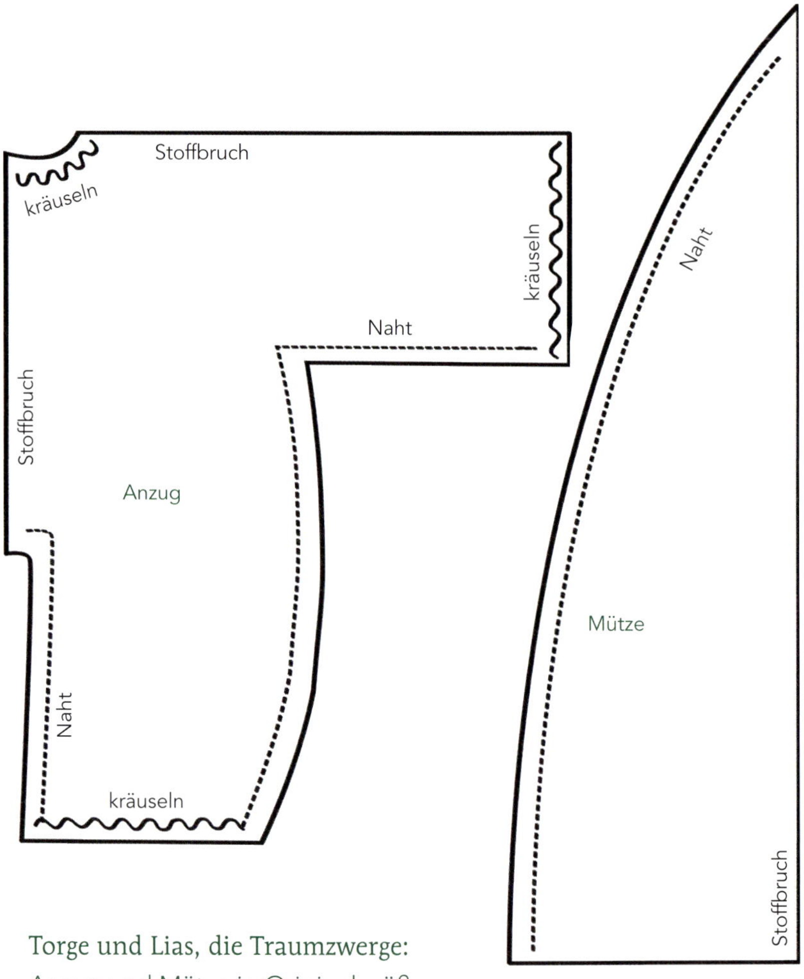

Torge und Lias, die Traumzwerge:
Anzug und Mütze in Originalgröße

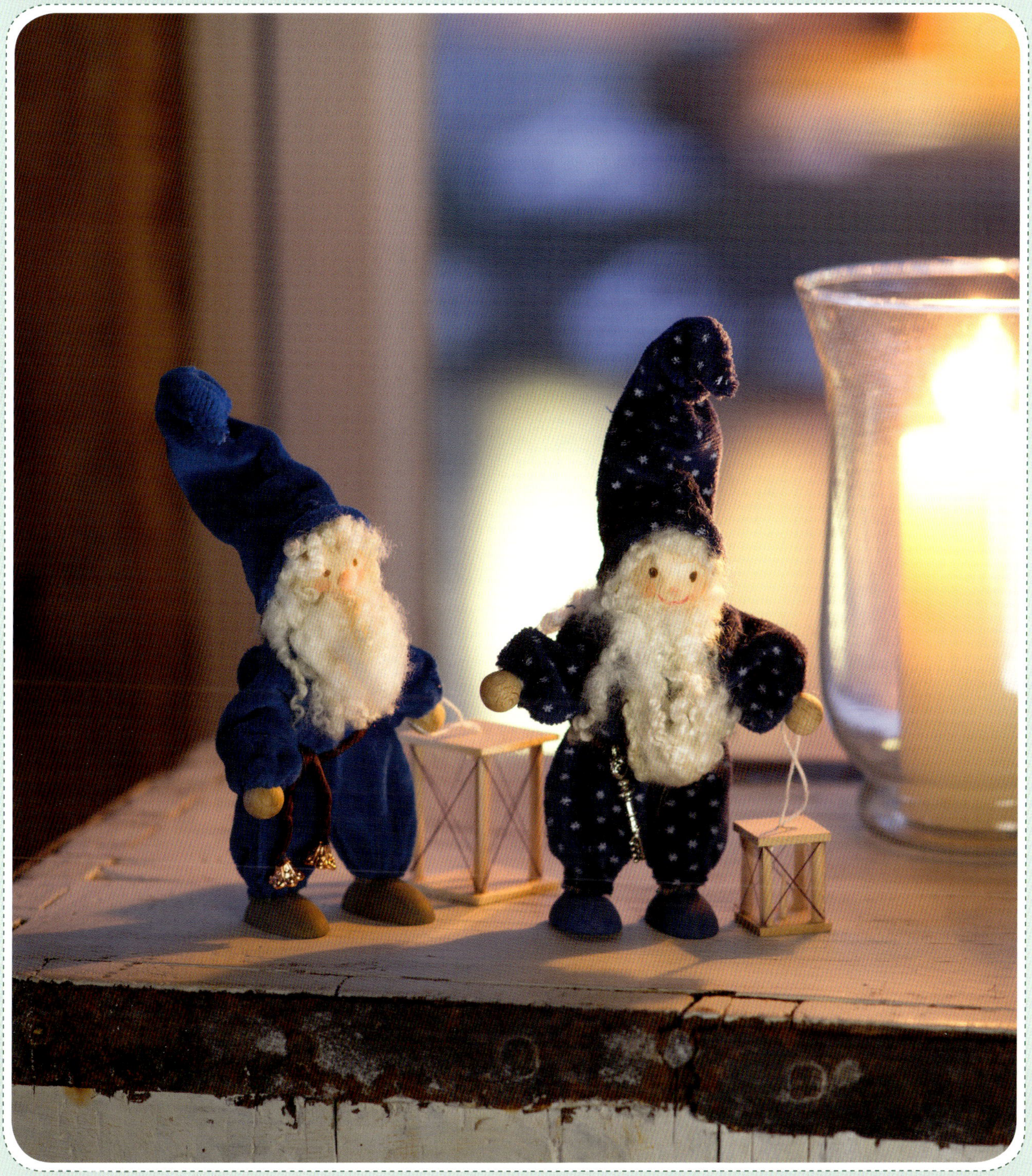

Nassgefilzte Zwerge, Tiere und Häuser

Hauszwerge

Anleitung

Körper

1. Wickeln Sie die bunte Schafwolle kegelförmig um Ihren Zeigefinger. Die Spitze der Mütze kann etwas darüber hinausragen.
2. Besprühen Sie die Schafwolle mit Seifenwasser, bis sie richtig feucht ist.
3. Drücken Sie das Ganze zunächst leicht, dann immer fester um Ihren Zeigefinger, bis die Wolle sich spürbar verdichtet hat.
4. Fangen Sie nun vorsichtig an, den Kegel zu reiben. Dabei auch den unteren Rand nicht vergessen. Wenn nötig, können Sie immer wieder etwas Seifenwasser aufsprühen oder auf Ihre Hand etwas Seife geben.
5. Verfilzen Sie die Innenseite durch Drehen auf dem Zeigefinger.
6. Wenn sich alles gut verfilzt hat, waschen Sie den Kegel unter klarem Wasser gut aus und walken Sie ihn anschließend in einem Handtuch. Dabei wird die Mütze besonders fest gewalkt.
7. Stecken Sie den Kegel wieder auf Ihren Zeigefinger und bringen Sie ihn in die gewünschte Form.
8. Anschließend lassen Sie den Kegel trocknen.
9. Für die Punkte auf der Mütze werden ein paar Schafwollfasern zu einem Kreis gezwirbelt und dann aufgenadelt.

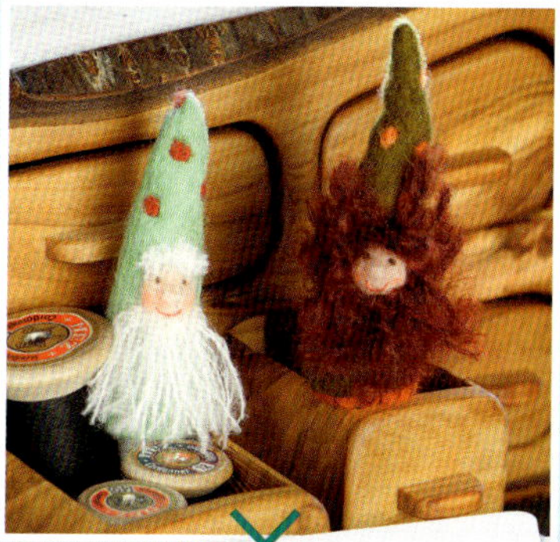

Name: Samu und Ilmar
Größe: Höhe ca. 9 cm
Technik: Nassfilzen
Besondere Merkmale: Fingerpüppchen, gepunktete Zipfelmütze

Material

- 14 g bunte ungesponnene Schafwolle für Körper und Mütze
- 1 Flocke ungesponnene Schafwolle für das Gesicht in Beige
- 1 Flocke bunte ungesponnene Schafwolle für die Punkte auf der Mütze
- Wolle für Haare und Bart
- rotes Stickgarn für den Mund

Gesicht

10 . Für das Gesicht nadeln Sie zuerst einen leicht erhöhten Halbkreis und befestigen ihn dann auf dem Zwerg.

11. 5. Für die Nase und Wangen verfahren Sie wie folgt:
Zupfen Sie aus der verbliebenen beigefarbenen Schafwolle einen kleinen Strang und machen Sie in der Mitte des Strangs einen kleinen festen Knoten.
Legen Sie diesen Knoten in die Mitte des Gesichts, sodass die Enden rechts und links zu liegen kommen, und nadeln Sie ihn rundherum an.
Die herausstehenden Enden rollen Sie für die Bäckchen zusammen und nadeln diese ebenfalls fest.
Geben Sie Nase und Bäckchen durch gezieltes Einstechen mit der Filznadel die gewünschte Form.

Haare und Bart

12. Haare und Bart sind aus Wolle und werden aufgenäht (siehe Kapitel «Haare und Bärte» auf Seite 63).

Diese kleinen Zwerge werden von unten nicht ausgestopft, sodass sie als Fingerpüppchen verwendet werden können.

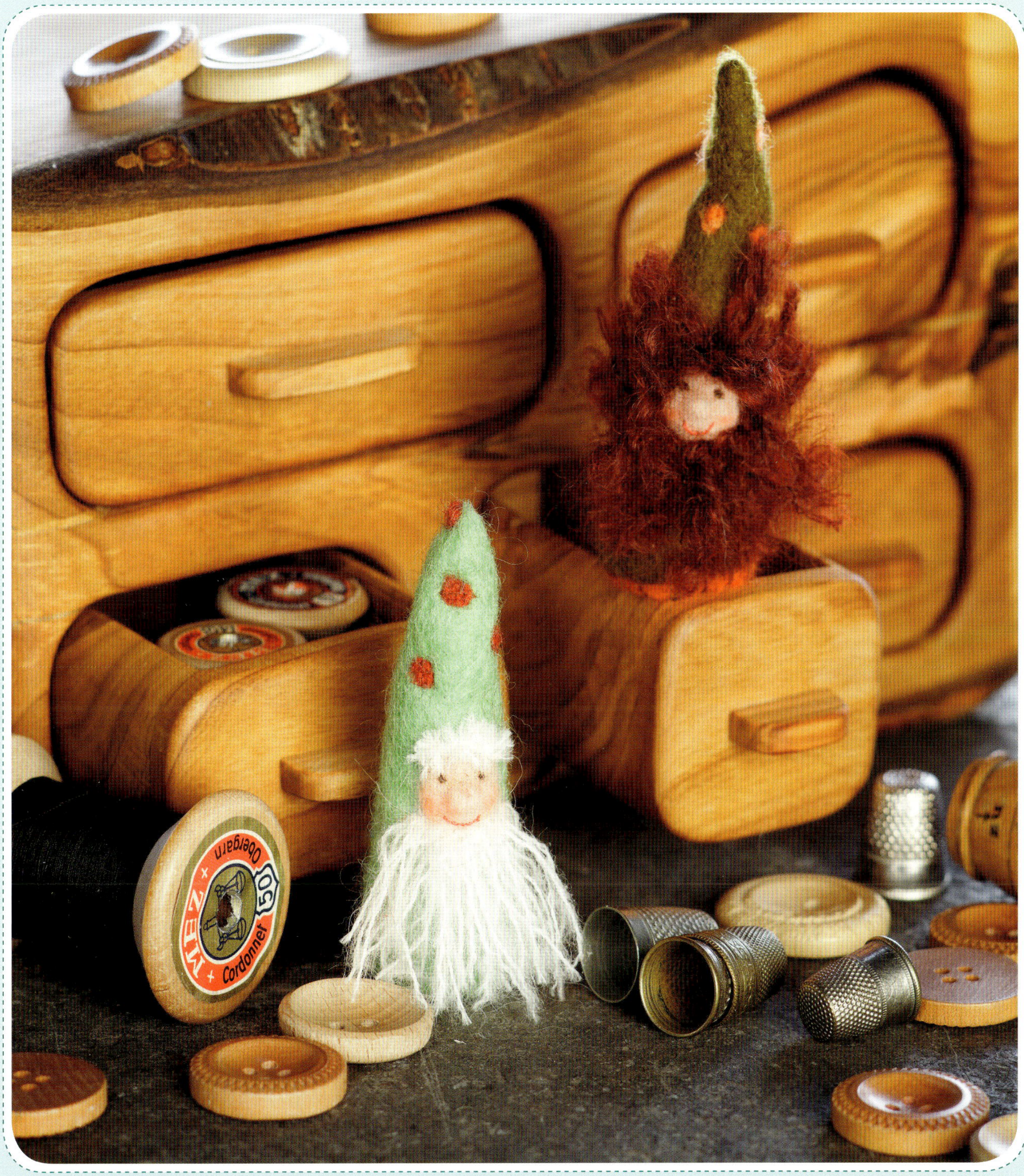
Obergarn
50
Cordonnet

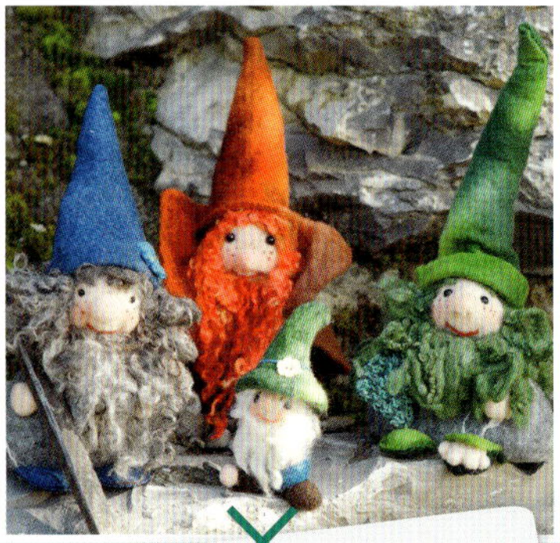

Name: Otto, Olaf, Olle und Oystein
Technik: Nass- und Nadelfilzen
Besondere Merkmale: wilder bunter Bart, massiver Körper, bunte Kleidung

Material

- Steine in unterschiedlichen Größen
- Filz für Pantoffeln, Umhang und Mützen
- Perlen für die Augen
- Barthaare

Steinzwerge

Der hier beschriebene Zwerg kann auch als Türstopper verwendet werden.

Der Steinzwerg besteht aus folgenden Einzelteilen, die an anderer Stelle in diesem Buch beschrieben sind.

Umfilzter Stein

Bei einem umfilzten Stein einer Größe von 10 cm habe ich 10 g Wolle zum Umfilzen benötigt (siehe Seite 53f.).

Nadelgefilzter Kopf

In meinem Beispiel beträgt der Kopfumfang 16 cm. Hierfür werden etwa 6 g Schafwollvlies benötigt. Siehe Kapitel «Herstellen des Kopfs ohne Hals in Nadelfilztechnik» auf Seite 55.
Wenn Sie die Augen statt der von mir verwendeten Perlen nadelfilzen wollen, sollten Sie diese vor dem Annähen an den Körper einarbeiten.

Anleitung

1. Nähen Sie den Kopf mit Matratzenstichen auf den umfilzten Steinkörper.
2. Diesen können Sie entweder mittig aufnähen oder leicht nach vorne versetzt, wenn der Zwerg einen Buckel bekommen soll.
3. Nadeln oder nähen Sie Haare und Bart an den Kopf.
4. Nähen Sie die in Nadelfilztechnik hergestellten Handkugeln an den Steinkörper an.
5. Für die Pantoffeln schneiden Sie aus Filz zweimal Oberteil und

Sohle aus. Als Vorlage können Sie das Schnittmuster auf Seite 154 verwenden, das Sie allerdings an die Größe Ihres Zwergs anpassen müssen. Nähen Sie das Oberteil mit Knopflochstichen auf die Sohle auf. Dann stopfen Sie die Pantoffel mit etwas Schafwolle aus und nähen oder kleben sie an die Unterseite des Steinkörpers an.

6. Vervollständigen Sie das Gesicht. Sofern es nicht nadelgefilzt ist, werden hierzu Perlen als Augen aufgestickt und der Mund nadelgefilzt. Danach können eventuell noch Sommersprossen aufgemalt werden.

7. Stellen Sie eine der Mützen her, wie im Kapitel «Verschiedene Mützen» ab Seite 64 beschrieben. Nähen Sie die Mütze auf den Kopf auf.

Nun können die Zwerge noch weiter ausgestaltet werden.
Der Mantel des roten Zwergs besteht aus einem plattengefilzten Stück. Er kann jedoch auch aus Stoff, Webpelz oder anderem Filz hergestellt werden.

1. Schneiden Sie für den Mantel ein Viereck passend zur Größe Ihres Zwerges aus. Gegebenenfalls fertigen Sie vorher aus Papier dazu einen passenden Schnitt (siehe Seite 154).

2. Runden Sie die Kanten oben am Mantel etwas ab.

3. Ziehen Sie an der von Ihnen gewünschten Stelle einen Kräuselfaden ein. Je tiefer der Kräuselfaden sitzt, desto breiter wird der Kragen.

Der grüne Zwerg hat einen gestrickten Schal um. Zudem spicken aus einem Pantoffel kleine Zehen hervor. Hierzu nähen Sie den einen Pantoffel nicht ganz zusammen und kleben die vorher in Nadelfilztechnik hergestellten Zehen auf die Pantoffelsohle auf.

Zehen

1. Nehmen Sie einen Schafwollstrang aus hautfarbenem Vlies und rollen Sie diesen auf.
2. Nadeln Sie ihn zur Fußform, und zwar so groß, dass er gerade durch die vordere Pantoffelhälfte passt.
3. Für die Zehen verwenden Sie fünf kleine Rollen aus Schafwollvlies und nadeln diese in Zehenform. Lassen Sie dabei das hintere Ende der Zehen zum Annadeln an den Fuß unbearbeitet.

Nun nadeln Sie die Zehen an den Fuß und korrigieren eventuell noch einmal Größe und Breite der einzelnen Zehen.

Schieben Sie den Fuß in den vorne offenen Pantoffel und nähen Sie dann den Pantoffel an der Steinunterseite an.

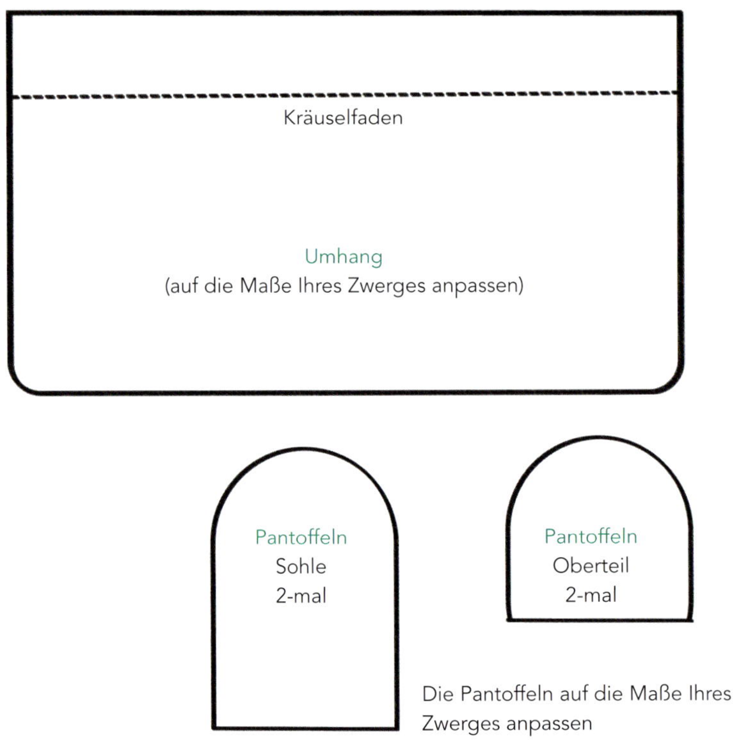

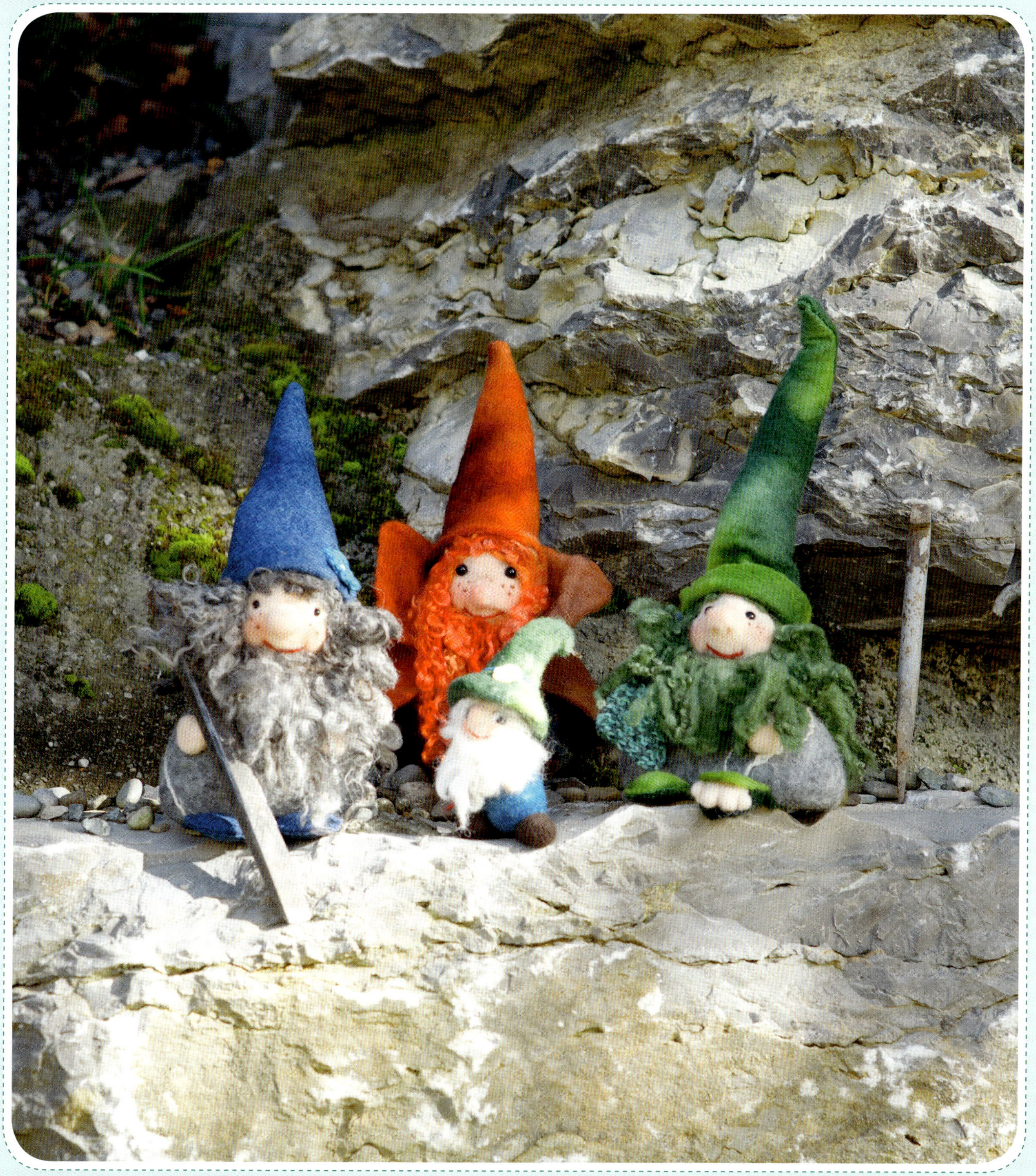

Gefilzte Schnur

Material Gefilzte Schnur

- ungesponnene Strang- oder Vlieswolle

Gefilzte Schnüre können für Mäuseschwänze, Gürtel usw. verwendet werden. Eine mit dieser Technik hergestellte Schnur wird mit Strangwolle am gleichmäßigsten. Sie können aber auch mit Vlieswolle arbeiten, da das Ergebnis lebendiger wirkt, wenn es nicht ganz gleichmäßig gearbeitet ist.

1. Rollen Sie ein Stück Wolle trocken zwischen den Händen, damit sich die Wolle zu einem Strang verbindet.
2. Legen Sie diesen Strang auf eine Noppenfolie und befeuchten Sie ihn mit heißer Seifenlösung.
3. Rollen Sie den Strang so lange auf der Noppenfolie, bis er die gewünschte Festigkeit und die Form einer Schnur erreicht hat. Spülen Sie die Schnur unter kaltem Wasser gut aus.

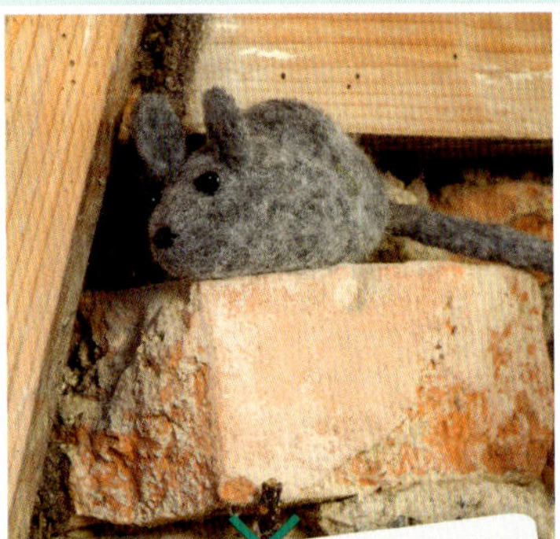

Name: Fritz und Fratz
Technik: Nadel- und Nassfilzen
Besondere Merkmale: Perlaugen, langer Mäuseschwanz, immer auf Futtersuche

Steinmaus

Material Steinmaus

- umfilzter Stein
- 2 schwarze Perlen für die Augen
- gefilzte Schnur für den Schwanz
- schwarzes Nähgarn
- grauer Plattenfilz für die Ohren

1. Schneiden Sie aus dem Plattenfilz die Ohren entsprechend der Größe Ihres umfilzten Steins (siehe Herstellung ab Seite 53) aus und nähen Sie diese an.
2. Befestigen Sie Perlen als Augen.
3. Fertigen Sie den Schwanz wie weiter unten im Abschnitt «Gefilzte Schnur» beschrieben. Alternativ können Sie auch den Schwanz aus Resten von Strickfilzwolle häkeln und verfilzen. Befestigen Sie den Schwanz am Hinterteil der Maus.
4. Sticken Sie die Schnauze mit doppelt genommenem schwarzem Nähgarn in Form eines Dreiecks (Spitze unten) auf.

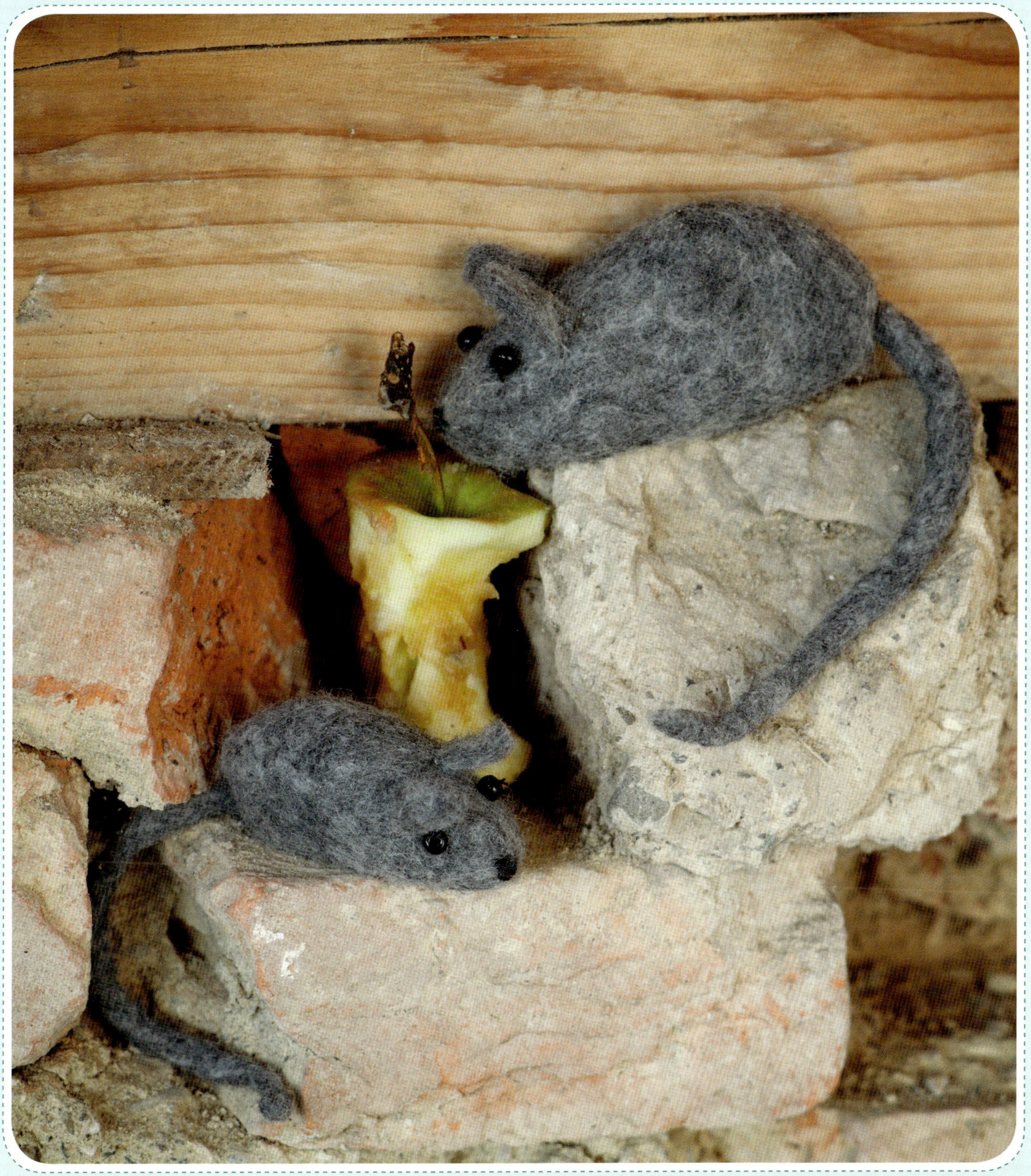

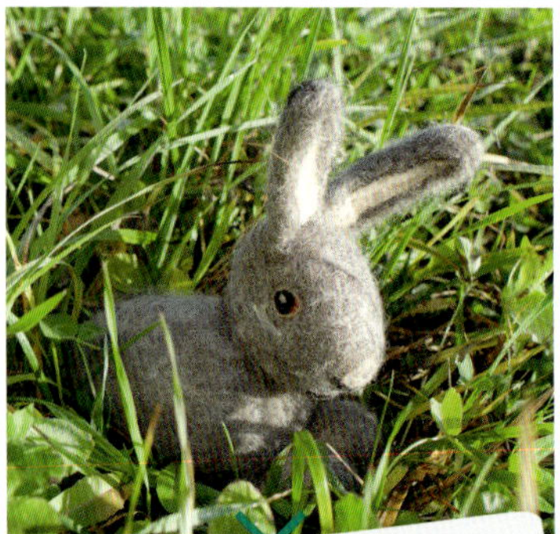

Name: Schnups
Technik: Nass- und Nadelfilzen
Besondere Merkmale: lange Ohren, Schnuppernäschen, versteckt sich gerne im hohen Gras

Material

- umfilzter Stein
- ungesponnene Vlieswolle in gleicher Farbe für Ohren und Pfoten
- helle Vlieswolle für die Innenseiten der Ohren
- braune und schwarze Vlieswolle für Augen und Schnäuzchen

Steinhase

Der Körper des Hasen – Sie können so auch Käfer, Enten oder Schäfchen herstellen – bildet ein umfilzter Stein (Herstellung ab Seite 53).

Anleitung

1. Der Kopf des Hasen wird nadelgefilzt (siehe Kapitel «Herstellen des Kopfs ohne Hals in Nadelfilztechnik» auf Seite 55). Statt ihn rund zu nadeln, wählen Sie eine längliche Form.
2. Die Pfoten werden aus zwei Rollen Schafwollvlies genadelt und an den Körper festgenäht.
3. Auch die Ohren des Steinhasen sind nadelgefilzt. Legen Sie für die Ohren zwei gleich große Dreiecke aus Vlies (ganze Vliesdicke) auf Ihre Unterlage und verdichten Sie diese mit der Filznadel. Die untere Kante lassen Sie hierbei unbearbeitet, um sie später an den Kopf anzunadeln. Für die dickeren Ränder der Ohren drehen Sie rechts und links vier kleine Rollen, legen diese um die Ohren auf, klappen die überstehenden Fasern darüber und nadeln alles in die gewünschte Form. Zum Schluss nadeln Sie helles Vlies auf die Innenseite des Ohres und nadeln es am Kopf fest.
4. Für das Schwänzchen wickeln Sie eine kleine Kugel aus Schafwollvlies, verdichten sie leicht mit der Filznadel und nähen sie an das Hinterteil des Hasen an.
5. Die Augen werden gemäß Kapitel «Ausgestalten des Kopfes» auf Seite 60 hergestellt.
6. Zuletzt nadeln Sie noch das Schnäuzchen auf.

Steinhaus

Die Basis des Hauses ist auch hier ein umfilzter Stein (Herstellung ab Seite 53).
Das Steinhaus kann auch als Türstopper oder Buchstütze verwendet werden.

Anleitung

1. Schneiden Sie aus Filz die beiden Hälften des Dachs entsprechend der Größe Ihres umfilzten Steins aus. Eventuell fertigen Sie dazu zuerst einen Papierschnitt als Vorlage an (siehe Seite 160).
2. Schneiden Sie die Dachziegel aus Filz aus. Wenn Sie diese verzieren oder besticken möchten, sollten Sie dies vor dem Annähen der Ziegel machen.
3. Nähen Sie die Ziegel am unteren Rand des Dachs beginnend auf dieses auf. Dazu legen Sie eine Reihe Ziegel auf, befestigen sie mit Stecknadeln und nähen sie am oberen Rand der Ziegel mit Vorstichen an.
4. Nähen Sie anschließend die beiden Dachhälften ebenfalls mit Vorstichen auf der linken Seite zusammen und wenden Sie das Dach.
5. Kleben Sie das Dach auf den Stein auf.
6. Nähen oder kleben Sie die Fenster und die Tür auf.

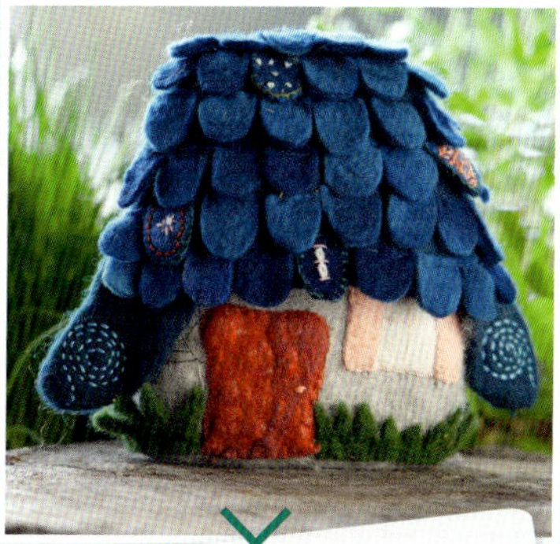

Größe: je nach Stein
Technik: Nass- und Nadelfilzen, Sticken

Material

- umfilzter Stein
- Filzreste für Türe und Fenster
- Näh- und Stickgarn
- Filzplatte für das Dach (gekauft oder selbst hergestellt)
- Bastelkleber

Steinhaus

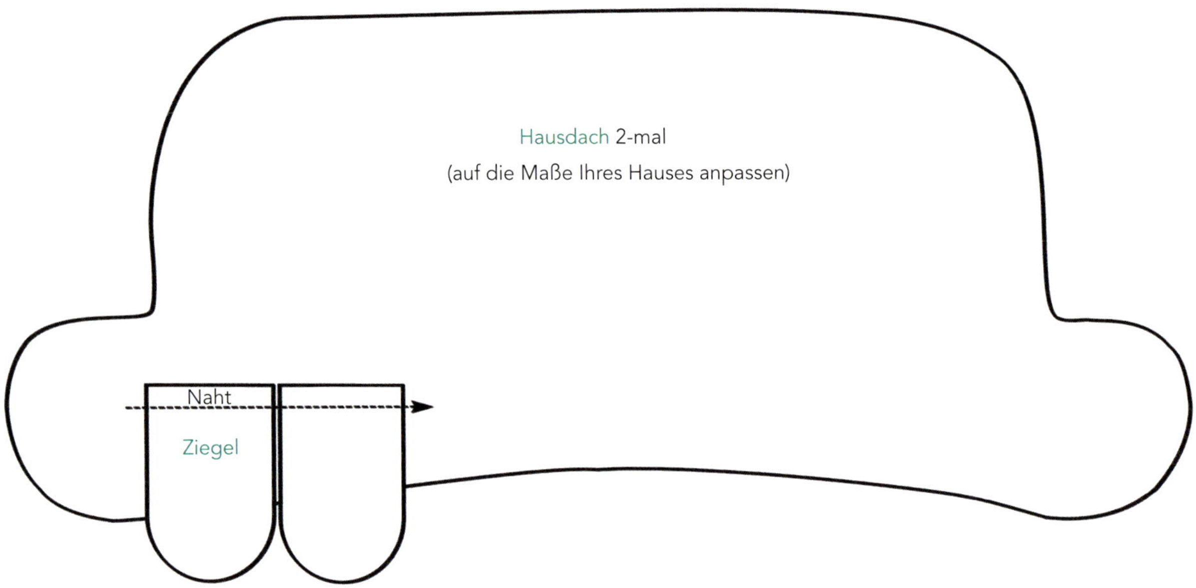
Hausdach 2-mal
(auf die Maße Ihres Hauses anpassen)
Naht
Ziegel

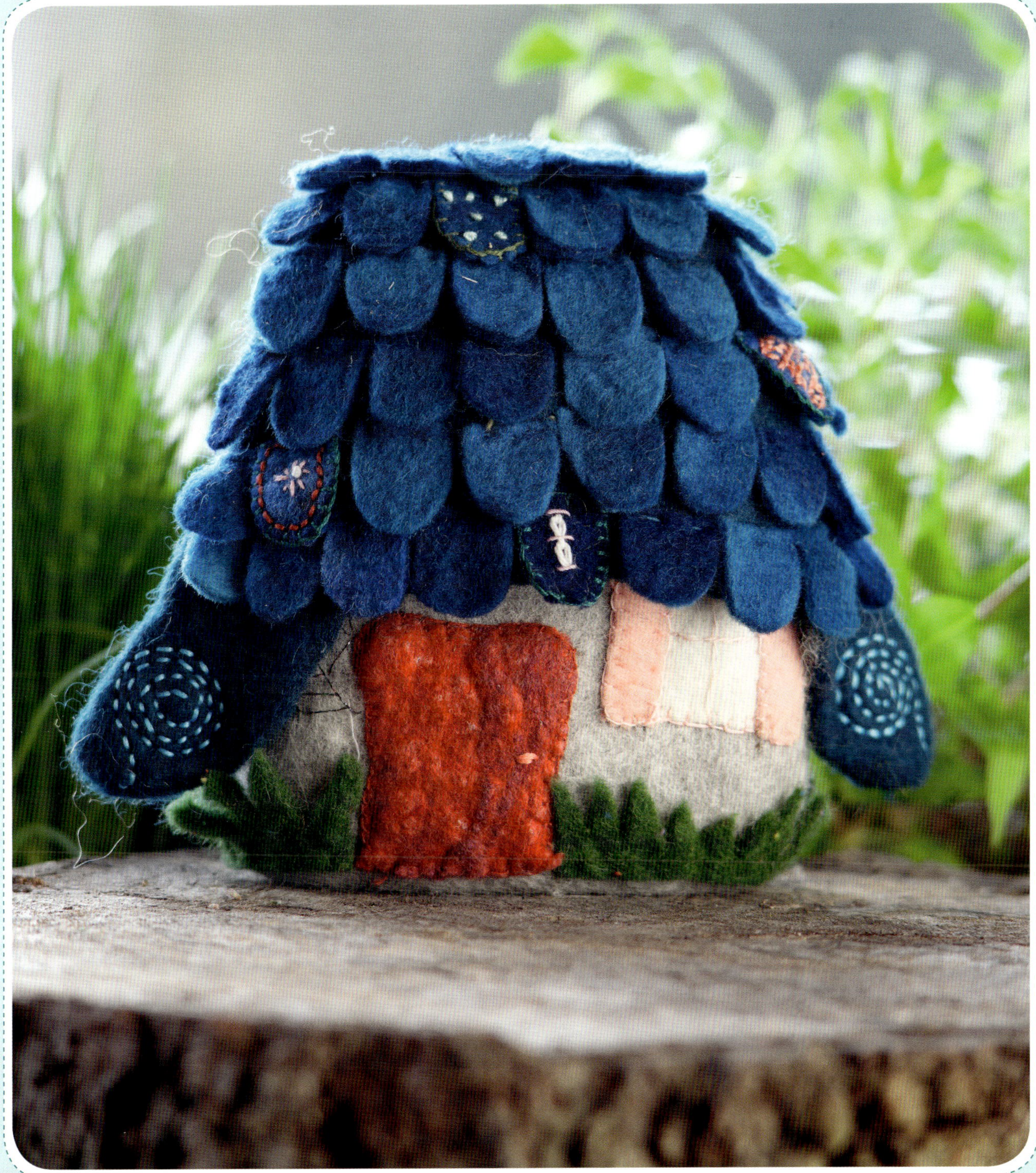

Kleine Geschenke

Zwerg in der Druse

Diesen klitzekleinen Zwerg haben wir oft zu Kindergeburtstagen verschenkt. Dabei kann die Größe der Druse variieren.
Eine Anleitung finden Sie im Kapitel «Zwergenbild» auf Seite 182. Der Mantel des Zwerges ist mit kleinen goldenen Sternen bestickt.

Edelsteinzwerge

Kleine Edelsteinchen haben für Kinder eine besondere Anziehungskraft und werden von ihnen gerne gesammelt. So sind diese Zwerge bei uns beispielsweise an Geburtstagen aufgetaucht und hatten in ihrem kleinen Wagen einen besonders schönen Geburtstagsstein. Diese Steine existieren bei uns heute noch, und unsere längst erwachsenen Kinder, können sich immer noch daran erinnern, zu welchem Geburtstag sie welchen Stein bekommen haben.

Anleitung

Körper

Der Körper ist über einem Gestell aus Pfeifenputzern gefertigt.

1. Kürzen Sie einen Pfeifenputzer für die Arme auf 9 cm, inklusive je 1 cm Umschlag für die Hände.
2. Kürzen Sie einen Pfeifenputzer für die Beine auf 16 cm und

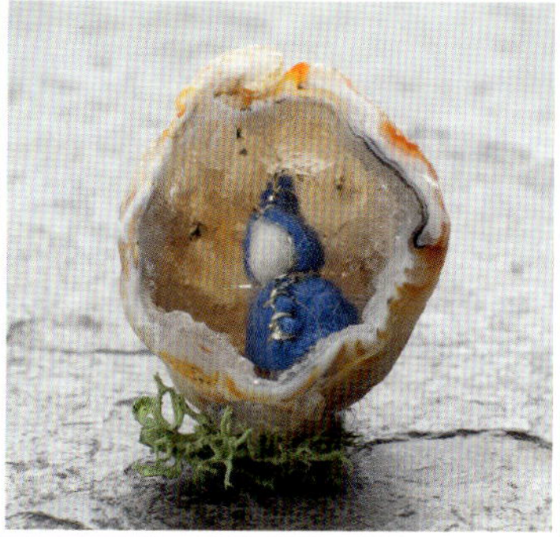

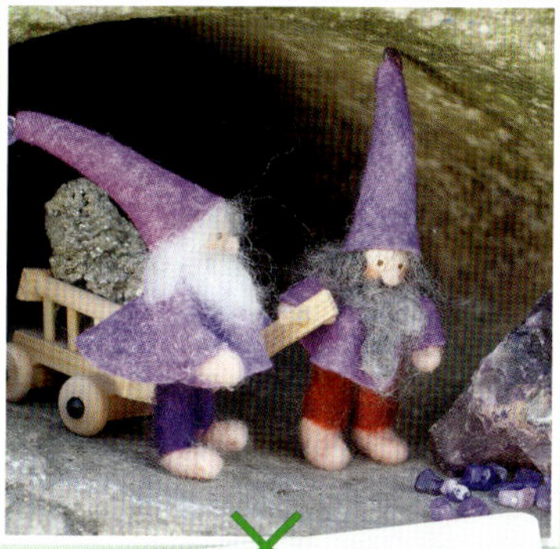

Name: Birk und Kristjan
Größe: Höhe des Zwerges mit Mütze ca. 12 cm
Technik: Schafwolle gewickelt
Besondere Merkmale: Poncho, Mütze mit Edelsteinen, schauen nach allem, was funkelt und glitzert

Material

- Holzkugel mit Loch, Durchmesser 1,5 cm als Kopf
- Pfeifenputzer
- Schafwollvlies in Hautfarbe, Rot und Lila
- Lockenwolle für Haare und Bart
- lilafarbene Filzreste für Mütze und Poncho
- kleine Perle oder Edelstein

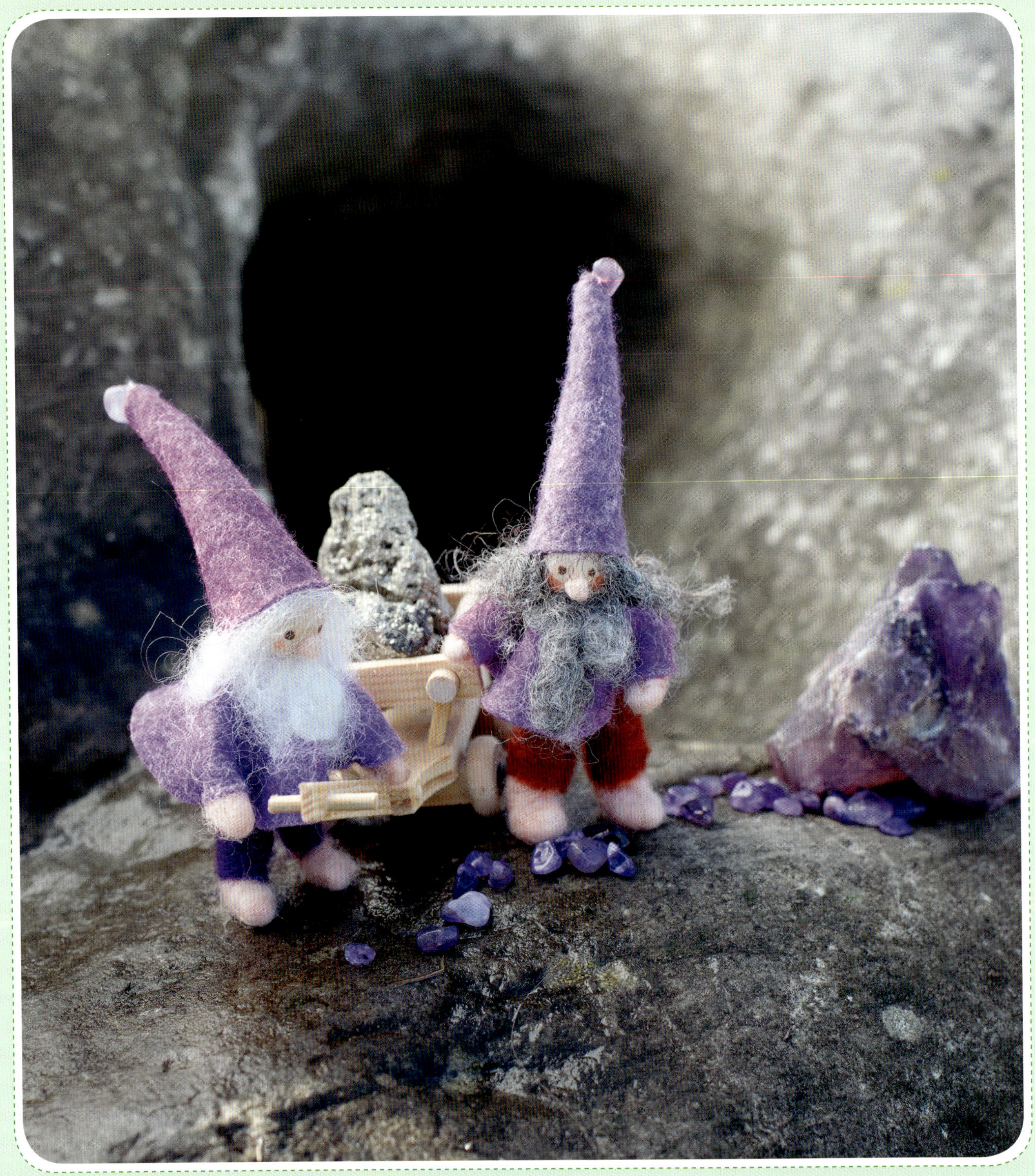

knicken Sie diesen in der Mitte um. Diese Mitte schieben Sie bis oben in die Holzkugel hinein. Kleben Sie ihn jedoch noch nicht fest.

3. Markieren Sie die Mitte des Armpfeifenputzers durch Abknicken und schieben Sie ihn durch die beiden Enden des Beinpfeifenputzers.

4. Verdrehen Sie die beiden Enden des Beinpfeifenputzers oben unterhalb der Arme zweimal ineinander für den Körper des Zwerges.

5. Das Pfeifenputzergestell wird nun mit hautfarbenem Schafwollvlies umwickelt. Dazu ziehen Sie kleine Stränge aus dem Vlies und umwickeln fest das gesamte Gestell.

6. Messen Sie an den Enden der Arme und Beine jeweils 1 cm ab und schlagen Sie diese um. Dieser Umschlag dient der Verbreiterung der Hände und Füße. Er verhindert auch, dass sich die spitzen Enden der Pfeifenputzer durch die Schafwolle bohren.

7. Umwickeln Sie Hände und Füße noch einmal mit einem dünnen Schafwollstrang.

8. Für den Anzug umwickeln Sie den Rest mit roter oder lilafarbener Schafwolle. Eventuell herausstehende Enden können Sie festnadeln.

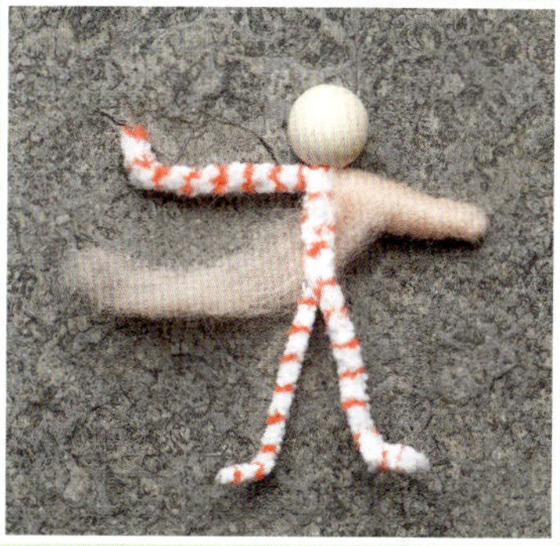

Poncho

1. Schneiden Sie den Poncho gemäß dem Schnittmuster auf Seite 166 aus Filz aus.
2. Entfernen Sie die Holzkugel und ziehen Sie Ihrem Zwerg den Poncho an.
3. Nun können Sie den Pfeifenputzer in die Holzkugel kleben.
4. Den Poncho schließen Sie mit zwei kleinen Stichen an den Händen.

Fertigstellung

1. Kleben Sie Haare und Bart auf.
2. Nachdem alles gut getrocknet ist, schneiden Sie die Mütze zu. Achten Sie dabei auf das Haarvolumen. Eventuell müssen Sie den Mützenschnitt etwas anpassen.
3. Dann nähen Sie die Mütze knappkantig zusammen, wenden sie und kleben sie auf den Kopf.
4. An der Spitze der Mütze können Sie einen kleinen Edelstein oder eine Perle anbringen.
5. Das Gesicht ist gemalt. Die Nase besteht aus einem kleinen Kügelchen aus Schafwollfasern, das zwischen den Fingern gedreht und dann aufgeklebt wurde.

Birk und Kristian, die Edelsteinzwerge:

Poncho und Mütze in Originalgröße

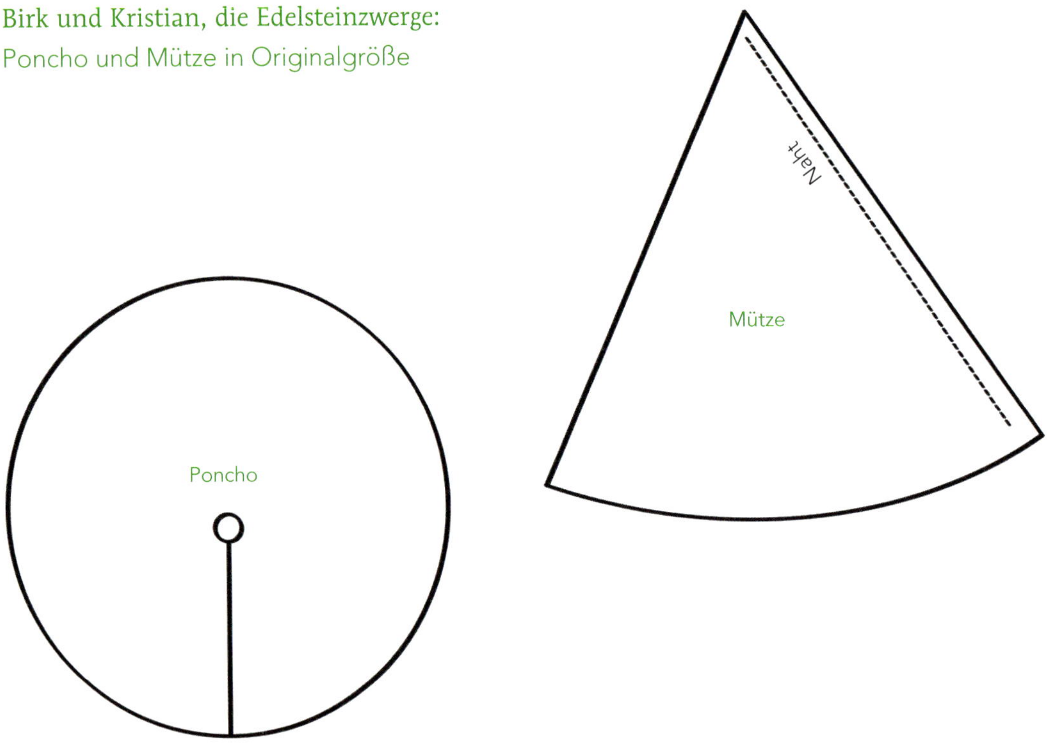

Reiseschachtelzwerge

Anleitung

Schachtel

1. Bekleben Sie die Schachtel rundherum mit einfarbigem Filz.
2. Verfahren Sie ebenso mit dem Dach.
3. Sobald der Kleber getrocknet ist, können Sie das Haus mit Dachschindeln, Fenster, Gras etc. nach Ihren Ideen verzieren.

Zwerg

Der Schnitt für Mantel und Kapuze (siehe Seite 168) ist etwas abgeändert, aber ansonsten fertigen Sie den Zwerg an, wie auf Seite 182 im Kapitel «Zwerg für Zwergenwurzel, Guckkasten, Zwergenbild» beschrieben. Der Kopfumfang beträgt 6 cm. Wenn gewünscht, kann das Gesicht mit einem angefeuchteten Buntstift aufgemalt werden.

Schlafsack

Der Schlafsack ist mit Stäbchen gehäkelt, kann aber ebenso aus Filz oder Stoff genäht werden. Sie benötigen unabhängig vom verwendeten Material ein Rechteck von der Größe 6 x 10 cm. Klappen Sie das Rechteck gemäß der Zeichnung auf Seite 182 ein und nähen oder häkeln Sie es auf der rechten und linken Seite zusammen.

Kleine Kommode

Die Kommode (siehe Foto auf Seite 169) besteht aus zwei Streichholzschachteln, die zusammengeklebt sind. Überziehen Sie diese mit Papier oder Stoff.
Wenn Sie möchten, können Sie zum Öffnen der «Schubladen»

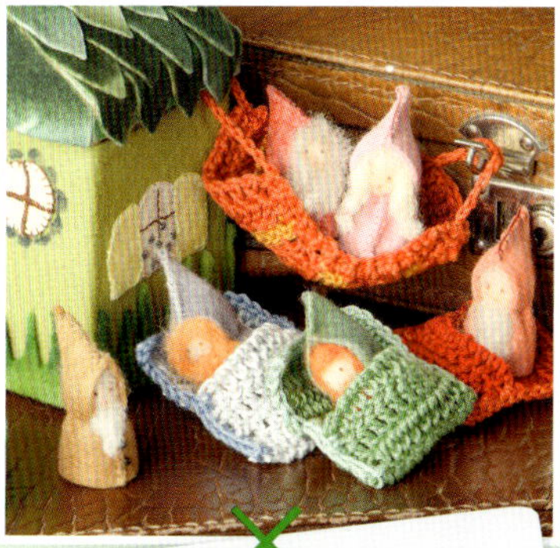

Größe: Höhe ca. 6 cm
Technik: Nähen
Besondere Merkmale:
kleine Gesellen, die mit ihrem Häuschen und allem Drum und Dran gerne die weite Welt erkunden

Material für die Reiseschachtel

- Pappschachtel in Hausform (erhältlich in gut sortierten Bastelläden oder im Internet). Die Größe dieser Schachtel beträgt 14 cm.
- Filzreste in verschiedenen Farben zum Bekleben des Hauses und Daches und für Türen, Fenster, Gras etc.
- eventuell kleine Perlen
- Nähgarn
- Bastelkleber

Material für die Zwerge

- Filzreste
- Nähfaden
- hautfarbenes Schafwollvlies

Musterbeutelklammern oder kleine Perlen anbringen. Diese Kommode bietet Platz für Schüsselchen aus Eichelhütchen oder kleinen Muscheln, für Besteck aus Ästchen, für kleine bemalte Steine als Spielzeug oder vieles mehr.

Hängematte

Häkeln oder stricken Sie ein 7 x 11 cm großes Rechteck.

Für die Aufhängung häkeln Sie zweimal eine ca. 9 cm lange Schnur aus Luftmaschen.

Vernähen Sie das Ende dieser Schnur mit dem Rechteck und ziehen Sie mit dieser Schnur rechts und links an der Längsseite des Rechtecks einen Kräuselfaden ein.

Ziehen Sie ihn auf die gewünschte Länge und vernähen Sie die Enden.

Reiseschachtelzwerg: Mantel und Schlafsack in Originalgröße

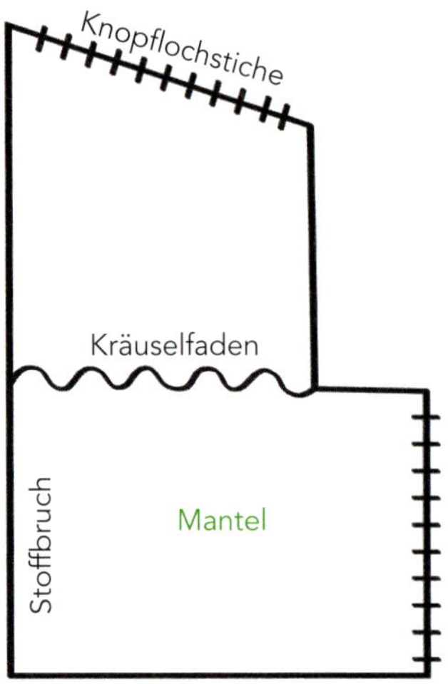

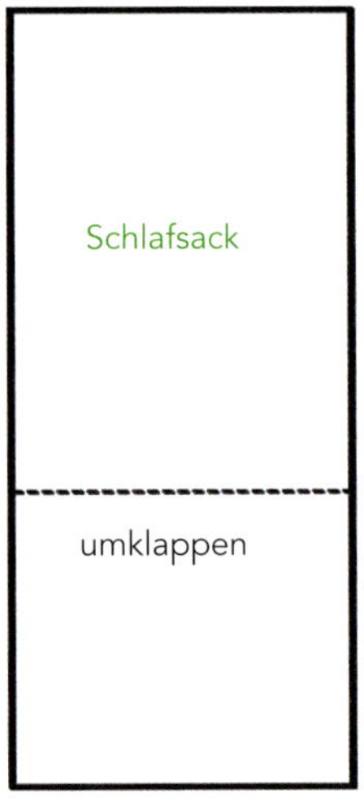

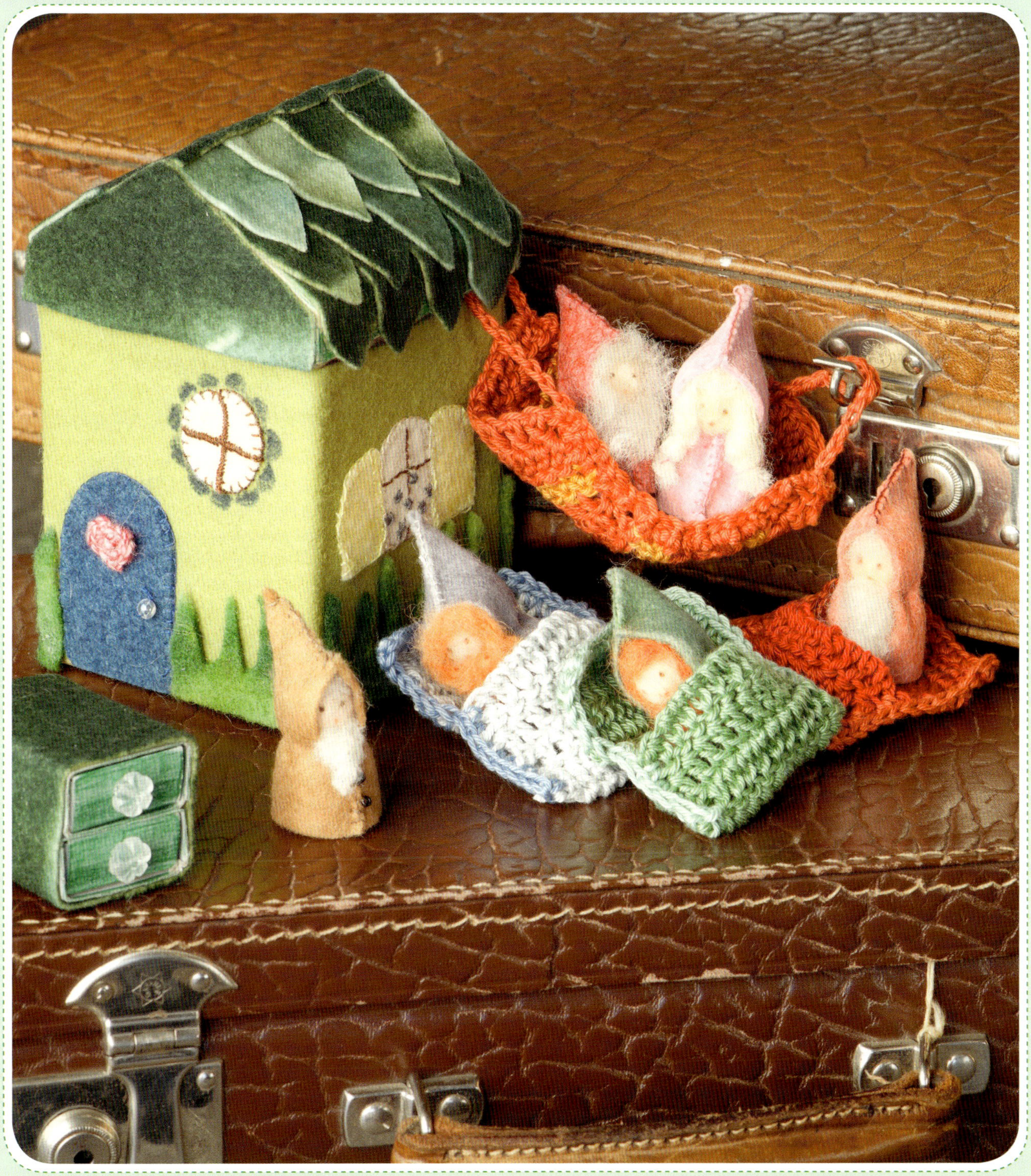

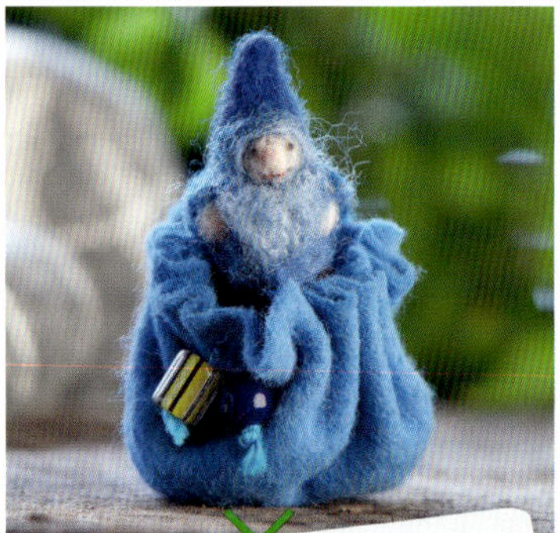

Name: Nico
Größe: 4 cm
Technik: Nadelfilzen
Besondere Merkmale:
er liebt die Farbe Blau, hat ein ganz sanftes Wesen, lebt in einem Beutel

Hosentaschen-Kummerzwerg

Dieser Zwerg kann Kindern bei vielen kleineren Ängsten wie den ersten Kindergartenbesuch, einen Arzttermin oder Einschlafproblemen hilfreich zur Seite stehen. Er freut sich, wenn er von Kinderhänden auch einmal ganz fest gedrückt wird. Dann verschenkt er sofort ganz viel Kraft und Mut.

Zwerg

Der Hosentaschenzwerg wird hergestellt wie die «Glöckchenzwerge ohne Arme» ab Seite 107. Halbieren Sie für ihn die Wollangabe.

Säckchen

Für das Säckchen, in dem er wohnt, zeichnen Sie auf Filz einen Kreis passend zur Größe Ihres Zwerges, schneiden diesen aus und ziehen zum Öffnen und Schließen einen stabilen Kräuselfaden ein. An dessen Ende können Sie nach Geschmack noch eine Perle knoten.

Weihnachtswichtel

Die Wichtel sind hauptsächlich in den nordischen Ländern zu Hause und heißen dort Nisse. Sie helfen dem Weihnachtsmann bei der Post, die in der Weihnachtszeit in großer Menge bei ihm eintrifft. Sie lesen die Wunschzettel der Kinder, sortieren sie und helfen beim Verpacken der Geschenke. Vielleicht mag ja auch bei Ihnen so ein kleiner Wicht in der Weihnachtszeit Helfer sein.

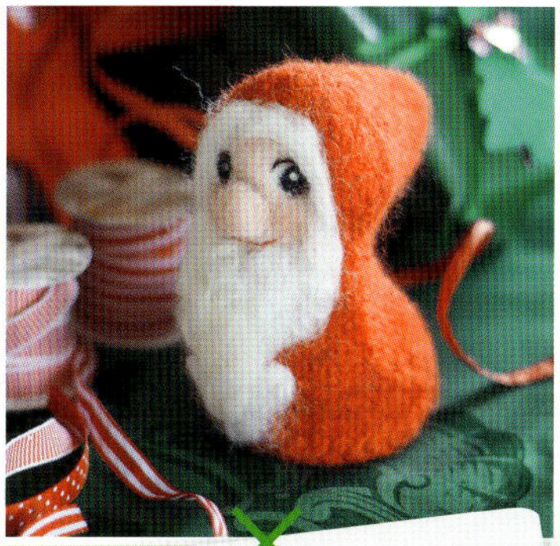

Name: Siljan
Größe: Höhe ca. 11 cm
Technik: Strickfilzen
Besondere Merkmale: große Augen, Knubbelnase, an der Unterseite eine Öffnung für kleine Überraschungen

Anleitung

Mantel mit Kapuze

1. Schlagen Sie auf das Nadelspiel verteilt 28 Maschen an.
2. Stricken Sie 12 Runden rechte Maschen gerade hoch.
3. Dann stricken Sie bis einschließlich zur 16. Runde am Anfang und am Ende der jeweiligen Runde je 2 Maschen zusammen (20 Maschen).
4. Danach stricken Sie 7 Maschen, ketten 6 Maschen ab (Gesichtsausschnitt) und stricken wieder 7 Maschen. Da Sie nun nicht mehr im Runden stricken, beachten Sie bitte, dass jetzt rechte und linke Reihen gestrickt werden müssen.
5. Linke Maschenreihe: jede zweite Masche verdoppeln.
6. 1 Reihe darüber stricken.
7. Wieder jede zweite Masche verdoppeln.
8. Weitere 7 Reihen darüber stricken.
9. Abketten.
10. Schließen Sie die Mützennaht, indem Sie sie flach aneinandernähen (durch alle vier Maschenfäden stechen und den Faden locker anziehen).
11. Vernähen Sie die Fäden.

Material

- rote Strickfilzwolle smc Schachenmayr Wash+Filz it!
- Stricknadelspiel Nr. 8
- hautfarbenes Schafwollvlies
- Barthaare
- Schafwollflocken für Augen und Mund

12. Sollten irgendwo in dem Mantel größere Maschen entstanden sein, nähen Sie diese auch locker zusammen, sodass beim anschließenden Filzen keine Löcher entstehen.
13. Verfilzen Sie den Mantel in der Waschmaschine nach Angabe des Wolleherstellers und lassen Sie ihn trocknen.

Kopf

Der Kopf wird gemäß Kapitel «Herstellen des Kopfs mit Hals in Nadelfilztechnik» auf Seite 56 hergestellt.
Die Kopfgröße beträgt ca. 14 cm. Hierfür benötigen Sie 7 g Schafwolle.

Fertigstellung

1. Der Kopf wird durch die Mantelöffnung gesteckt und nach unten gezogen. Achten Sie dabei darauf, dass der Kopf gut in die Mütze gedrückt ist. Bei Bedarf können Kopf und Mütze mit ein paar Stichen zusammengenäht werden.
2. Nun nadeln Sie Gesicht und Bart auf.
3. Füllen Sie den Zwerg von unten mit Schafwolle auf und nadeln Sie die Standfläche fest.

Alternativ zum Auffüllen können Sie diese Öffnung auch frei lassen und dazu benützen, um beispielsweise kleine Süßigkeiten o.Ä. zu verstecken.

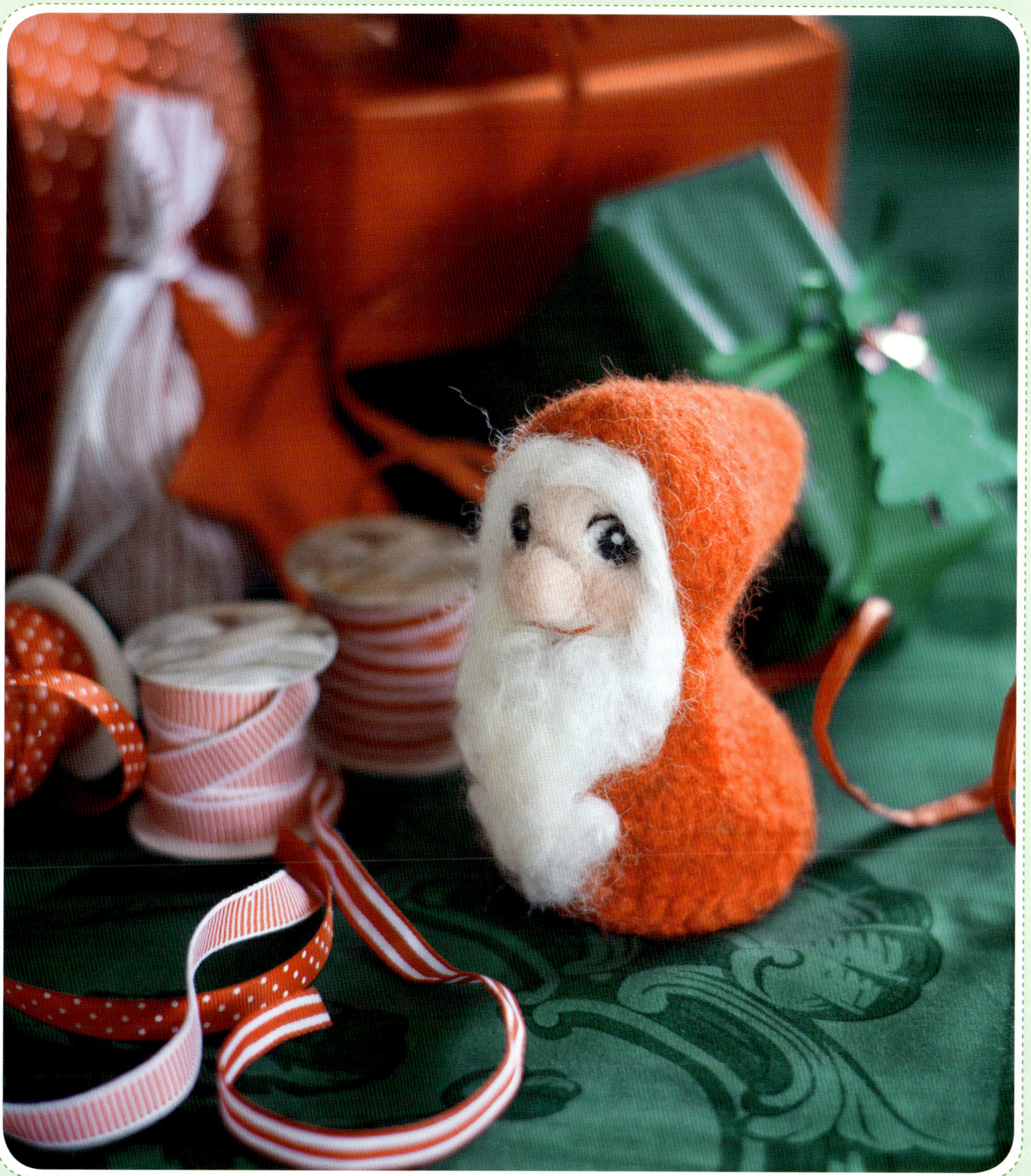

Gemeinsames Zwergenbasteln für Groß und Klein

Zwergenwurzel

Diese Wurzel stand bei uns über viele Tage auf dem Tisch, umgeben von einer Menge Schüsselchen mit verschiedenen Naturmaterialien und bot immer wieder Anlass zu vielen Ideen und natürlich auch deren Umsetzung.
Sie werden auch erleben, dass viele «Schätze» einfach herumliegen – in Feld, Wald, Wiesen und sogar auf Gehsteigen – und darauf warten, entdeckt zu werden, weil sie genau an einer bestimmten Stelle auf der Zwergenwurzel fehlen. Auf diese Art steckt jeder Spaziergang voller Überraschungen.
Und wie schön ist es, nach einem Ausflug draußen, mit Toben, Rennen, Lachen und Sammeln, nach Hause zu kommen und bei Kakao oder Tee das Zwergenland weiter wachsen zu lassen.

Ich habe in diesem Buch eine sehr große Wurzel gewählt, um möglichst viele Ideen zeigen zu können. Alternativ zu einer Wurzel können Sie auch auf Baumscheiben oder Rinden ein Zwergenland lebendig werden lassen.

Beispiele für das Basteln mit Naturmaterial

Hier einige Anregungen, wie Naturmaterial für die Ausgestaltung der Zwergenwurzeln verwendet werden kann.

- Eicheln: Eichelhütchen können mit Wasserfarben oder Acrylfarben bemalt werden und werden so zu ungewöhnlichem Geschirr; sie könne auch Pilze o.Ä. darstellen.
- Kastanien: Bettchen, Schiffchen, Kinderwiegen, Gondeln für Seilbahnen, Vogelhäuschen.

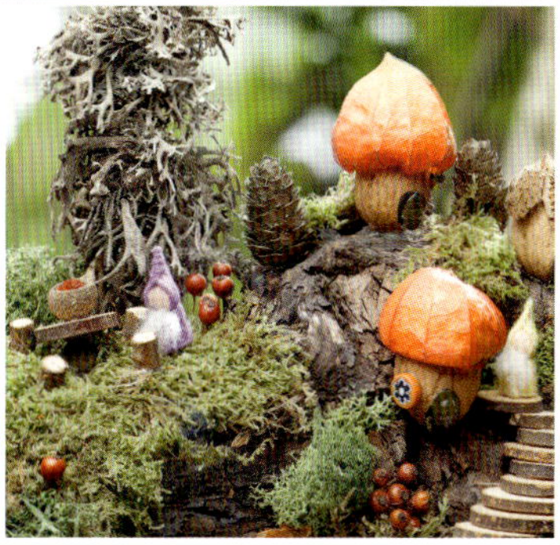

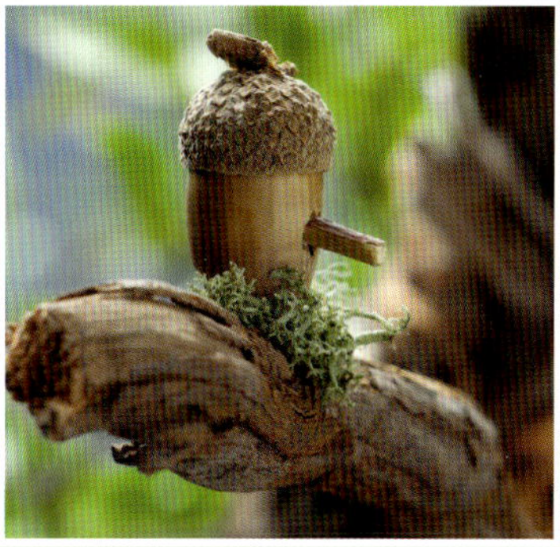

Material

- Wurzel (Rebwurzeln sind im Herbst in Weinbaugebieten zu bekommen) oder Rinde bzw. Baumscheibe
- gesammeltes Naturmaterial
- Bienenwachs zum Kneten von Tieren
- Schafwollreste
- Perlen
- kleine Edelsteine
- kleine Zwerge aus Filz
- Heißklebepistole – Vorsicht, sehr heiß, damit sollten nur Erwachsene umgehen
- Bastelkleber
- Klebewachs

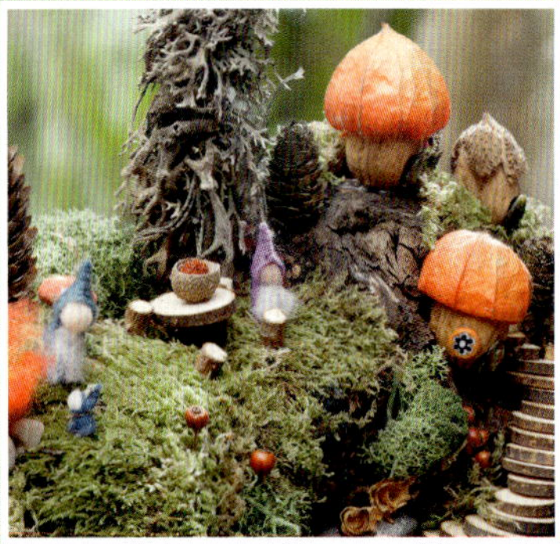

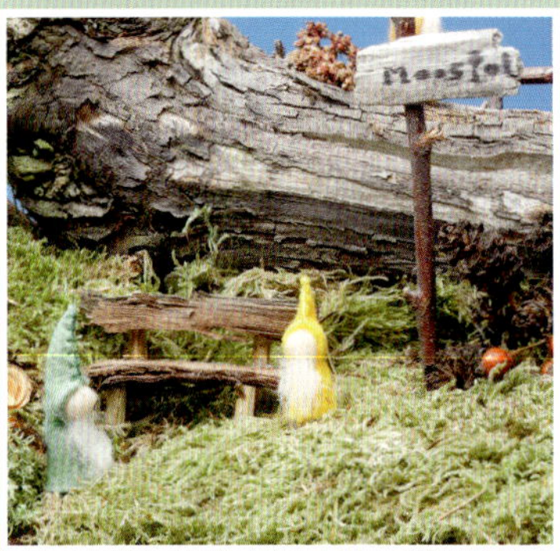

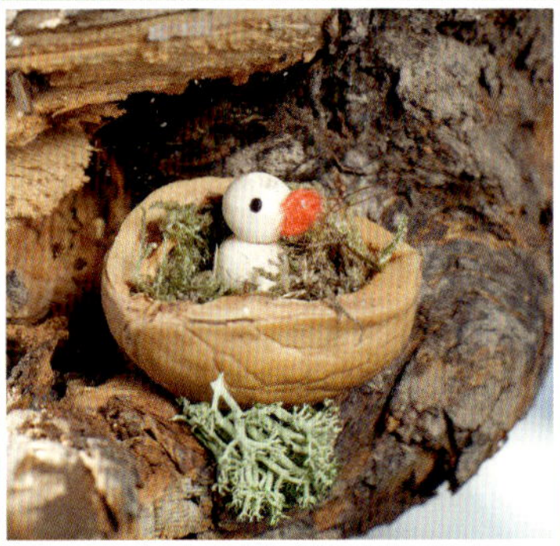

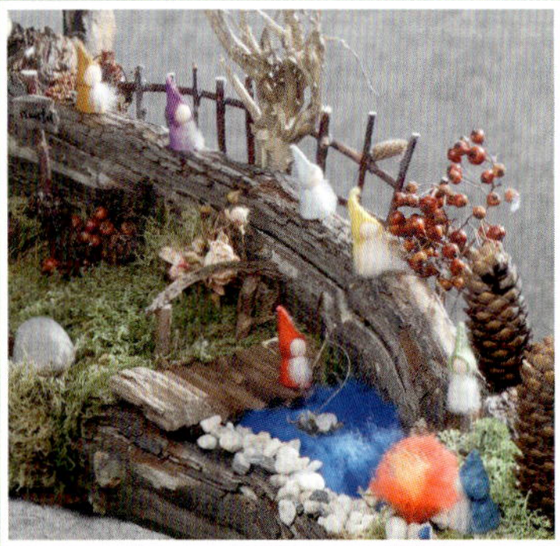

- Rinde: Häuschen, Brücken, Schaukeln, Bänke.
- Walnüsse: Schiffe, Bettchen, Blumengefäße (bepflanzt mit Moos und Dachwurz), Häuschen.
- Tannenzapfen und/oder Wurzeln von Futtermais: Bäume.
- Ästchen: Hängebrücken, Leitern, Zäune.
- Steine: Felsen, Tischplatten, Stühle, Treppen.
- Lampionblüten (Physalis): Hausdächer, Feuer.
- Schafwolle: Seen, Flüsse, Wasserfälle, kleine Kügelchen als Blumen oder Beeren.

Ihnen werden sicher noch allerlei Ideen kommen, wofür Sie andere Fundstücke verwenden können und Sie werden sehen – die Fantasie kennt tatsächlich keine Grenzen …

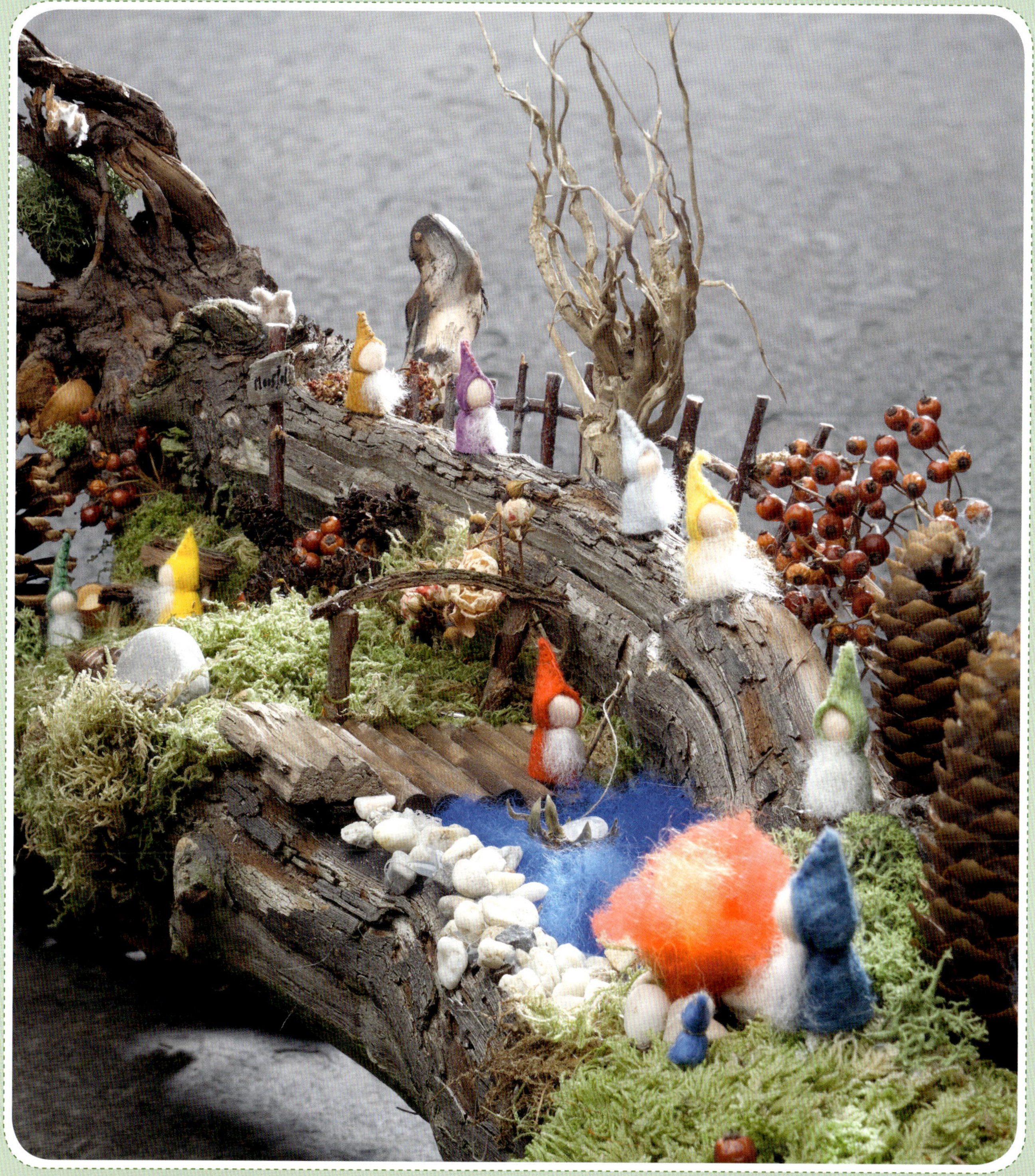

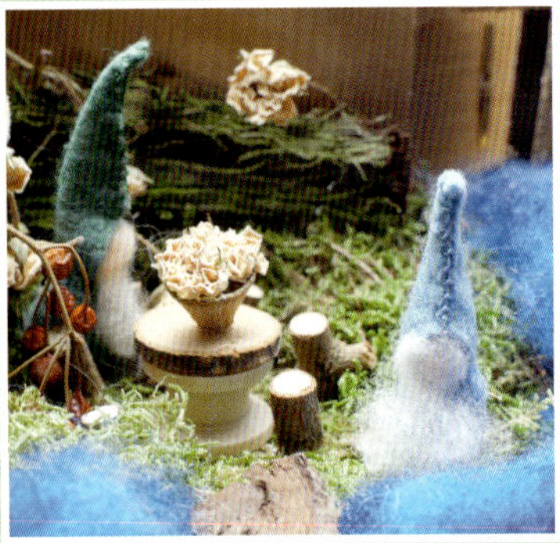

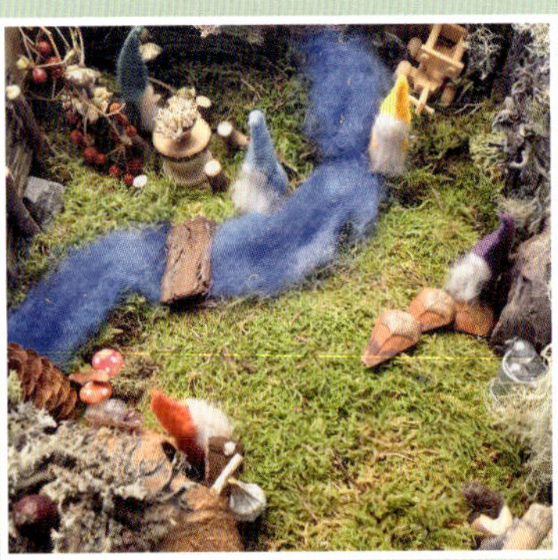

Material
- siehe Zwergenwurzel

zusätzlich:
- Schuhkarton
- Papier zum Überziehen
- Klebstoff
- eventuell 6 Musterbeutelklammern
- Transparentpapier in unterschiedlichen Farben, zugeschnitten in Deckelgröße der Schuhschachtel

Geheimnisvoller Zwergenguckkasten

Der Zwergenguckkasten wird ähnlich wie die Zwergenwurzel hergestellt, nur bauen Sie dabei in einen Schuhkarton.
Das Besondere dabei ist, dass in diesem Zwergenland verschiedenen Stimmungen und Tageszeiten erfahren werden können (siehe Schritt 6 der Arbeitsanleitung).

Anleitung

1. Überziehen Sie den unteren Teil des Schuhkartons rundherum mit Papier.
2. Überziehen Sie den Deckel an der Oberseite und den Seitenteilen.
3. Schneiden Sie dann in den Deckel ein großes «Fenster». Es muss nicht rechteckig sein; es kann auch oval oder rund sein oder jede andere beliebige Form haben. Es muss jedoch ein Rand von mindestens 2 cm stehen bleiben.
4. Schließen Sie nun den Karton und zeichnen Sie an dem unteren Teil kleine viereckige Fenster auf; je zwei an der Längsseite und je eines an der schmalen Seite. Dann werden diese Fenster so aufgeschnitten, dass sie aufgeklappt werden können, also nur die Ober- und Unterseite sowie die rechte oder linke Seite. Bei Bedarf können Sie als Fenstergriff eine Musterbeutelklammer anbringen. Diese erleichtert das Öffnen und Schließen der Fensterchen.
5. Nun kann das gemeinsame Bauen beginnen. Anregung: ein Zwergendorf, eine Höhle, ein Bergwerk, eine Wiese mit Blumen. Lassen Sie Ihrer Kreativität freien Lauf. Achten Sie aber darauf, dass Sie die Fenster nicht zubauen. Ganz zum Schluss werden

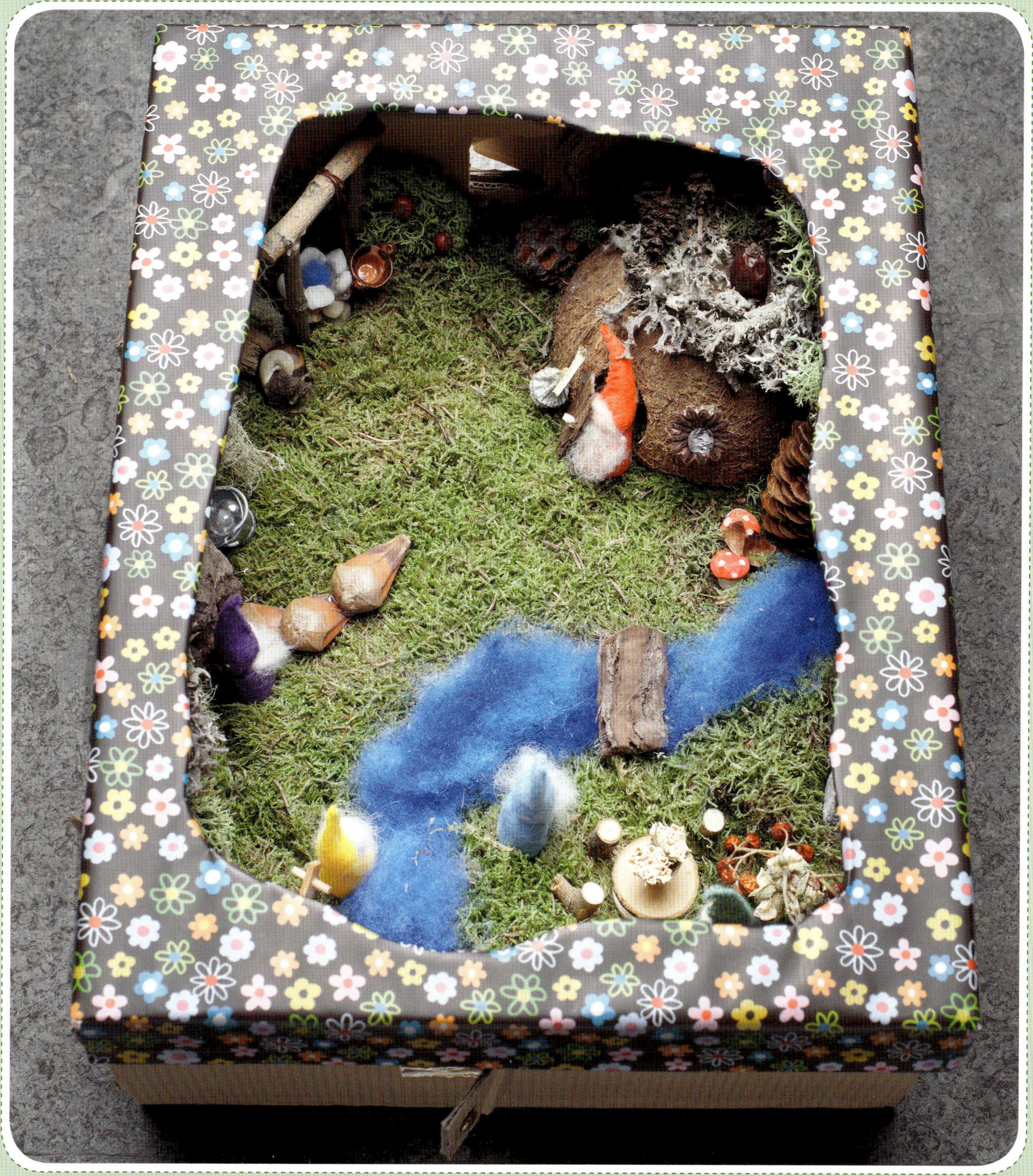

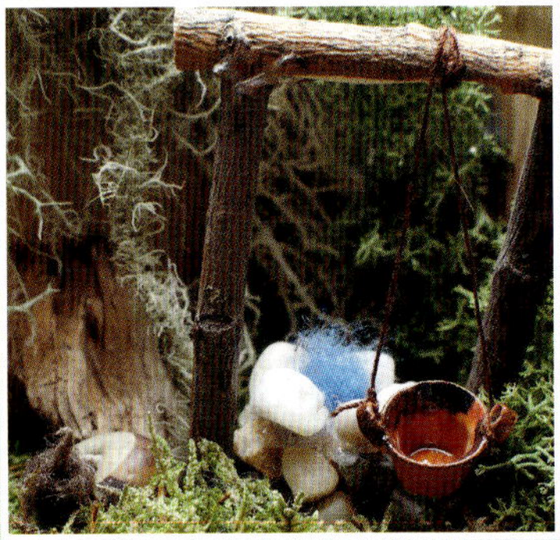

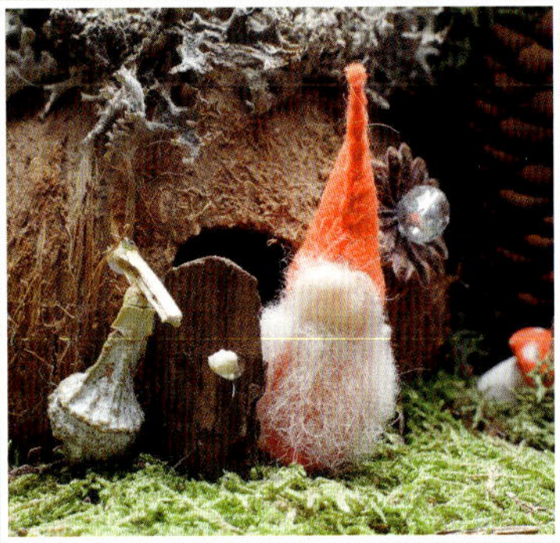

Material

- siehe Zwergenwurzel (Seite 175)
- flaches Holzkistchen oder tiefer Bilderrahmen
- Bilderaufhänger

die Zwerge der Größe entsprechend genäht und im Kasten verteilt.

6. Schließen Sie nun den Deckel und schieben Sie den Guckkasten unter eine Lichtquelle. Nun können Sie oben auf die Öffnung ein Transparentpapier beliebiger Farbe legen. Dann dürfen endlich die Fensterchen aufgeklappt werden, und auf einmal kann man sein Zwergenland aus unterschiedlichen Perspektiven erforschen, erfahren und bestaunen.

Verschiedene Stimmungen im Zwergenland ergeben sich durch die unterschiedlichen Farben des Transparentpapiers.

Zwergenbild

Auch bei dem Zwergenbild können Sie gemeinsam mit Ihren Kindern Ihrer Fantasie freien Lauf lassen und den Bilderrahmen oder ein kleines Holzkistchen etc. ganz nach Ihren Vorstellungen gestalten.

Vergessen Sie nicht, den Bildaufhänger vor dem Ausgestalten anzubringen.

Steine usw. lassen sich gut mit der Heißklebepistole ankleben. Diese Arbeit sollte aber immer von einem Erwachsenen ausgeführt werden.

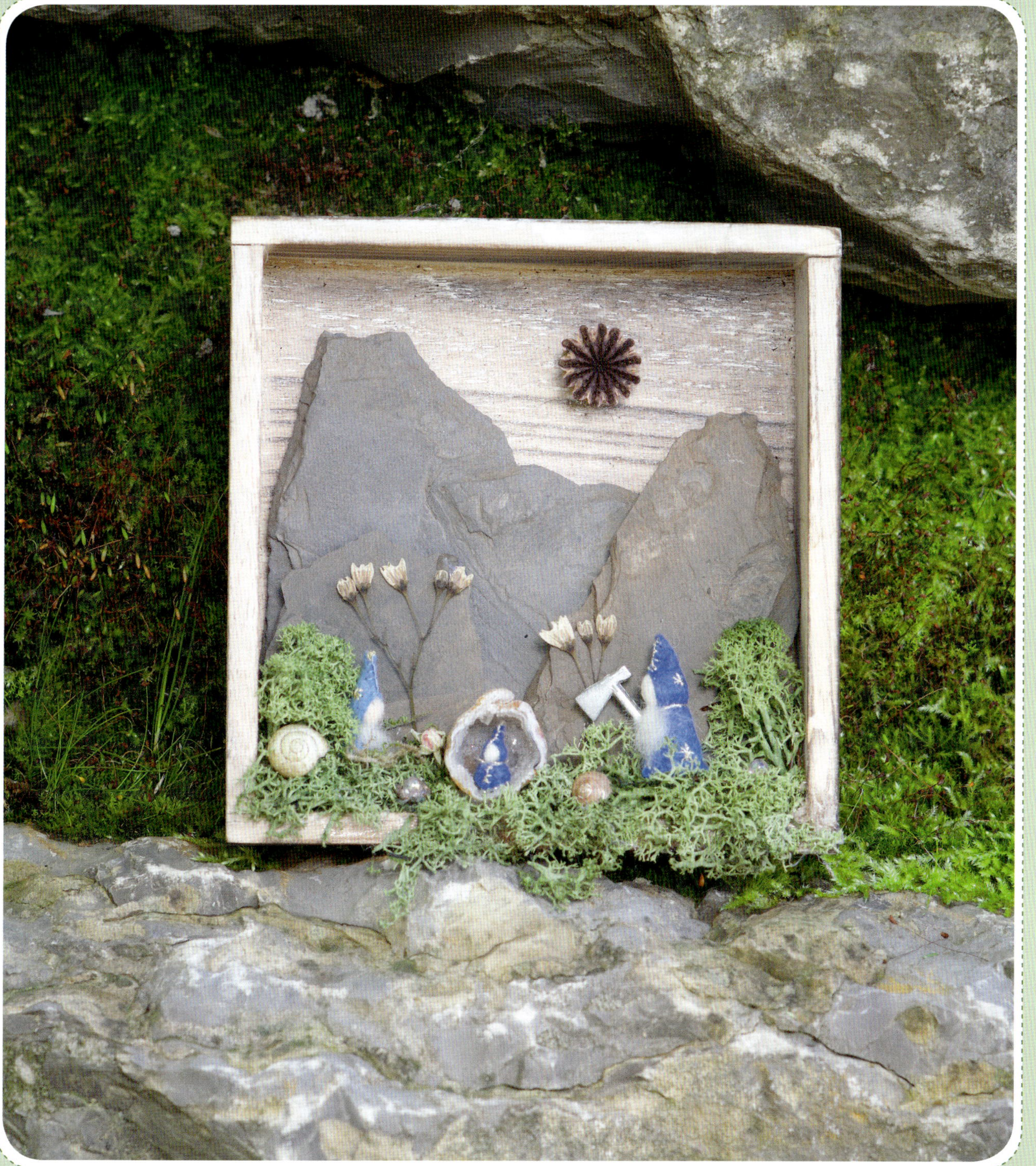

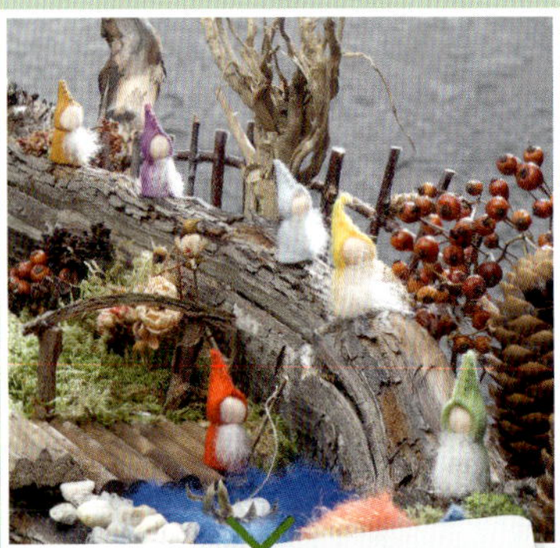

Größe: entsprechend der Schnittmuster (2,5 – 6 cm)
Technik: Nähen
Besondere Merkmale: winzig klein, farbenfrohe Kleidung, selten alleine anzutreffen

Material

- Filzreste in verschiedenen Farben
- Nadel, Nähgarn
- Filznadel
- hautfarbene Schafwolle
- weiße Schafwolle für den Bart

Zwerg für Zwergenwurzel, Guckkasten, Zwergenbild

Anleitung

1. Schneiden Sie aus Filz anhand des Schnittmusters den Zwergenmantel aus.
2. Nähen Sie die Kapuze mit Knopflochstichen zu.
3. Schließen Sie das Vorderteil des Mantels ebenfalls mit Knopflochstichen.
4. Ziehen Sie unterhalb der Kapuze einen Kräuselfaden ein. Bevor Sie diesen zusammenziehen, fertigen Sie Kopf und Körper.
5. Dazu nehmen Sie eine kleine hautfarbene Schafwollflocke. Machen Sie in der Mitte der Flocke einen Knoten. Legen Sie den einen abstehenden Strang gleichmäßig verteilt um den Knoten, sodass der Kopf entsteht.
6. Binden Sie den Kopf mit doppelt genommenem Nähgarn ab.
7. Nun wird der Kopf mitsamt den überhängenden Enden durch die Kapuzenöffnung gesteckt.
8. Ziehen Sie den Kopf in die gewünschte Position. Dann ziehen Sie den Kräuselfaden an und vernähen ihn.
9. Filzen Sie mithilfe einer Filznadel die heraushängenden Enden als feste Standfläche. Evtl. müssen Sie etwas Wolle nachlegen.
10. Zum Schluss nähen Sie an den Kopf aus einer Schafwollflocke den Bart.
11. Wenn Sie möchten, können Sie den Mantel noch besticken.

Sollten Sie Zwerge in verschiedenen Größen fertigen wollen, finden Sie auf dem Schnittmusterbogen unterschiedlich große Schnittmuster.

Zwerge für Zwergenwurzel, Guckkasten etc.: in Originalgröße

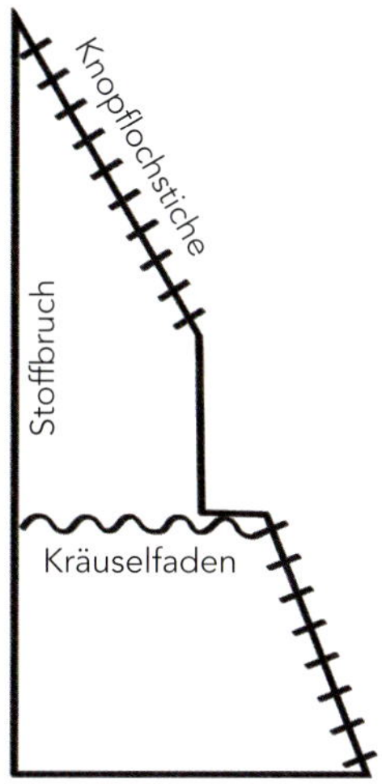

Höhe 6 cm

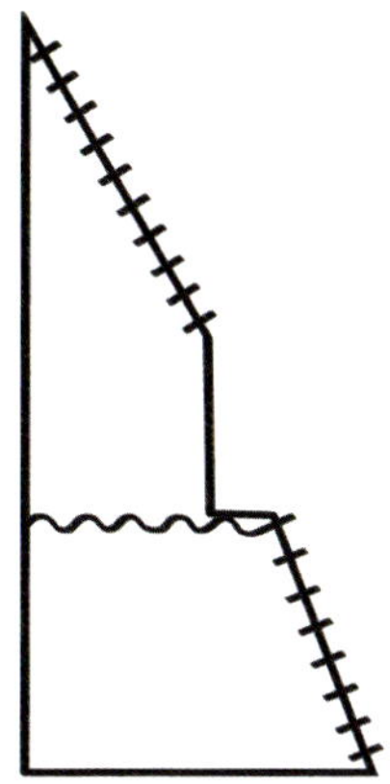

Höhe 5 cm

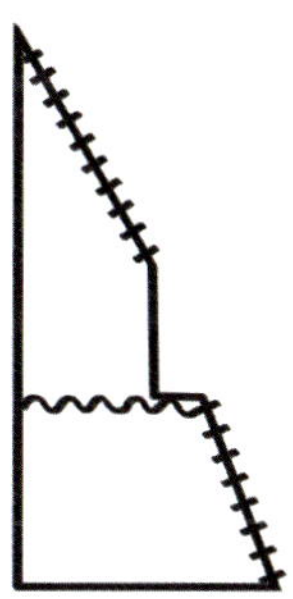

Höhe 3,5 cm

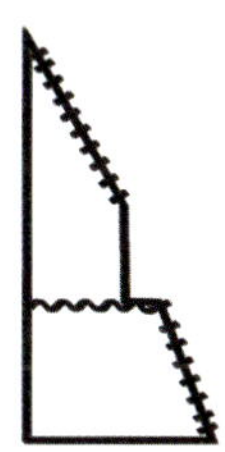

Höhe 2,5 cm

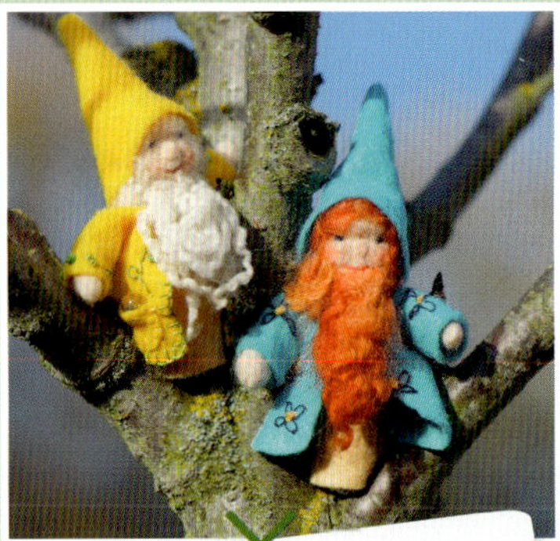

Name: Emil und Lias
Größe: Höhe mit Mütze ca. 13 cm
Technik: Nähen, Nadelfilzen
Besondere Merkmale: keckes Wesen, lieben Blumen in allen Farben

Material
- Schafwollvlies in Hautfarbe
- Filzreste in beliebiger Farbe für Körper, Mantel und Mütze
- Lockenwolle für Haare und Bart
- Nähgarn für Augen und Mund und zum Verzieren des Mantels
- Pfeifenputzer
- Perlen

Blumenzwerge mit Samenkugeln

Anleitung

Kopf

Der Kopf wird gemäß dem Kapitel «Herstellen des Kopfs mit Hals in Nadelfilztechnik» auf Seite 56 hergestellt.
Der Kopfumfang beträgt 6 cm. Hierfür benötigen Sie 1,5 g Schafwolle.

Körper

1. Schneiden Sie für den Körper ein 8 x 5 cm (Breite x Höhe) großes Rechteck aus Filz aus. Klappen Sie dieses in der Breite aufeinander und nähen Sie die offene Seite knappkantig zusammen.
2. Wenden Sie das Filzstück auf die rechte Seite.
3. Ziehen Sie oben knappkantig einen Kräuselfaden ein.
4. Durch diese Öffnung schieben Sie das Halsteil des zuvor gefertigten Kopfs, ziehen den Kräuselfaden an und befestigen mit ein paar kleinen Stichen den Kopf am Körper.

Mantel und Arme

1. Schneiden Sie aus Filz den Mantel und die Taschen nach dem Schnittmuster auf Seite 186 aus und nähen Sie ihn zusammen.
2. Wenden Sie den Mantel.
3. Bringen Sie die Taschen auf und verzieren Sie den Mantel mit kleinen Perlen und Stickereien.
4. Für die Arme und Hände umwickeln Sie einen Pfeifenputzer zuerst 2 cm mit dem hautfarbenen Schafwollvlies an einem Ende.
5. Klappen Sie dieses Ende dann 1 cm um und umwickeln Sie es für die erste Hand noch einmal straff mit der Schafwolle.

6. Schieben Sie den Pfeifenputzer dann durch beide Ärmel und kürzen Sie ihn auf die richtige Länge. Beachten Sie hierbei den Umschlag für die zweite Hand von 1 cm.
7. Nun verfahren Sie für die zweite Hand wie zuvor (umwickeln, umschlagen, erneut umwickeln).
8. Schließen Sie den Mantel mit kleinen Stichen am oberen Rand.

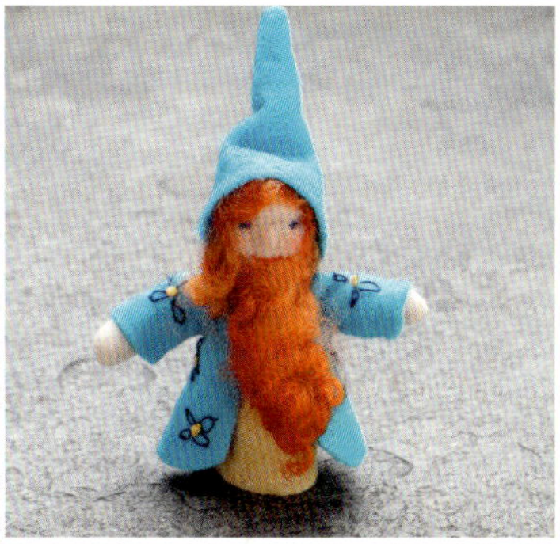

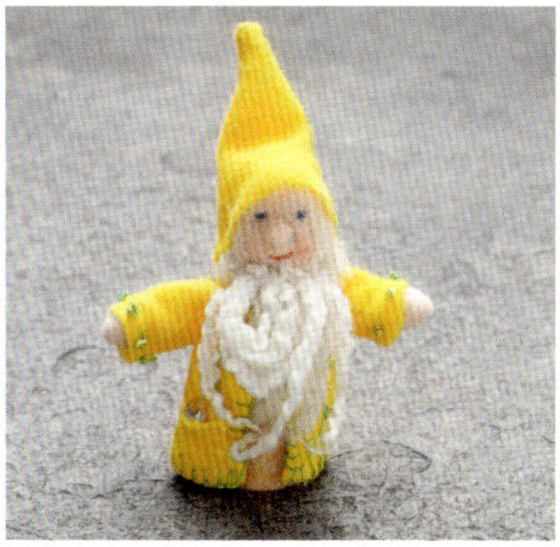

Ausgestaltung des Kopfs

1. Gestalten Sie das Gesicht nach den Vorschlägen im Kapitel «Ausgestalten des Kopfes» ab Seite 59. Bei diesen Zwergen habe ich Augen und Mund aufgestickt.
2. Nadeln oder nähen Sie Haare und Bart an.

Mütze

1. Schneiden Sie zunächst die Mütze nach dem Schnittmuster auf Seite 186 aus Papier aus. Probieren Sie an Ihrem Zwerg, ob die Weite passt.
2. Die Mütze schneiden Sie dann mit diesem Papierschnitt aus Filz aus, nähen sie knappkantig zusammen und wenden sie.
3. Nähen Sie die Mütze Ihrem Zwerg nun auf den Kopf.

Zuletzt stopfen Sie den Körper mit etwas Schafwolle aus und nadeln sie fest.

Samenkugeln

1. Die Samenkugeln, die diese Zwerge in der Geschichte werfen, bestehen aus einem Gemisch aus Erde, Ton- oder Heilerde, Wasser und Blumensamen. Das Mischverhältnis beträgt 3 Teile Ton- oder Heilerde, 1 Teil Erde und 1 Teil Samen.
2. Dieser Mischung geben Sie schrittweise so viel Wasser zu, dass eine dicke, gut formbare Masse entsteht.

3. Formen Sie aus dieser Masse Kugeln.
4. Diese Kugeln lassen Sie anschließend schnell in der Sonne trocknen, damit die Saat nicht zu keimen beginnt. Alternativ dazu können die Kugeln auch im Backofen bei 50 °C getrocknet werden.

Diese Samenkugeln können nicht nur von den Zwergen verwendet werden. Sie können sie auch selbst dazu nutzen, um Blumen oder Kräuter, besonders an nährstoffarmen Stellen, zu pflanzen. Der Vorteil der Samenkugeln besteht darin, dass sie bereits den zum Wachsen notwendigen Nährstoffgrund enthalten und die Samen vorm Verwehen oder hungrigen Vögeln geschützt sind.

Emil und Lias, die Blumenzwerge: Mantel und Mütze in Originalgröße

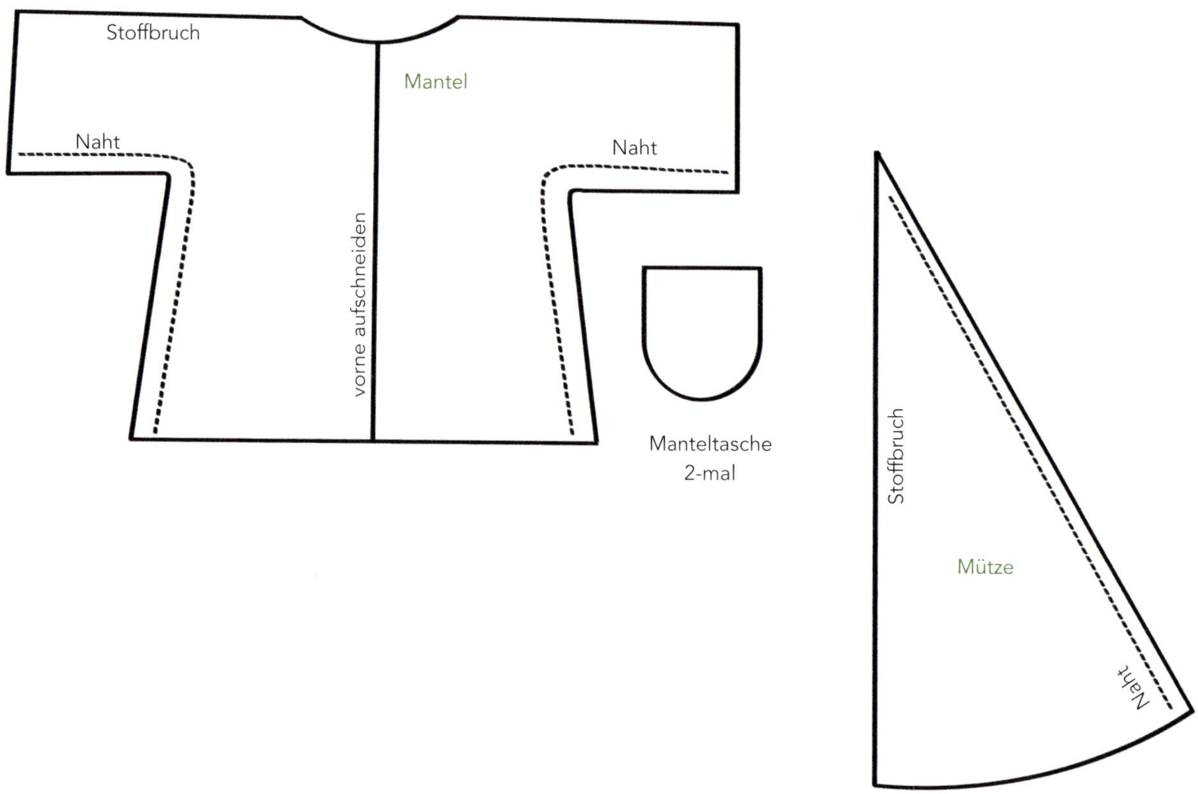

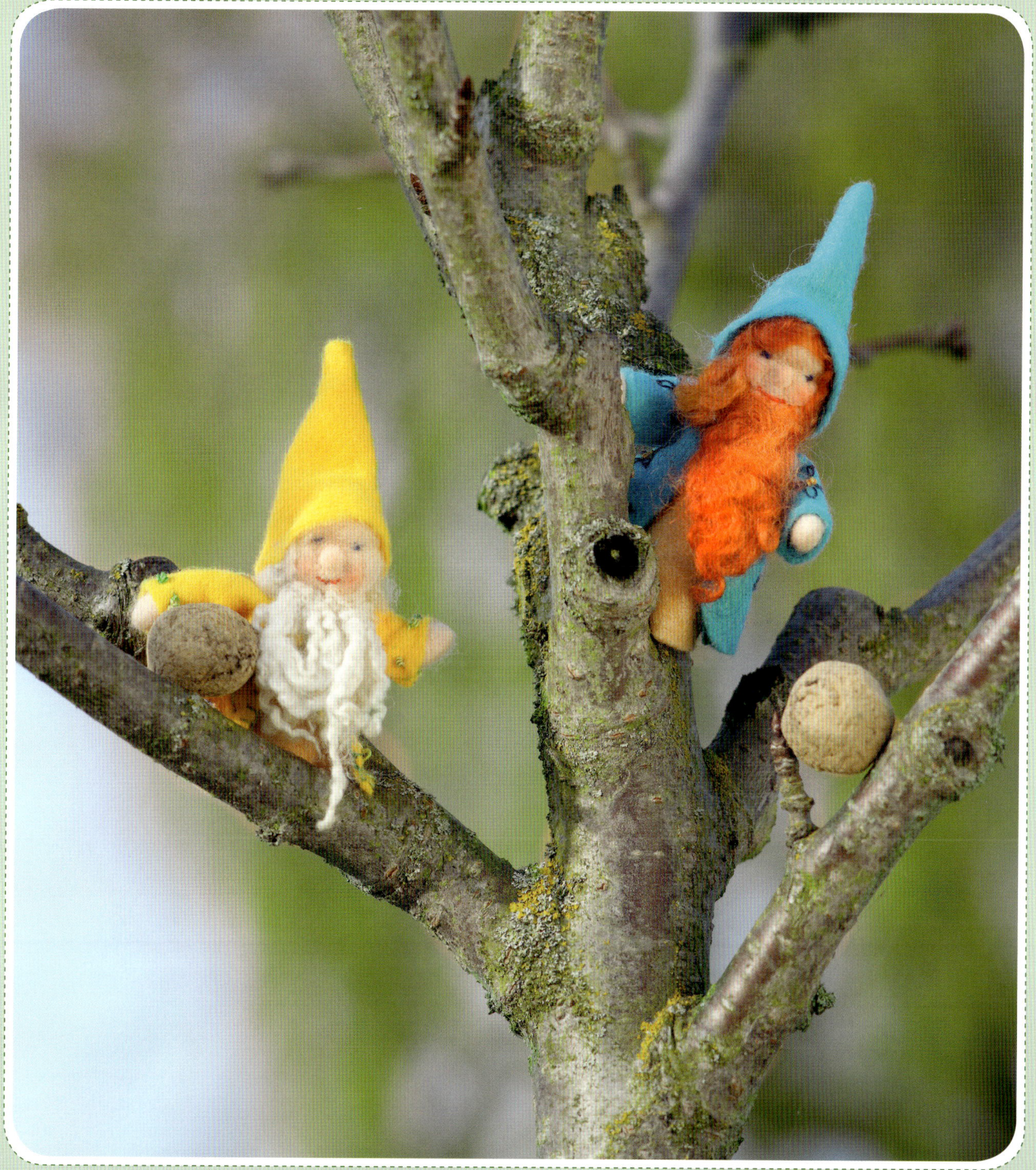

Bemalte Steinzwerge

Diese Art Zwerge können auch schon kleine Kinder mitgestalten. Dazu benötigen Sie gesammelte Steine, die – zur besseren Standfestigkeit – auf einer Seite abgeflacht sind, Wasserfarben oder Acrylfarben und Pinsel.

Sollten Sie die Zwerge mit Wasserfarben bemalen, mischen Sie immer etwas Deckweiß unter die Farben. Es erhöht die Leuchtkraft der Farben, besonders auf dunklen Steinen.

Bemalen Sie den Stein als Erstes mit einer Grundfarbe und lassen Sie diese gut trocknen. Malen Sie dann das Gesicht auf und umranden dieses als Letztes mit der Bartfarbe.

Finden die Steine Verwendung zum Spielen im Garten, empfiehlt es sich, diese zuvor mit wetterfestem Klarlack zu besprühen oder zu bestreichen.

Sie können Steine auch als Häuser oder Tiere (z.B. Eulen, Fische, Mäuse usw.) bemalen und auf diese Art ein kleines Zwergendorf gestalten.

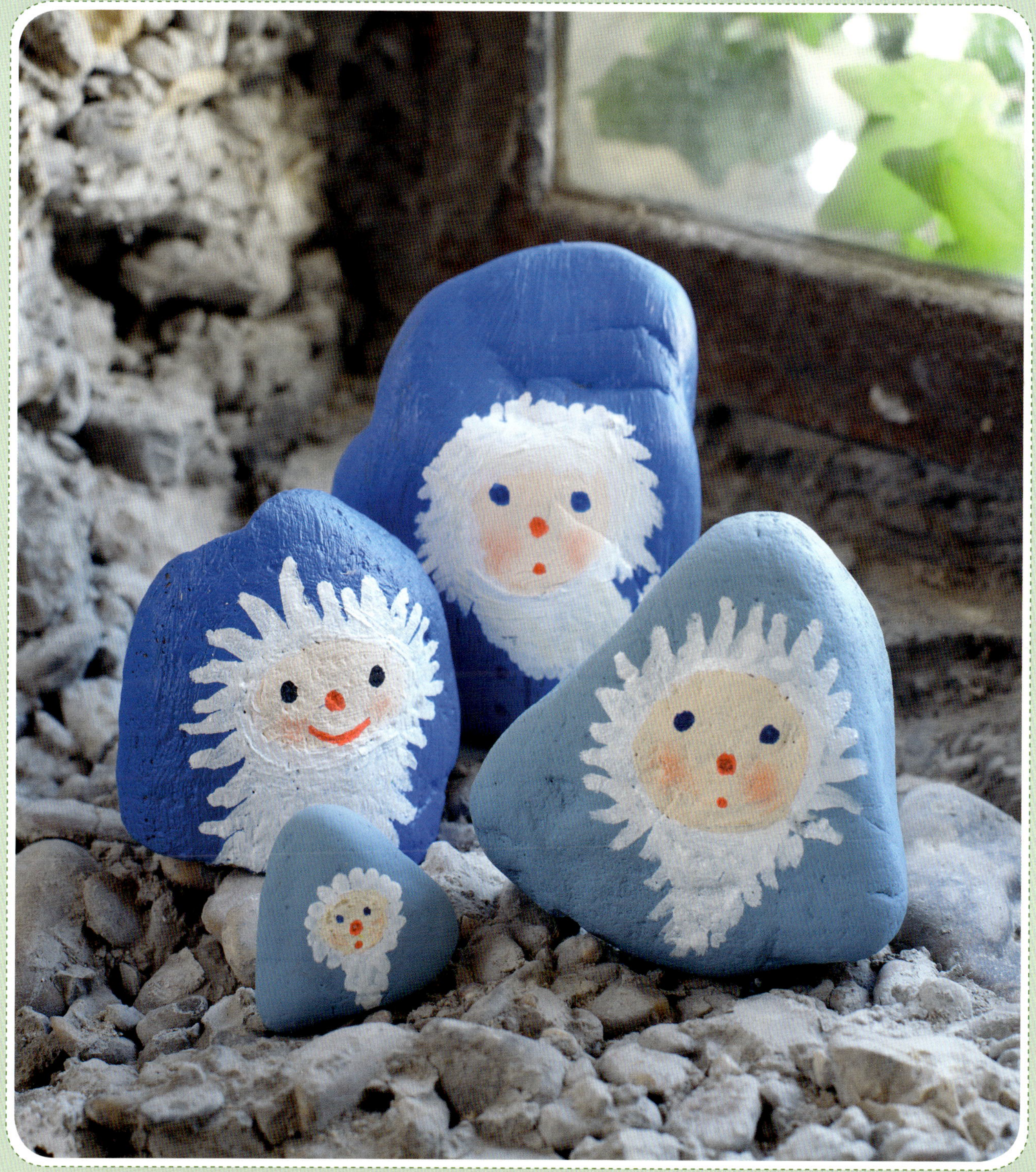

Bezugsquellen

Schafwolle, Filz, Lockenwolle,
Wolle, Filznadeln ...
Die Filzlaus, Beate Bossert
Hügelstraße 17
71549 Auenwald
Tel. +49 (0)71 91/5 21 72
E-Mail: info@diefilzlaus.de
www.diefilzlaus.de
Selbstgefärbte Schafwolle, Filz, viele verschiedene selbstgefärbte Lockenwolle, Filznadeln, Wolle etc. Auch Filzkurse werden angeboten. (nur Ladenverkauf)

Stopfwolle (ungesponnene Schafwolle), Märchenwolle, Filz, Bastelfilz, Filznadeln, Puppentrikot, Lockenwolle, Bienenwachs
Heidehof-Buchhandlung
Gerokstraße 10A
70188 Stuttgart
Tel. +49 (0)7 11/24 64 01
(nur Ladenverkauf)

Filz, Bastelfilz, verschiedene Stoffe, Zubehör für Zwerge, Schafwolle, Filzplatten, Filznadeln, Lockenwolle
Der Malkasten GmbH
Küferstraße 39
73728 Esslingen
Tel. +49 (0)7 11/35 99 84
E-Mail: info@dermalkasten-esslingen.de
www.dermalkasten-esslingen.de
(nur Ladenverkauf)

Sisalgestelle, Schafwolle, Märchenwolle, Filznadeln
Trolle und Wolle
www.trolle-und-wolle.de

Schafwolle, Lockenwolle, Filznadeln
Filzrausch
Hagenweg 2/b
37081 Göttingen
Tel. +49 (0)5 51/6 75 15
E-Mail: info@filzrausch.de
www.filzrausch.de

Schafwolle, Lockenwolle, Filznadeln
Wollwerkstatt – Wollknoll
Sonja Fritz
Forsthausstraße 7
74420 Oberrot-Neuhausen
Tel. +49 (0)79 77/91 02 93
E-Mail: fritz@wollknoll.de
www.wollknoll.de

Strickfilzwolle mit Beratung und Strickcafé
Handmadel – Wolle & mehr
Ute Mehl
Tübinger Straße 31
71088 Holzgerlingen
Tel. +49 (0)70 31/9 87 43 00
E-Mail: handmadel@online.de
www.handmadel.de

Holzschuhe und Zwergenzubehör

Miroflor
Michael Rose
Goethestraße 37
07973 Greiz
Tel. +49 (0)36 61/4 13 79
E-Mail: info@miroflor.de
www.floristik-geschenke-bastel-shop.de
Sehr große Auswahl im Online-Shop

Bleischuhe (Österreich)

Cornelia Kolb
Krüzastraße 1
A-6912 Hörbranz
Tel. +43 (0)55 73/8 42 94
E-Mail: cornelia@erzaehlfiguren-hehle.com
www.erzaehlfiguren-hehle.com
Im Online-Shop unter Arbeitsmaterial: extra-breite Schuhe für Wichtel / Zwerge / Gnome. *Hinweis:* Alle deutschen Pakete werden aus Deutschland versandt. Somit deutsche Portokosten.

Bleischuhe (Schweiz)

E-Mail: frei.kunstschmiede@bluewin.ch
www.biblischefigurenshop.ch

eBay

Auch über eBay können Sie Bastelmaterial aller Art erwerben. Insgesamt habe ich persönlich damit gute Erfahrungen gemacht.
www.ebay.de

DaWanda

Bei DaWanda können Sie Zwergenzubehör, Schafwolle, Lockenwolle, Trikot, Nadeln etc. in kleinen Mengen erwerben. Auch hier habe ich gute Erfahrungen gemacht.
www.dawanda.com